U0894738

中国大学生主体性学习

本土特色与转型发展

China College Students' Authored Learning

Chinese Characteristics and Transformatative Development

张华峰　著

中国社会科学出版社

图书在版编目(CIP)数据

中国大学生主体性学习：本土特色与转型发展／张华峰著．—北京：中国社会科学出版社，2022.3

ISBN 978-7-5203-9665-3

Ⅰ.①中… Ⅱ.①张… Ⅲ.①高等学校—教学研究—中国 Ⅳ.①G642.0

中国版本图书馆CIP数据核字(2022)第017452号

出 版 人 赵剑英
责任编辑 周晓慧
责任校对 刘 念
责任印制 戴 宽

出 版 中国社会科学出版社
社 址 北京鼓楼西大街甲158号
邮 编 100720
网 址 http://www.csspw.cn
发 行 部 010-84083685
门 市 部 010-84029450
经 销 新华书店及其他书店

印 刷 北京君升印刷有限公司
装 订 廊坊市广阳区广增装订厂
版 次 2022年3月第1版
印 次 2022年3月第1次印刷

开 本 710×1000 1/16
印 张 20.25
插 页 2
字 数 284千字
定 价 118.00元

凡购买中国社会科学出版社图书，如有质量问题请与本社营销中心联系调换
电话：010-84083683

出 版 说 明

为进一步加大对哲学社会科学领域青年人才扶持力度，促进优秀青年学者更快更好成长，国家社科基金 2019 年起设立博士论文出版项目，重点资助学术基础扎实、具有创新意识和发展潜力的青年学者。每年评选一次。2020 年经组织申报、专家评审、社会公示，评选出第二批博士论文项目。按照“统一标识、统一封面、统一版式、统一标准”的总体要求，现予出版，以飨读者。

全国哲学社会科学工作办公室

2021 年

序

张华峰是我在清华大学教研院指导过的博士生。华峰出版的《中国大学生主体性学习：本土特色与转型发展》一书是他博士论文《超越中国学习者悖论：中国大学生主体性学习研究》的修改版。已经毕业的学生请导师为其书稿写序时通常会遇到这样的情况：知根知底的导师会由此书联想到其前身，包括已经被枪毙或否定过几回的题目；没准还会揭你的老底，让崇拜你的学生觉得原来你读博时的处境和他们差不多：在选题和研究过程中也曾备受焦虑和困惑的摧残。另外，对学生期待甚高的导师还会由此书联想到其后世：不仅希望是学术新秀之作，还要求有学术大家的定位，所以总会如鸡蛋里挑骨头一般苛求。当然，这其中还有藏也藏不住、只有导师才能感受到的发自内心的惊喜和欣慰：从书中内容、方法，甚至文字的变化上看到曾经的学生放飞之后在学术研究上的进步，在职业及人生旅途中的成长。还有什么比这更能让一个老师感觉自豪和骄傲的呢？

在细读这一书稿时，华峰准备和写作博士论文时的情景不断在我脑中闪现。我清楚地记得华峰在刚开始准备博士论文选题时和其他学生一样的焦虑和困惑。最初，他打算做与大学生学业辅导相关的题目，这与他硕士阶段曾经做的研究领域相关联，也与来清华后参与的中国大学生学习与发展追踪研究（China College Student Survey，CCSS）课题有联系。这样的选题思路对于一个本、硕都在普通本科院校学习，进入清华时间不长，对自己的研究潜能和周围的研究环境还未有充分认知的学生而言无疑是合理的。但是，依据对他为人、为学品质与能力的了解，我却并不满意。我觉得如给华峰一点压力和引力，他很可能会突破舒适圈，以更开阔的视野和更大的信心去尝试更有挑战性的题目。

我们在讨论过程中开始改变对问题的切入：学生除了是学业辅导的对象外，还可以是什么？关注的焦点问题也从学校如何帮助学生学习，转向学生如何自主学习？随着讨论的深入，特别是当明确了要将研究重点放在具有中国文化和制度特色的中国大学生主体性学习上时，我明显感受到华峰的话多了，身体挺直了，连眼睛都发光了，足见他自己内心深处也充满了挑战和突破自我的期望和喜悦。在整个论文构思和写作过程中，他一直保持着高度的思维兴奋和全身心的研究投入。尽管这不是个简单的题目，其间也走过一些弯路，但他没有气馁，反而以更加缜密的思考和更大的投入去应对。最终他的博士论文《超越中国学习者悖论——中国大学生主体性学习研究》取得很好的结果：不但被评为清华大学校级优博论文，还成功入选国家社科基金优秀博士论文出版项目。

介绍这段经历并非为褒贬个人，而是想说明，任何一个博士生的学位论文从选题至写作，都不是轻松之事。它既是一个年轻学者的学术探索和成长之路，也是一个青年人在社会历练中心智成熟、技能完善、价值校正的过程。在这一过程中学生经历了甜酸苦辣，对之刻骨铭心，而陪伴着博士生走过这一切的导师也身处其中，为自己学生的成长进步而喝彩，也为其遇到的困难挫折而伤神。师生一体，感同身受。可以说，博士论文的知识生产过程将学生与导师紧紧连接在一起，这一精神纽带常常延续终生。

张华峰研究的核心问题是“中国大学生主体性学习”现象。这在本书中作为主标题出现，在博士论文中则处于副标题位置，主标题为“超越中国学习者悖论”。我理解华峰之所以做出调整主要是因为读者群不同：博士论文面向的是高度专业化的学术群体，研究问题的设定和语言使用都要遵循学术逻辑。“中国学习者悖论”（the

Paradox of the Chinese Learner）是20世纪90年代西方心理学和教育学界的一些学者在解释中国学生所具有的“低过程性质量”和“高学习成果”之间反差时提出的一个现象。华峰将自己的博士论文研究定位于“超越中国学习者悖论”，既点明问题出处，也说明了研究取向。在其文面向社会出版时读者群扩大，并非所有读者都需要了解该问题的国际背景及学术渊源，而中国学生主体性学习本身就足以引发人们的关注，从而构成了原点性问题。当然，从题目变化的细节上，我也感受到华峰本人在研究思路和定位上的变化：他已不再主要从西方视角来切入和辨析问题，而是直接将研究定位在中国学生主体性学习本身。这表明他近年来在博士论文的基础上，继续挑战自己，努力通过对本土问题的深入分析和挖掘，最终使研究产生超越国别的力量。

本书把学生的主体性学习定位为学生学习过程的时代表征。“时代表征”这一定位并非说学生的主体性学习是当代才出现的新现象，而是强调在当今的全球化、知识经济时代，学生的主体性学习，作为区别于传统教育将学生作为知识接受者的一种能力特质和行为状态所具有的前所未有的重要性。美国知名记者和作家托马斯·弗里德曼在《世界是平的》一书中曾明确提出21世纪世界进入全球化3.0时代。这一概括的独到之处在于作者不仅关注影响全球发展的政治、经济力量，如民族国家、跨国公司等，还明确把个体人的作用凸显出来，特别强调人的想象力、创造力和学习力在当下及未来推动世界发展所具有的重要作用。这种将外在宏观大势与个体内在特性结合在一起的分析思路，对我们更全面深入地解释全球化特点、更有准备地应对全球化所带来的机会与挑战，特别是对于肩负着培养未来社会所需人才的教育来讲，意义尤其明显。由学生所代表的年轻一代的想象力与创造力、对学习的热情与投入本身就是推动和影响全球发展的重要力量。

从本质上说，学校是人类社会组织的重要组成部分，学生是习得社会成员身份的重要阶段，而有目的、有意义的学习本身正是最具人类本质特征的活动。所以，关于学生学习的研究同时也是揭示人类学习特质、认识人类社会繁衍发展机制的重要途径。

作为人类社会群体组成部分的学生从来不是原子化的自然个体，其生存环境是由变化无常的自然界和生活于其中的众多人类群体共同构成的“整体世界”，其面对的是无法预期的未来世界的挑战，取胜的基本方式是通过学习前人、他人，甚至自然界其他生命体所积累的生存经验，运用其智力提高自己更好地适应环境需要的能力。所以人类学习问题从来不仅是建基于个体生理和心理机能之上的生物行为，而且是建构在特定环境、文化传统和心智习惯上的群体性社会行为。现代生理学、神经科学、脑科学与学习科学的多学科交叉研究已经发现，人的大脑可以被后天环境所影响和塑造。这一方面表明人脑具有后天学习和改进的功能与机制，另一方面也说明研究学生后天学习的意义和价值所在。因此，研究大学生学习问题既要了解其作为生命体所具有的普遍意义上的学理基础，如剖析人类学习行为的生理与心理机制的学问，还要研究学生学习得以产生的社会环境、文化传统和心智基础，认识影响其学习行为的政治经济大势、民族文化认知和心智价值传统，这是人类社会得以繁衍和传承不可缺少的社会文化基因。从研究的角度来看，大学生学习是人类学习的浓缩版，本书将学生的主体性学习定位为“丰富且有待深化的研究领域”是很恰当的。

本书将研究重点放在中国大学生的主体性学习特征上，认为主体性学习特质作为“好学生”的核心要素，在西方文化和教学环境中早有自己的一套标准和特征体现，如内部的学习兴趣、深层的知识理解、积极的课堂提问、讨论和质疑教师观点、自主的学习选择等。基于这些特征，西方学者也提炼和生成了众多概念，如主动学习、深层学习、自我调节性学习等。然而，由于社会环境、文化传统以及由此形成的学生学习方式和心智特点存在差异，因此，当使用基于西方教学实践生成的凸显学生主体性学习特质的概念和标准去评价中国本土学生的学习实践时，就很容易发现中国学生相当不同的表现：外部动机较强、习惯浅层接受、课堂上极少发言和质疑、遵从教师等。倘若基于此认为中国学生缺少主体性学习特质，不应该具有优异学业成果，自然就会产生“中国学习者悖论”现象。但是，当我们跳出西方学者预设的视角，从本土视角看中国学生的主体性学习特质时，就会发现这一悖论未必成立。

西方学界关于主体性学习特质的概念内涵和结构中存在诸多子概念，如认知策略、学习动机、人际互动等，实际上构成了现代大学生学习与发展研究领域具有普世性的“语法系统”。因此，作者尽管强调中国学生的主体性学习一定是在中国本土文化和情境中的表现，需要从中国传统教育思想、治学经验，以及现代教育教学情境之间的共同影响中去挖掘和提炼，但是并未完全摒弃这些西方概念，而是分析此类概念所具有的深层共性，结合本土情境的文献和访谈资料进行反思，建构具有“本土契合性”的知识概念和分析构架。显然，在学术研究中构建这种既具深层共性，又有本土契合性的知识概念和分析框架并非易事，本书在这方面所做的努力与探索特别值得肯定。

为了更好地解释中国大学生主体性学习的基础性和统领性特点，本书通过经典文献和相关理论研究，借助学生访谈、校园生活和课堂观察等多渠道采集的信息分析，提炼形成中国大学生主体性学习的概念框架：“学思用结合”的认知策略、“内圣外王”式的学习动机，以及“敬师乐群”的校园交往。这既蕴含了本土情境赋予学生的独特心智模式，同时也可以融入关于教与学的国际学术体系之中，从而为理解中国大学生主体性学习的现状和特点提供新的视角。为进一步清晰地呈现当前中国大学生主体性学习状况、特点和发展趋势，作者又借助清华大学“中国大学生学习与发展追踪研究”（CCSS）的问卷题项和 CCSS 课题组 2014—2017 年在全国采集的大学生数据分析，勾勒出中国大学生普遍性、群体性和稳定性的主体性学习形象，看到以往研究中相对忽视的内容。

难能可贵的是，作者在建构中国大学生主体性学习概念框架并进行现状分析之后，并不急于提出改进建议，而是强调“改进主体性学习似乎并不仅仅是本结构中各要素的均匀提升，促进内部表现的精致化”，更需要“超越表面上比较零碎的细节问题，在全球科技人才竞争加剧、国家创新驱动战略加快实施、教育内卷化备受批评的当下，重新思考中国大学生主体性学习方式改进的问题”。作者在最后两章明确提出中国大学生主体性学习模式的转型升级问题，极具反思性地强调：虽然本研究提出的主体性学习框架，“彰显出具有中国特色的心智结构和行为模式，背后有中国文化和教育制度特别是教学评价制度的支撑，为理解中国大学生学习特点提供了不同于西方概念的视角，但这并不是完美的，并不完全符合未来创新型人才培养需求”，因此必须“超越内部精致化发展和水平提升的传统思路，顺应时代要求，选择性地提升主体性学习框架中的部分要素，特别是扩展到对已有知识的质疑和创新上，从而促进中国大学生学习方式转型”。为此，作者在策略上以“打破课堂沉默”为案例分析了主体性学习转型可能面对的困难、影响因素和有效举措，在战略上则强调“特色与转型并行”是中国大学生主体性学习的发展之道。这既包括在批判性继承的基础上，在学与教领域总结中国经验、提炼中国概念、建构中国理论、形成中国话语，也包括在学习和借鉴西方教育理念和实践过程中持续进行学与教的改革创新。

作者在第八章对全书主要观点进行了集中概括与提炼。作者认为：大学生主体性学习是指在特定文化情境之中，学生充分发挥自主性和能动性，与不同类型对象进行多元互动的群体性学习样态，本质上是一种由文化和时代共同塑造的本土学习特色。作者使用 collective-authored learning 来概括中国大学生的主体性学习，是对西方学界的“自我主导性（self-authorship）”概念进行文化情境转换的尝试。这样一种尝试反映出作者对新概念使用的审慎，却也使建构本土概念的努力存在未竟之憾。

作者用“研究待续”作为全书的结尾，反映出华峰作为青年学者所具有的清晰的研究目标和远大的学术抱负。其中所提内容，无论是探索提炼中国学生学习特色的方法，还是系统梳理中国现代高校教学改革的举措，抑或是讨论中国学生的内部差异性特征等，都是可以继续潜心研究、有所突破的领域。期待华峰一如既往地努力，按自己已经看好的方向、已经抓住的问题，继续深入研究，争取在学生学习这一领域不断有新的研究发现和突破。

史静寰

清华大学教育研究院教授、博士生导师

2021 年 12 月 30 日于清华园

摘　要

中国高等教育逐步从注重外延扩张转换到强调内涵式发展，高校人才培养质量和培养能力的提升成为关注焦点。深入理解中国大学生的学习特点是基础和前提工作。国际上对中国学生学习存在着诸多讨论和争议，甚至出现了“中国学习者悖论”现象。其重要原因之一，是使用基于西方文化和教学实践生成的凸显学生主体性学习特质的概念和标准来评价中国本土学生的学习实践产生的误判。在这样的背景下，本书综合运用文献研究、质性研究和定量研究方法，扎根中国文化和教育情境建构了大学生主体性学习概念，分析其在新时代下的具体特点，探讨了如何在人才培养转型背景下对大学生主体性学习进行改进和完善。

借助三层次概念建构思路，对中国传统治学理念和经验、中国学习者研究文献以及大学生访谈资料进行整合分析，认为大学生主体性学习指的是，在特定文化情境之中，学生充分发挥自主性和能动性，与不同类型对象进行多元互动的群体性学习样态。在中国文化和教育情境中，其内涵框架表现为“学思用结合”的认知策略、“内圣外王”式的学习动机和“敬师乐群”的校园互动。以此为分析框架，对中国大学生学习与发展情况展开调查，通过对回收样本数据进行数理统计分析，在一定程度上验证了主体性学习内涵在中国情境中的理论特色，并发现学生总体表现良好但不够均衡。这是本土文化和时代特征共同影响的结果。

尽管中国大学生主体性学习的表现彰显出具有中国特色的心智

结构和行为模式，背后又有中国文化和教育教学制度支撑，但并不完全符合社会转型发展和高校创新型人才的培养需求，亟须进行转型升级。课堂主动表达反映出学生认知策略的创新苗头，走出了对教师权威的一味遵从，蕴含着好奇心和兴趣的激发，有助于学生创新素质的提升，契合了主体性学习转型的方向要求。以此为案例进行影响因素分析，推断出主体性学习的整体转型升级，面临着本土社会规范、教师教学和个体因素的共同影响。教师教学是中国大学生主体性学习转型升级的重要抓手。

本书尝试提出了具有中国特色的大学生主体性学习内涵框架，对进一步解释“中国学习者悖论”、系统建构中国大学生学习与发展理论、增强中国教育自信具有一定的启示意义。本书也认为，主体性学习的转型升级具有系统性和复杂性的特点，既需要理解本土社会规范的隐性化、深层性和不易转变的特征，也需要从教学实践的视角探讨更具操作意义的变革。特别是，应该进一步营造崇尚科学探究、更加平等友好的高校氛围，以教师教学方式转型引导学生学习行为转变，并落脚到学生的内在觉悟和自觉行动上。

关键词：中国大学生；主体性学习；本土特色；转型发展；中国学习者悖论

Abstract

China's higher education has gradually shifted from extensive to intensive development. The improvement of the quality and ability of university talent cultivation has become the focus of attention. A deep understanding of the learning characteristics of China college students has been the foundation and prerequisite work. There are many discussions about Chinese learners in international academia; the most attractive is the "paradox of the Chinese learner" . One important reason for the paradox is that it attempts to understand and evaluate Chinese students' learning process through a lens of self-authored learning originating from Western academia. However, it does not comply with the Chinese culture and educational context. This book, applying the methods of literature, qualitative, and quantitative analysis synthetically, constructs a new conceptual framework of the connotation of authored learning rooted in the Chinese culture and educational setting, investigates the characteristics of Chinese student collective-authored learning in the new century, and explores how to improve it with the background of innovative talents cultivation.

The book constructs the concept with the three-level construction approach. Chinese traditional ideas and experience about teaching and learning, previous literature on Chinese learners, and interview transcripts of 21 China college students are combined as fundamental literature. It concludes that the authored learning means college students' interaction with different things with autonomy and agency in a specific cultural context, which reflects a group learning mode of students. *Collective-authored learning* is proposed to refer to China student authored learning. It consists of three parts: a cognitive strategy integrating surface learning, deep thinking, and knowledge application, a learning motive integrating social-normative and self-generated motivation, and an interpersonal relationship featured by differentiated communication mode with teachers and students.

Using quantitative data of more than 200, 000 samples from the China College Student Survey (CCSS), this study examines the feature of student collective-authored learning. The result shows that the framework of collective-authored learning explains Chinese college students' learning well and shows Chinese students' good yet unbalanced performance on it. It is shaped both by indigenous culture and consistent educational reform.

The feature of China college student collective-authored learning demonstrates the mental structure and behavior mode with Chinese characteristics. However, it does not fully meet the needs of China's social transformation and the cultivation of innovative talents in China colleges and universities; Therefore, transformation and upgrading are required. Active expression in class reflects the innovative signs of students' cognitive strategies, out of compliance with teachers' authority, and the stimulation of curiosity and interest, which improved their innovative quality and met the direction of collective-authored learning transformation. Based on the analysis of influencing factors of active expression in class, it can be inferred that the overall transformation of collective-authored learning is also affected by indigenous social norms, teacher teaching, and personal factors. Among them, teacher teaching could be a focal point.

In summary, this book proposes a new connotation framework of Chinese college student authored learning, providing a new lens to explain the paradox of Chinese learners. This contributes to the development of Chinese college student learning and development theories and enhances the cultural confidence of Chinese educational researchers and practitioners. In practice, this book argues that the systematicness and complexity of improving self-authored learning should be examined from a cultural perspective. It is influenced by indigenous culture, which is difficult to change. However, feasible educational reforms need to be thought over with practical considerations. Particularly, an equal, supportive, and innovation-encouraging campus culture should be created to reduce the tension between mind-oriented learning and traditional China cultural norms. Besides, teachers' teaching approaches should be changed. With all efforts, students would recognize the importance of learning approach transformation and make it by themselves.

Key words: China College Student; Authored Learning; Chinese Characteristics; Transformative Development; Paradox of the Chinese Learner

目　录

Contents

第一章

扎根本土理解中国大学生的学习

进入21世纪，高等教育已经进入世界各国社会发展的中心，不仅牵涉千家万户的幸福生活和社会流动，而且成为国力竞争的重要基础和前沿战场。特别是，世界百年未有之大变局加速演进，国际环境错综复杂，各个国家对优质高等教育、对高水平创新型人才的需求越来越强烈。中国也是这样，高等教育系统始终与国家发展同向同行，经过21世纪初的大改革、大发展、大提高，发展重点逐步从注重外延扩张转换到强调内涵式发展：学习者良好的学习体验和总体收获，高校人才培养质量和培养能力的全面提升，以及满足国家、社会和家庭对人才培养需求的程度，成为中国高等教育质量的重要表征。深入理解中国大学生的学习特点，提升大学生的学习收获，是提高人才培养质量和培养能力的基础和前提工作。在扎根中国大地办教育和研究教育的倡导下，学生的学习特点不仅仅是教育质量的反映，也蕴含着本土文化、特定社会和教育情境的深层次影响。这要求对中国大学生学习特点的理解，须超越一般性的生理、心理普适性视角，和本土情境紧密结合，站在国际和比较的视角进行分析，从而为理解和反思中国长期以来的人才培养质量提供重要窗口，也为中国教育的未来改革与发展方向提供了判断依据。

第一节 主体性学习：大学生学习过程的时代表征

主体性之所以可以作为理解大学生及其学习特点的重要视角和抓手，是因为各类高水平人才培养质量和培养能力的提升，不仅需要政府的支持性政策和丰富的资源供给、学校的设计和精心实施，而且更根本的是需要学生主体性的充分发挥。这是有效达成教育目标的关键保障。特别是，随着时代的发展和社会的进步，以及科技革命和产业变革的浪潮迭起，高校人才培养目标不断调整和转换。其重点从关注知识到强调可迁移的"软技能"和思维能力，再到重视所谓良好心智模式（mindset）演变，呈现出从关注有形、容易传授、完全由教育者主导的内容，过渡和转型到强调无形、难以传授、需要学生积极内化和建构的内容上。这种转型的成功与否，在很大程度上取决于学生在教育过程中的主体性发挥。

一 从"主体地位"向"主体性学习"深化

国内对学生主体性的关注始于20世纪80年代的基础教育领域，在20世纪和21世纪之交向高等教育领域扩展和延伸，研究关注点正在从"主体地位"向"主体性学习"深化。前者是从政治、法律和管理学的视角出发，强调学生在学校中的自然权利（康永久、吴航，2000），特别是在与自身发展相关的学校事务中拥有一定的话语权。具体到高等教育领域，国家经济体制转型以及高等教育系统的内部变革，让高校管理者、教师意识到，大学生并不是工具主义教育观中"任由高校摆布的产品"，而是有着"自由意志的个体"和高校的"正式成员"，应该得到充分的尊重，并赋予相应的权利和地位（谢维和，2003）。近年来，高校学生主体地位进一步得到确认："以学生为中心"的教育理念不断深入人心；学生评教成为教师教学质量的重要参考标准，对学校的满意度评价成为社会评价大学的重要指标；学情调查在中国兴起，在一定程度上代表了学生群体的声音，为诊断教学问题、促进院校改革提供了重要依据。

在中国社会经济体制和高等教育制度变革时期，承认大学生的主体地位、主体意志和作为高等教育不可或缺的利益相关者身份，具有重要的历史性意义。但是，在不断深化高等教育内涵式发展、强调提升人才培养质量和培养能力的背景下，对学生主体性的认识必须继续深化和落地到教与学这一最核心的教育活动中。特别是，进入新世纪以来，中国高等教育以“大基数、高速度、低成本”的方式发展着，规模迅速达到世界第一，但是也带来了社会各界对高校教学质量的争议，大学生群体被认为广泛存在“得过且过、浑浑噩噩”的学习问题。时任教育部长陈宝生（2018）强调教育要回归常识，要紧紧抓好“学”这个根本，要求学生刻苦读书，要激发学生的学习动力和专业志趣，改变轻轻松松就能毕业的情况。①《光明日报》也再次发文，倡导要充分发挥学生的主体作用，建设良好的学风，从而提升人才培养质量（邓晖，2008）。在这样的背景下，再谈大学生主体性就要更契合时代要求和“教育学”的主张：将其与学生的学习实践紧密结合在一起，从外部教育者给予的“主体地位”深化到由学习者本人主导的“主体性学习”之中②，即学生需要意识到自己是学习活动的主人和学习质量的负责人，从而在学习过程中展现出自主、能动的学习状态。显然，“主体地位”是“主体性

① 笔者整理自2018年6月21日时任教育部长陈宝生在新时代全国高等学校本科教育工作会议上的讲话，以及2018年11月初陈宝生在2018—2022年教育部高等学校教学指导委员会成立会议上的讲话。

② 尽管在世纪之交也有学者提出要深入学习领域去理解主体性，如谢维和（2003）就提出：“学校的培养质量和办学水平如何，不仅仅是学校的问题，它与学生的参与，学生的积极性、自觉性及对学习的认识、态度、动机，都有非常密切的关系，甚至从某种意义上可以说，根本取决于学生的努力。”但由于当时高等教育教学质量问题不突出，对此关注并不充分。具体参见刘薇《首都师范大学党委书记谢维和教授谈——如何看待学生的主体地位》，《中国教育报》2003年1月15日。

学习”的前提条件和基本保障，“主体性学习”是“主体地位”的深化和落地。这是新时代教育发展趋势赋予理解大学生学习过程特点的重要指征。

二　“中国学习者悖论”现象引发的思考

从国际比较的视角出发，理解中国大学生学习的现实表现和特点，分析其优势和不足之处，是探索如何进一步发挥大学生学习主体性的基础。20 世纪 80 年代之后，中国改革开放政策推动越来越多的学生赴外国留学，国际上特别是西方学界开始有机会近距离地接触和研究中国学生，并提出了让学界至今津津乐道的“中国学习者悖论”（the Paradox of the Chinese Learner）问题。具体而言，20 世纪 90 年代之前，国际学界对中国学习者给出了机械被动、缺乏主体性的消极判断。比如，澳大利亚昆士兰大学的 Samuelowicz（1987）实施了针对澳大利亚高校 145 位教师、136 位海外研究生的问卷调查，指出中国留学生的学习“问题”：遵从老师权威，注重记录事实，不愿意提问、讨论或质疑，这是知识再生产取向（reproduction-oriented）的学习方式。类似的研究和描述还有很多，包括课堂沉默寡言、擅长背诵策略、重视考试和父母要求、很少反驳教师观点、自我管理能力不足等。基于此，中国学生被评价为机械的被动接受者（passive recipient）、死记硬背的学习者（root learner），缺乏批判性思维（critical thinking）、自主性（learner autonomy）、主动精神（initiative）和能动性（personal agency）等（如 Keats，1982；Pratt et al.，1999；Tweed & Lehman，2002；Kim，1997；Atkinson，1999；Kirkbride & Tang，1992）。这些带有强价值判断的评价表述，展现了中国学生刻板、遵从、被动乃至压抑的学习景象，成为所有中国学习者长期挥之不去的“标签”，甚至影响和塑造了许多国内研究者和教育实践者的基本判断。

但是，看似缺乏学习主体性的中国学生，却总能在国际大型测试中取得大幅领先于西方国家学生的学习成果。20 世纪 60 年代之后，中国香港和台湾地区多次参加国际教育成就测量协会（IEA）举办的国际数学和科学研究项目（The Trends in International Mathematics and Science Study，TIMSS），取得了优异成绩。1991 年，在美国教育考试中心（ETS）组织的国际教育进步测评（International Assessment of Educational Progress，IAEP）中，中国（涉及20 个省份的样本）13 岁学生的数学成绩位居第一（Lapointe et al.，1992）。1987 年，美国《时代》杂志刊登了封面文章《新一代天才少年：亚裔美国人的优异表现和付出》（The new whiz kids：Why Asian Americans are doing well，and what it costs them），描述了包括华人在内的不同受教育阶段的亚裔学生的优异表现，这种优势甚至从数学、科学扩展到文科如文学、艺术等（Brand，1987）。直到现在，上海学生于 2009 年和2012 年参与经济合作与发展组织（Organization for Economic Cooperation and Development，OECD）实施的国际学生测评项目（Program for International Student Assessment，PISA），在数学、科学、阅读和财经素养等方面依然名列前茅。[①] 这种优势也在高等教育领域中显现出来。2015 年，国内多所高校（如清华大学、河南大学等）与美国斯坦福大学（Stanford University）、美国教育考试中心（ETS）、俄罗斯国立高等经济学院（the Higher School of Economics，HSE）等机构合作开展的工科大学生学习成果测试（Study of Undergraduate Performance，以下简称 SUPERtest）结果表明，中国大一和大二学生的数理知识测验成绩，远高于印度和俄罗斯学生（Loyalka，2021）。

消极被动、低质量、缺乏主体性学习特质的中国学生，却总能在国际测试中取得优异成绩。心理学与教育学研究领域的学者

---

① PISA 是针对素养（literacy）而非知识识记的测试，指的是学生应用知识和技能的能力，以及在不同情境中提出、解决和解释问题时有效地分析、推理和交流的能力。因此不能简单地认为 PISA 成绩高是死记硬背的结果。具体参见国际学生评估项目中国上海项目组《上海 2012 年国际学生评估项目（PISA）结果概要》，上海教育出版社 2014 年版，第 1 页。

Biggs、Marton 和 Watkins 等在 20 世纪 90 年代就注意到这一现象，称此为“中国学习者悖论”，并引发了诸多研究。澳门圣若瑟大学教授 Morrison（2006）对众多旨在破解此悖论的研究进行了总结，认为原因涉及十个方面：悖论的前提不准确、所假设的无效学习方式是有效的、中国学生更加聪明、师生更加努力、学生表现不受低质量教学策略的影响、重视教育的普遍国民心态、测试内容与学习内容吻合、学生擅长考试、霍桑效应以及以儒家为代表的中国本土文化的作用。当然，这一悖论的真实原因肯定是“复合型”的，很难区分何种因素拥有更强的解释力。而且，这一悖论的描述并不准确。因为中国学生的领先优势并不能覆盖中国的所有区域，也无法涉及所有类型的学习成果。比如，在 2015 年的 PISA 项目中，由北京、上海、江苏、广东组成的中国部分地区联合体总分排名下滑到第十位，合作问题解决能力在 51 个参与国家和经济体中排名第 20 位（王洁，2018）。再比如，基于 SUPERtest 项目数据的研究（Loyalka et al.，2019）发现，美国大学生在计算机能力（computer skills）方面的表现水平高出中国、印度和俄罗斯 0.76—0.88 个标准差。社会各界也经常批评中国教育并没有培养出足够的创新型人才。

尽管中国人才培养存在短板，并不完善，但很明显的是，西方学界没有能够充分认识到中国教与学过程中的优势和特色。比如在数学教育领域，国内学者认为，悖论的提出是因为西方学者没有意识到中国数学教育方式所具有的文化契合性和潜在优势。因此，悖论本身并不存在甚至是个伪命题（黄友初，2008；顾非石等，2016；曹一鸣，2010；黄荣金、梁贯成，2017）。可见，过于执着于悖论本身、寻求唯一精确的解释，不仅困难而且缺少实质性意义。而“中国学习者悖论”现象及其引发的讨论，足以打破原有对中国学生学习质量的消极刻板印象，刺激我们聚焦中国学生的学习过程去进行重新思考：中国学生真的缺少主体性学习特质吗？如果不是，为何西方学界会对中国学生有这样的价值判断？

三　扎根中国本土情境理解主体性学习

20 世纪 80 年代之后，主体性这一起源于西方文化和情境的哲学术语被引入中国教育教学领域，引发了众多教育研究专家和学者的探讨，还推动开展了主体性教育实验，与受到倡导的“素质教育”相呼应。不少研究者（如王东宇，2000；湖萍，2015）认为，中国学生重视应试，在学习过程中被动地接受知识，是“占有式学习”方式①，缺乏自由性、主动性、积极性和创新性。即使是大学生，其主体意识也处于自发阶段，无论在生活还是学习过程中都缺乏主体性（牛慧娟，2014：7）。这些表述与国际学界对中国学习者的消极刻板印象如出一辙，得出中国学生缺乏主体性、中国教育教学不重视发挥学生主体性的结论。

但是实际上，主体性一词在本质上指向人的主观意志和能动性，不会因为文化情境转换就不存在，只不过表述方式可能不同而已。比如，“自得”就是中国传统典籍中表征个人主体性的一个词语。其主要倡导者孟子认为，“君子深造之以道，欲其自得之也。自得之，则居之安；居之安，则资之深；资之深，则取之左右逢其原。”［《离娄下（十四）》］这是阐述君子修身之道，要求个人具有主观能动的意志和行动。这从侧面说明，笼统地评价中国学生缺乏主体性并不严谨，中国学生在主体性的表现方式上可能与西方不同。如有研究者就认为，在中国文化情境中，人们的主体性集中表现在对道德理想价值的推崇、非强制性的道德选择以及高度的道德自觉性上，即和本土道德规范紧密地结合在一起（余陶，1999；李瑾，2009）。

---

①　德国哲学家和心理学家弗洛姆认为，占有式学习指的是强调知识记忆、累积和实用等表层功能的被动和机械的学习方式。“他们只听讲课老师的话，抓住各部分的逻辑关系和意思，并尽可能完整地把听到的一切都写到笔记本上，但这都是为了以后能牢记他们的笔记，以应付考试。”详细内容请参见［德］弗洛姆《日常生活中的两种生活方式：占有与存在》；［美］马斯洛等著，林方主编：《人的潜能和价值》，华夏出版社 1987 年版，第 330—331 页。

同理，主体性学习从字面上理解就是自主、能动的学习状态。其更为具体的内涵和表现形式，是建立在教育教学实践和经验基础之上的提炼，也是一套内部要素相互关联，并和本土文化、教育情境深度契合的学习模式。20 世纪 70 年代之后，西方学界基于本土教学实践提炼出一些概念，如深层学习（deep learning）、自我调节性学习（self-regulated learning，也被翻译为自主学习）、学习自主（learning autonomy）、主动学习（active learning）等。这些概念扎根于西方文化和教学实践之中，内含着西方情境中学生主体性学习特质的具体要素，包括以好奇心和兴趣为主的内部学习愿望，以深层思考为代表的认知策略，以自我调节替代教师指导的学习管理，以及外显地提问和质疑权威观点等。对这些概念起到根本支撑和涵养作用的，是西方文化中的“自我”（self）始终强调的个体性独立、自主和理性。① 但是，当使用这些概念去评价中国本土学生的学习实践时，就很容易发现他们的外部动机较强、习惯浅层学习、极少发言和质疑、相当遵从教师等现象。如果以此判断中国学习者缺乏主体性，就犯了理论与实践“两张皮”的错误，不仅会产生悖论现象，而且不能反映中国学生学习的本土特点乃至特色。

在对中国学生主体性学习特点了解不足的情况下，简单移植和借鉴西方教学方式，希望让中国学生呈现出如上述西方概念中所描述的表现，未必能够成功。比如，国内研究者周序和李建军（2016）直接使用“小组合作、课堂报告、讨论”作为主体性学习的形式，

① 西方心理学中的“自我”体现出从生理自我逐渐上升到心理自我和社会自我的完整性。相比之下，“自我在儒家的观念里从头到尾都是一个社会性和文化性的概念，自然，由此获得的对自我的预设也不会从个体性开始。没有了个体性的自我，也没有可能抽象出个人之自由、理性、情感及意志”。这预示着西方这些表征学习的词汇，在没有进行跨文化的内涵调整之前，在中国学生实践中容易出现解释力不足的情况。具体参见翟学伟《儒家式的自我及其实践：本土心理学的研究》，《南开学报》（哲学社会科学版）2018 年第 5 期。

去验证对高中生学习质量的提升作用。结果表明，实验组虽然在学习自主性和学习兴趣上体现出一定的优势，但是认真程度却有较大的下降，不仅没有促进学生学习成绩的提升，甚至还带来负面影响。此外，这种主体性学习方式对学习兴趣提升的作用并没有持续多久，在学生失去了新鲜感之后很快便趋于平淡。研究者进一步分析说，简单地推动使用这种主体性学习形式，带来了低层次的自主，并且抛弃了原有的独立思考的优势，不利于知识的获取和理解。与此类似，同处于儒家文化圈的日本，基础教育领域也出现了“主体性神话”所带来的形式主义现象：“表面上看起来非常活跃，而实际上学生学习的内容杂乱、学习的质量低下，教育被表面化，陷入了浅薄与贫乏中。”（佐藤学，2014：13）尽管上述研究和观点并非针对大学生、学习成果也没有关注到创新能力等内容，但是依然在一定程度上体现出西方主体性学习的实践并没有那么容易融入中国教育情境之中。只有分析清楚中国学生主体性学习的现状和特点，找到和西方表现的差异及根本原因，才能继续讨论如何成功地引进这一学习方式。

总之，如古人所言：“橘生淮南则为橘，生于淮北则为枳，叶徒相似，其实味不同。”其原因是“水土异也”。本研究认为，中国大学生并不缺少主体性学习的特质，文化情境差异使得其在具体内涵和表现形式上存在不同和本土特色。如果说以往的研究在理解主体教育的时候在较大程度上忽略了文化背景和文化意蕴（石中英，1997），忽视了特定教育制度下学生的主体性表达方式，那么现在对主体性学习的理解就不能重蹈覆辙。换言之，我们应该在一定程度上跳出西方文化和学术强权的视角，从中国本土文化和教育情境出发、从本土大学生的视角出发理解主体性学习的内涵和特点，并结合中国高校人才培养新导向去探讨加以改进和完善的方法。

第二节　新时代背景下的研究问题和意义

基于中国优秀的文化基因，经过改革开放40多年的发展，中国高等教育已经取得了举世瞩目的成就，培养了无数各行各业的优秀人才，形成了相对稳定、颇具成效，同时也不断改革的教育教学模式。“中国学习者悖论”现象使得西方学界开始转变对中国教育和学生的消极刻板评价，甚至承认其中所存在的特色和优势。从主体性学习的视角分析中国大学生的学习特点，不仅顺应了人才培养的发展趋势，而且拥有巨大空间进行跨文化和教育情境的探讨。这同时要求研究者本身更加自信、客观和深入：不仅需要站在改革改进的视角，将大学生主体性学习作为提升人才培养质量的重要抓手，分析其不足之处、改进方向和具体举措；而且更重要的是先要跳出“西方理论指导+中国经验验证”的研究模式，充分回顾本土治学传统和实践经验，总结和提炼出中国大学生主体性学习的特点，甚至进行概念提炼或重塑。这是深入理解中国大学生学习过程特点的方式，也是推动中国教学和学习方式改进的重要基础和必要前提。

一　研究问题

既然在任何文化情境中，大学生在学习过程中都拥有其主体性，那么大学生主体性学习是在任何文化情境中都可以使用的学术词语，因而没有必要“另起炉灶”、再造新词。但是在不同的情境之中，主体性学习的具体实践表现很可能既有共通之处也有差异或特色之处。因此，本研究的第一个问题是，如何理解中国大学生的主体性学习？具体而言，（1）跨文化的、通用性的主体性学习内涵是什么？（2）主体性学习在中国文化和教育情境中的具体表现形式是什么？

正如Biggs（1996a）所反思的那样，使用西方的视角来解释中国学生的学习现象需要非常谨慎，这样做或许不仅不能够清晰地理解中国学习者的特点，而且会产生曲解。早期的西方学界乃至中国一些研究者之所以认为中国学生缺乏学习主体性，就是因为透过西方概念框架来分析中国学生学习实践所带来的误判。在提出了中国大学生主体性学习的内涵框架之后，就可以将这一新框架作为理解中国大学生主体性学习的新视角。因此，第二个研究问题是，中国大学生主体性学习的特点是什么？具体而言，（1）中国大学生主体性学习的具体表现是什么？（2）为什么会呈现出这些表现？

中国教育系统一直处于动态发展之中，既有的学生主体性学习特点，一方面和中国的文化情境、教育制度具有深度的契合性，另一方面也要不断改进以体现其前瞻性，从而满足国家和社会对未来人才的需求。如果说，前面的问题主要针对的是中国大学生主体性学习的内涵建构、现状特点、合理性和优势特色分析，接下来就需要重点结合国家对教育、人才的未来需求进行“应然性”探讨，找到其中的不足和缺陷之处，提出改进建议。因此，第三个研究问题是，高校和教师如何改进中国大学生主体性学习？具体而言，（1）结合时代发展需要和高校人才培养导向，如何理解“改进”主体性学习？（2）改进方向所涉及的具体内容受到哪些因素的影响？

二　研究意义

（一）理论意义

20 世纪 90 年代之后，中国一些研究者借鉴深层学习、自我调节性学习、主动学习等概念，对中国大学生的学习特点进行了分析，为提升高校人才培养质量、推动教育教学改革提供了重要依据（如龚雪等，2017；刘哲雨、王志军，2017）。但是如前所述，这些概念框架的生成和建构，是植根于西方文化、教育制度和实践经验的。直接使用这些概念或许可以在一定程度上解释中国大学生的学习特点，但是有可能不够全面和具有针对性、不能凸显中国学习者的特色，也无助于提炼中国大学生学习中的独到概念，更遑论进行理论建构了。

习近平总书记强调，推动中国哲学社会科学体系建设，要“打造融通中外的新概念新范畴新表述……既要符合中国国情，有鲜明的中国特色；又要与国外习惯的话语体系、表述方式相对接，易于为国际社会所理解和接受”（新华网，2016）。在这样的背景下，本研究承接了西方学界提出的主体性一词，充分考虑中国厚重的文化传统和教育情境所赋予中国学习者的独特认知和心智模式，在此基础上尝试挖掘和建构中国大学生主体性学习的内涵框架，为理解中国大学生的学习特点提供一个不同于传统西方概念框架的视角。这就在一定程度上“跳出西方中心主义的学术框架”（丁钢，2009：5），有助于揭示在中国乃至东亚文化滋养下的大学生学习教育景象（吕林海，2018）。对这一问题的探讨不仅有利于解释“中国学习者悖论”问题、加深对中国学习者的理解，而且有助于在与西方相关概念和理论进行对话的过程中，形成有中国特色的大学生学习与发展理论，减少对西方教育知识体系的盲从心态和简单移植。这也是增强中国教育自信、国际影响力和话语权的必由之路。

（二）实践意义

国内关于大学生学习的不少研究，都是站在改革和改进的视角进行的。但是，其所提出的建议或者提倡引进的西方教学方式，却不那么容易得到顺利和有效实施，并取得理想成效。其中一个重要原因就是，主体性学习不仅具有教育学意义上的可塑性，也是与本土文化情境深度契合的一套学习模式，有着并不容易改变的文化和心智模式的支撑。如果不深入这一层次进行分析，就容易夸大学习本身的跨文化和普遍性，忽略改进的深层性、系统性和复杂性，更难以对是否可以引进、在哪个层面上借鉴、如何进行嫁接进行有效回应。

此外，结合中国高校对培养学生创新性素质的强烈要求，以及当下社会对学习“内卷化”倾向的批评和质疑，改进中国大学生主体性学习需要更加系统和谨慎的思考：这可能不是在原有框架内部进行“水平提升”，而是“方向转型”的问题。那么，中国大学生主体性学习方式转型的方向是什么？影响因素有哪些？如何转型？回应上述问题，可以为如何超越文化和社会规范的束缚，从课程与教学系统、学生事务系统出发改进学生主体性学习提供依据。这也可以在一定程度上回应如何在保持自身文化特色和学习优势的基础之上有机地学习和借鉴西方知识体系和实践经验这一问题。

第二章

主体性学习：丰富且有待深化的研究领域

从语义学的视角来看，主体性学习是用哲学领域的“主体性”来修饰教育现象即“学生学习”所产生的词语，用以表述学生在学习过程中自主能动的学习状态。由此带来的是哲学领域的主体性向教育学领域主体性学习的迁移和转化。实际上，20 世纪 80 年代之后，主体性概念被成功引入中国教育领域，产生了主体性教育、主体性地位、主体性发展等多种表述，形成了具有时代特征的重要学术研究成果。相比之下，主体性落地到教与学领域，用之分析学生学习特点的研究才刚刚开始。而且，本研究强调的主体性学习本土情境属性，就不能不加斟酌地移植西方概念进行阐释。尽管如此，国内为数不多的研究以及西方学界提出的众多类主体性学习表述，都为本研究提供了重要的基础和启示。

第一节　主体性学习的相关概念分析

从已有的研究来看，国内学界已经零散地提出主体性学习的表述，但各有侧重和强调。尽管从西方学界的研究中还找不到完全对应的词语，但是学者们提出了一众表征学生发挥主体性、主观能动性进行学习的概念，包括主动学习（active learning）、深层学习（deep learning）、学习性投入（student engagement）、自我调节学习（self-regulated learning）等。分析这些概念可以找到西方学界理解主体性学习所需的基本要素，明确西方文化、教育制度和实践对此的支撑。这反过来有助于分析处于中国文化和教育情境中的大学生主体性学习内涵。

一　国内学界的初步认识

20世纪70年代末80年代初，国内哲学界兴起对主体性问题的讨论。这些讨论很快便迁移和扩展到教育领域，并在理论和实践上取得了不少成果。十分受关注的当属主体性教育、主体性教学、主体性发展等概念的提出和运用。研究者们站在学校和教育者的视角上，对这些概念的内涵和外延进行了探讨。由于时代和教育理念的局限，此时的学生在学校体系中还处于相对弱势地位，因此主体性学习这一概念虽在基础教育和高等教育领域中被提了出来，并展现出中国学界对主体性学习的初步认识，但只是比较小众的研究主题。

基础教育研究中的主体性学习，在概念上受到西方相关概念和理论的形塑，并主要从教师教学的视角进行分析，指向课堂教学过程的改进。如张玉妥等（2006）认为，主体性学习（positive learning）就是在课程学习过程中，学生自觉、主动地获取知识的过程。之所以对学生提此要求，是因为他们认为过去以教师为中心、以讲授为主的传统教学模式不能发挥学生的主体性，不利于高素质人才的培养。尽管这一观点是尚未得到证明、也难以得到证明的主观判断，但却是教育研究和实践领域在较大程度上达成的共识。因此，研究者借鉴了西方建构主义理念，希望在设计的主体性学习活动（多鼓励学生进行课堂观察、参与读书会）中，将学生作为学习活动的主体，而不再是掌握、接受知识的被动客体；将知识学习作为构建学生主体性的手段，教师“退居二线”，扮演引导者、组织者和支持者的角色。不过，这些理解将对学习的理解局限在处理知识的过程中，忽视了学生的情感体验和动力激发等内容。

周序和李建军（2016）没有对主体性学习进行界定，但是认为小组合作、课堂报告、讨论体现了主体性学习的特点，可以调动学生参与学习的积极性，激发学习兴趣和主动思考的意愿，从而促进学习质量的提升。但是，基于实证研究得出的结论却让人深思：小组合作、课堂报告、讨论虽然在学习自主性和学习兴趣上体现出一定的优势，但是学生在认真程度上却有较大的下降，非但没有促进学生学习成绩的提高，甚至还带来了负面影响。而且，这种学习兴趣的提升并没有持续很久，在失去了新鲜感之后很快便趋于平淡。研究者的进一步分析认为，简单地实施这种主体性学习形式，带来了低层次的自主，并且抛弃了原有的独立思考的优势，不利于知识的获取和理解。尽管作者潜在地认为中国传统的教学过程中缺少主体性学习的成分，认可讨论和展示这种“主动”“外显”的认知方式是主体性学习的表现，但是其研究恰恰在一定程度上表明，贸然地推动中国课堂和学生表现出西方所推崇的主体性学习形式，有可能出现“水土不服”的现象。①

和基础教育领域的研究相比，对大学生主体性学习概念的分析尽管没有本质差异，但在内容和情境方面进行了扩展，体现出高等教育阶段学生学习的特点。如李丽丽（2001）将主体性学习（autonomy learning）理解为“学生在教师的科学指导下，通过能动的创造性活动，实现自主性发展”，在具体情境上强调要从课内扩展到课外，在内容上要从知识认知和加工扩展到对自身学习特点、学习兴趣和学习动力的主动认知或自觉激发上。与此类似，徐和清和彭建雄（2011）认为，大学生主体性学习（subjective study）就是在教学

① 当然，这个研究主要针对的是高中生。倘若置于高等教育教学阶段，由于人才培养需求和评价方式的转变，以及学习情境、学生特质的变化，对于象征着学生求知欲望和创新倾向的外显性表达所起到的作用，则要进行重新审视和评价。

与管理过程中，把学习主动权交给学生，让其有自主学习时间和空间，表现出学习的自主性、选择性、创造性等，不断开发自身潜能。主体性学习涉及课堂教学、学生管理、图书资料利用、网络资源利用、实践教学过程、师生交流六种情境。

在此基础上，不少学者探讨了大学生主体性的发展过程，凸显出社会交往和互动在其中所起的重要作用。如刘志军（2005）认为，以往对主体性的理解，集中强调学生对客观物质所体现出的主体性，忽视了学生与教师和同学的关系。因此，在探讨主体性发展的时候，社会关系和互动层面也需要被考虑在内。牛慧娟（2014：50—53）认为，个体社会化是大学生主体性发展的重要结果之一，指的是自然人逐渐学习社会知识、技能与规范，形成自觉遵守和维护社会秩序的价值观念和行为方式。在教育领域中，个体社会化主要是通过师生互动来完成的。可见，交往和互动既是达到主体性发展的重要方式，也可能是主体性学习的重要表现之一。

总的来看，和从教育者视角出发进行探讨的主体教育、主体性教学相比，从学生视角探讨主体性学习的研究还处于起步阶段，并存在三个不足之处。第一，概念建构不完善。尽管有文献认为，主体性学习反映学生在学习过程中自主、选择甚至创造性的表现，但是在涉及内容上并不统一：多数研究强调知识认知的过程，少数研究涉及了自身动力的问题，也有研究涉及了与教师和同学交流和交往的内容。第二，以实践改进为方向。尽管有的研究并没有明确指出这一点，但是在言辞之间依然假定中国学生缺少主体性学习特质，然后通过分析去强调教育者应该转变教育理念、改革教学组织方式、促进学生参与主体性学习活动，进而培育和发挥学生的主体性。其中存在的问题是，研究者并没有对中国大学生的主体性学习现状和特点进行深入分析，基于此提出的建议有可能难以服众，甚至可能产生误导。第三，对文化和教育情境属性重视不足。多数研究探讨的逻辑起点，主要是西方学者提出的概念、理论和实践经验，并没有充分考虑到主体性学习在不同的文化情境中可能有不同的内涵和表现形式。实际上，周序等（2016）的研究已经提示我们，中国学习者的主体性学习方式可能和西方不同，但遗憾的是没有深究下去。概念理解和建构的不成熟在研究者选择英文对应词汇的时候也体现了出来。比如，有研究者将主体性学习翻译成为 positive learning，强调学习态度上的乐观和自信；有研究者将其翻译成为 student-centered learning，将主体性学习泛化成为一种学习理念；还有的研究者将其直译成 subjective learning，侧重表现学生学习的主观性。

二　西方相关概念的分析

西方学界没有直接明确提出主体性学习的概念，但是在相关主题上的研究历史悠久、成果丰富，均努力回答在西方文化和情境中，应该倡导何种体现学生主体性的学习方式。本研究将此类概念称为“类主体性学习”。从学科视角来看，此类概念的提出逐步形成了两条不同的研究路径（Entwistle，1988；史静寰、王文，2018）。① 第一条路径从教育实践出发，强调学习者在与学校不同要素的互动中提升学习质量。基于此路径提出的概念包括主动学习（active learning）、学生参与（student involvement）、努力质量（quality of effort）、学生学习投入（student engagement）等。第二条路径扎根于认知心理学（cognitive phychology），重视学习者对信息的汲取和加工过程。基于此路径提出的概念包括自我调节性学习（self-regulated learning）、深层学习（deep learning）等。从学习理论发展和演化的视角出发，前者往往被纳入行为主义视角的学习理论，后者往往被作为认知主义视角的学习理论。

---

①　还有学者如 Zusho（2017）将关于学习的研究划分成为三个主要的研究领域（对象），主要涉及学生学习模式（learning pattern）的研究，自我调节性学习（self-regulated learning）的研究以及学生学习性投入（student engagement）的研究。参见 A. Zusho，“Toward an Integrated Model of Student Learning in the College Classroom,” *Educational Psychology Review*，29（2），2017，pp. 1 –24.

（一）行为主义视角的大学生学习

1. 主动学习

20 世纪 90 年代之后，主动学习（active learning）受到了不同教育阶段教育实践者的关注，特别体现在 STEM 课堂上。主动学习的支持者认为，这将有助于他们变革教学方式，真正地促进学生的学习。理解主动学习可以从学生和教师两个视角进行。

从学生的视角来看，主动学习是课堂情境中学习策略的集合。Bonwell 和 Eison（1991：2）认为，主动学习是促进学生做，并思考他们所做的东西。换句话说，当学生在进行读、写、讨论和解决问题的时候，他们可以学到更多的东西（Millis，2012）。Allen 和 Tanner（2005）认为，主动学习指的是使用有意义的方式，去获取和组织信息，并且利用机会解释给其他人听。Smith（2005）认为，在主动学习的框架中，学生要解决复杂的事情和问题，理解和问题相关的科学知识，讨论并向同学展示可能的解决途径，接受同学的反馈。Pince（2004）认为，主动学习的本质是处于学习过程中的学生积极投入和参与学习活动。而主动学习的反面，是学生在课堂上完全被动地从教师那里接受信息。不同的研究者对主动学习的描述略有不同，但都重视学生积极参与到教师组织的课堂活动中去，强调学生"外显性"的学习策略（如提问、讨论、读写操作等），较少涉及学生的学习兴趣或者动机等内容。

从教师的视角来看，主动学习是一种教学方式（teaching approach），甚至是一种教学论（active learning pedagogy）。Patrick 等（2016）、Gardner 和 Belland（2012）、Freeman（2014）、Braxton（2000）认为，主动学习是一种课堂教学方法，促进学生在课堂上成为积极的参与者，教师为此要组织一些学习活动如写作练习、游戏、辩论、课堂讨论等。Cattaneo（2017）进一步认为，主动学习是一种教学范式，包括了基于问题的学习（problem-based learning）、发现式学习（discovery-based learning）、探究式学习（inquiry-based learning）、基于项目的学习（project-based learning）、案例学习（case-based learning）等。这些教学方式都是学习者中心的、认为学生是知识的建构者，只不过各有侧重。[①] 可见，教师视角的主动学习在实践上表现为促进学生的主动学习。教师最重要的角色，就是将一些教学活动有机地整合到讲授式课程当中，以促进学生的参与和投入（Prince，2004；Armbruster et al.，2009）。尽管和学生视角存在差异，但是两者在本质上都强调学生的外显性参与，以及教师对学生行为的影响和塑造，从而反映出较强的行为主义范式理念。

2. 学习投入（行为主义）

学习投入概念的诞生和发展要晚一些。对此的探讨从北美开始，并逐渐扩展到澳大利亚、日本和中国等地区。关于学生学习投入的研究，Kahu（2013）指出了四种类型的理解：行为主义视角、心理学研究的视角、社会文化的视角以及整体性、情境性、动态性的视角。目前受到认可和研究的是前两类视角。行为主义视角的探讨主要是由高校学生投入现状不尽如人意引发的，呼吁院校采取举措对学生的参与行为进行实质性改进（Coates，2007）。心理学视角倡导从认知、情感和行为等多方面理解学生投入（Christenson et al.，2012；Fredricks et al.，2004）。

行为主义视角的学习投入指的是学生个体与院校各方面互动的过程，主要有三个特点。第一，从理念上看，强调学生的积极参与和主观能动性。Astin（1984）使用“参与”（involvement）概念，表征学生将在学校学习过程中投入体力和心力的总和。Pace（1984）使用“努力”（effort）这个概念来表征学生的主观投入程度，指的是学生有效使用学校设施、资源和机会来促进自身学习和发展质量的程度。在时间一定的情况下，参与有教育意义的活动越多，学习效果就越好。Kuh（2008）使用“投入”（engagement）的概念，强

① 比如，基于问题的学习强调的是过程、合作学习、反思、内部的动力和评价；发现式学习，强调的是为学生提供合适的学习内容和程序；探究式学习，需要的是为学生创建一个特殊的环境，并考虑学生的内部动机和反思性进程；基于项目的学习强调的是完成项目这样一个结果；案例学习强调的是将所有元素整合起来，并成功实施。

调“大学生为参与具有教育性目的的活动所付出的时间与努力”，认为学生在那些具有教育意义的活动中投入的时间和精力越多，获得的反馈越多，他们在知识、技能和性情上的发展就越好。这几个概念尽管用词有差别，但在内涵上并没有本质的差异。第二，从形式上看，注重学生外显的、可干预的学习行为。Astin（1984）认为，“动机往往不如可观察到的参与情况那样更加容易测量”。Pace（1984：12）认为：“我们并不关注态度、感觉、心灵创伤、认同危机等，而是关注客观的可观察到的行为。而且，行为也可以较好地代表其心理情况。”在其引导下，后续的概念均强调采用行为测量的方式，理解学生的积极参与。但是，由于缺少以心理学为基础的多维建构，所以此类概念被认为理论化程度不足（weakly theorized）（Khan，2014）。第三，指向教育教学实践的改进。在此视角下，学生的学习表现在很大程度上受到学校、教师、课程和教学的影响，相关研究旨在为教育改进提供直接依据，从而进一步促进学生的积极参与或投入。

以学情调查工具为基础进行学习投入的测量最普遍，如美国的大学生学习性投入调查（National Survey of Student Engagement，NSSE）、大学生就读经验调查（Student Experience of Research Universities，SERU）、澳大利亚大学生经验调查（University Experience Survey，UES）、英国的大学生学习调查（National Student Survey，NSS）、国内的中国大学生发展和追踪调查（China College Student Survey，CCSS）等。这些工具在指标体系上具有较强的共性。以具有代表性的 NSSE 为例，其 2010—2012 年的指标体系是由五大指标构成的，分别为学业挑战度（Level of Academic Challenge，LAC）、主动合作学习水平（Active and Collaborative Learning，ACL）、生师互动水平（Student-Faculty Interaction，SFI）、校园环境支持度（Supportive Campus Environment，SCE）以及教育经验的丰富度（Enriching Educational Experiences，EEE）。2013 年，NSSE 课题组对指标进行了修改，更新后的指标包括学业挑战度（Academic Challenge，AC）、同

伴学习（Learning with Peers，LP）、师生互动经验（Experiences with Faculty，EF）和大学环境（Campus Environment，CE）四个投入性主题。这些指标在本质上都指向良好的教学实践（good teaching practices），如课程是否有严格的要求，教师与学生的互动如何，是否创建了良好的交流环境，学校是否提供了学业、职业等方面的支持，是否提供了参与高影响力教育活动所需的资源。学校可以根据这些指标的得分去改进实践。

（二）认知主义视角的大学生学习

1. 自我调节性学习

关于自我调节性学习的研究始于20世纪80年代，在北美的心理学界受到最多重视，并风靡国际学界。这一词语和自主学习（autonomous learning）、自我导向性学习（self-directed learning）等都在不同程度、不同方面体现出了个体在学习过程中的主体性（Zimmerman et al.，1994）。总体而言，自我调节性学习是基于认知心理学的概念和理论进行建构和发展的，强调信息加工（Information processing）的过程。20世纪70年代，Flavell（1979）提出元认知（metacognition）的概念。80年代，Bandura（1986）结合此提出了自我调节的社会认知理论（social cognitive theory of self-regulation），将自我调节理解成为在特定任务中监控和调节自己的认知、行为和动机。1986年，Zimmerman将自我调节应用在学生学习领域，结合认知、动机和学习的心理学模型，率先提出自我调节性学习的概念，即学习者积极主动地监督、控制和调整自己的感觉和行为，以便达到自己设定的学习目标（Zimmerman，2008）。顺应此，国内研究者周勇和董琦（1994）认为，自我调节性学习（国内学者也将self-regulated learning翻译成自主学习）可以分为三个方面：对自己学习活动的事先计划和安排，对自己实际学习活动的监察、评价和反馈，对自己学习活动的调节、修正和控制。庞维国（2003：4）则结合了任务/纵向视角和状态/横向视角进行阐述，但是两者在本质上并无差异之处。

自我调节性学习最注重对自身行为、认知加工的调控，并在此基础上逐步纳入了动机调控，乃至对外部情境的调控。比如，学习策略量表（the Learning and Study Strategies Inventory，LSSI）（Weinstein et al.，1987）测量了技能（针对认知，涉及注意力、选择中心思想以及信息加工）、意愿（针对动机，涉及动机、态度和紧张感）、自我管制策略（针对行为，涉及时间管理、学习支持、自我测验，以及测验策略等），但没有涉及对环境的调节。Printrich（2000，2004）认为，自我调节性学习要在认知（cognition）、动机（motivation）、行为（behavior）调节的基础上，纳入对情境（context）的调节。他和 Smith（1993）开发的学习动机和策略问卷（Motivated Strategies for Learning Questionnaire，MSLQ），主要包括了动机和策略两个方面。动机包括价值成分（内在目标、外在目标以及任务价值）、期待成分（控制信念、学习和表现的自我效能）和情感成分（测验时候的紧张感）。策略既包括了认知和元认知策略（复述、详细阐述、组织、批判性思维、元认知自我调控），也包括资源管理策略（时间和学习环境、成果调控、同伴学习、求助），后者即是对社会情境的调节。国内研究者朱祖德（2005）遵循了这一理解，并汉化了这一工具，在中国情境中进行了应用。

2. 深层学习

对深层学习的研究和实践主要集中在澳大利亚和欧洲一些国家，最早可以追溯到 1976 年瑞典学者 Marton 和 Saljo 发表的关于学生学习过程差异的论文。这两位学者以哥德堡大学（University of Gothenburg）的学生为研究对象，要求他们阅读论文以便回答问题（主要涉及文章意义和如何学习）。结果发现，学生会采取两种不同的信息加工方式（processing of information）：一类学生关注和遵从文本本身，重视记忆细节或关键词汇。另一类学生关注文本背后的主题思想、文本的构思和建构过程等。前者被称为浅层加工（surface-level processing），后者被称为深层加工（deep-level processing）。这个研究结果得到了其他学者的重复性验证（Svensson，1977；Pask，

1976）。顺着这条路径，Marton（1981）等发展了现象分析学（Phenomenography）的方法，通过质性的方式进行学生学习方式的研究。这个概念将学习视为个体在看待、经历、理解、概念化外部世界的过程中，内部产生的质的变化（Bowden，1988；Ramsden，1992）。澳大利亚心理学家 Biggs（1996）秉承了这一理念，进行了工具的开发和定量评价的实践，从而促进了这一概念在其他国家的传播和应用（如 Entwistle，2007；Kember，2000；Watkins，1996；黎加厚，2005）。

在深层学习的结构和测量上，英国的 Entwistle 和 Ramsden（1983）分别开发了学生学习过程问卷（Student Process Questionnaire，SPQ）和学习方式问卷（Approaches to Studying Inventory，ASI），其中均含有三种学习方式：浅层、深层和成就学习方式（achieving approach）。但是，最具有代表性和影响力的是 Biggs（1976）开发的学习过程问卷。此工具中含有 10 个子量表[①]，形成了三个因子：再生产型（reproducing）学习、知识内化型（internalizing）学习、组织型（organizing）学习。其中，再生产型学习指的是学习者希望达到的最低学习标准，通过死记硬背的方式来进行知识的再生产。知识内化型学习指的是学生对学习内容感兴趣，并将新知识和以往的知识结合起来。组织型学习指的是学生为了获得高分，通过优化时间和空间管理、整合使用不同的策略来学习（Biggs，1996a）。1987 年，为了和 Marton 等提出的概念保持一致，Biggs 将其重新命名为浅层、深层和成就学习方式。至此，Biggs 建构了学习方式的动机/策略一致性模型（motivation/strategy congruency model），即将学习动机纳入学习方式的概念框架中，同时强调动机和策略的对应。

---

① 问卷的 10 个子量表具体为项目导向动机（pragmatism）、内部兴趣（academic motivation）、学业疑惑（academic neuroticism）、内化（internality）、学习技能（study skills）、记忆事实和细节（rote learning）、有意义学习（meaningful learning）、考试焦虑（test anxiety）、开放性（openness）、课堂依赖（class dependence）。

2001 年，Biggs 对这三种学习方式框架进行了简化，仅保留了深层和浅层学习方式，形成 R-SPQ-2F 量表。简化的原因有三方面，从理论的视角来看，深层和浅层学习策略描述了学生参与任务本身的方式，而成就策略偏向学生如何组织时间、地点及持续性的实践，偏重调节，与前者不在一个层面上。从技术的视角来看，成就动机及其策略之间的关系，并不总是高度相关的（Biggs，1978）。此外，有学者（Kember & Leung，1998；Wong，et al.，1996；Biggs & Kirby，1984）使用验证性因素分析发现，由深层和浅层方式这两个因子的组成结构更好，而成就动机和策略附着在这两个因子之上，并不能独立出来。从应用的视角来看，原有工具中的术语、维度和子量表过多，非专业研究人员很难理解和使用它，大大限制了工具的推广和应用价值。而且，作为监控教学环境和教学过程的理论和工具，成就策略这一学习维度并不如深层和浅层学习那样明显和有效，因此给予删除。这也是在心理学强调的严谨性和教育学强调的实践性之间进行平衡的过程。国内对深度学习的研究成果不断增多，无论是指标结构还是测量方式，都普遍沿用了 Biggs 提出的两种学习方式的结构（赵宗金等，2013；陆根书，2010；付亦宁，2014），无非对题目进行了适当增减和改进而已。

3. 学习投入（心理学视角）

Fredricks（2005）等从心理学视角出发，使用行为投入、认知投入和情感投入三个维度来反映学生学习投入的结构。其中，行为投入可以细分为几个层次。第一是基本的学习行为，包括遵循学校规则、服从课堂准则、远离不良学习行为（如逃课、上课玩手机/睡觉等）。第二是参与课堂学习和学术相关活动，如课前预习、完成作业、认真听讲、提出问题、参与课堂讨论等。第三是参与课外相关活动，比如参加学校运动会或者学校治理。认知投入指学生心理层面的投入，涉及对知识和技能的学习、理解和掌握，特别是学生的认知自我调节和深层的学习策略。情感投入反映出对教师、同学、专业和学校积极或者消极的态度，会影响个体学习的意愿。这很明显地采取了经典的心理学范式，强调概念建构的合理性。

有学者从心理学多维度视角对学习投入进行了测量。比如，在Wang 和 Eccles（2013）使用的多维学习投入工具中，行为投入量表包括5个题目，测量学生是否遵循学校规则和参与学校的学习活动。情感投入量表包括6个题目，评价学生对接纳、兴趣和喜悦的感知，如是否对学业学习感兴趣。认知投入包括5个题目，强调学生是否使用了自我监控和评价等调节性策略，如是否制订计划、是否将所学知识结合起来。也有国内研究者根据多维模型对学情调查工具进行了重组，如杨立军等（2014）基于CCSS（当时为NSSE-China）工具建构了行为、情感和认知的三维度模型。其中行为投入包括阅读和写作、多样化学习、社会实践、学术提升训练，情感投入包括学习期望和师生情感，认知投入包括主动学习、合作学习、生涯规划。

（三）对类主体性学习概念的总结

尽管上述西方概念各有侧重，但是均反映出学生负责、自主、能动的学习状态，并对具体层面上的主体性学习表现达成了基本共识，主要有两个特点和值得改进之处。

1. 重视行为主义和认知主义视角，忽视了社会建构主义视角

随着时代和教育的发展，对学习本身的理解经历了行为主义、认知主义、个人建构主义、社会建构主义等视角的转换和演化。西方学界针对大学生学习所提出的类主体性学习概念，多从行为主义和认知主义的视角出发。前者认为学习就是建立刺激（学校影响）和反应（学生表现）之间的联结，认为学习要通过外显性行为，而不是内在思维过程反映出来，环境（学校环境、教师和课堂教学方式等）在很大程度上影响了学生的学习内容和表现。主动学习、行为主义视角的学习投入概念基于此进行建构和应用。后者则将学习视作一种认知现象，特别是信息加工过程，即学生如何接受、处理外部的知识、信息和学习材料，直到达成理解或问题解决。自我调节性学习、心理学视角的学习投入都持有这样的学习观。上述以行

为主义和认知主义为主导的理解方式，在学习的结构中凸显出三个要素：个人外显行为和内部认知加工过程、起到重要激发作用的学习动机以及外部环境的影响。

遗憾的是，在众多解释大学生学习的概念和框架中，社会建构主义的视角并没有起到重要作用。社会建构主义认为，学习是一个文化参与的过程，学习者是通过参与某个共同体的实践活动来建构知识的。学习不仅是个体对学习内容的主动加工，而且需要学习者之间的合作互助。有代表性的概念是美国学者莱夫（Lave）和温格（Wenger）提出的情境学习（situated learning）和实践共同体（community of practice）。这些概念强调，学习就是在真实情景中参与共同体实践的过程，通过互动、实践和融入，经历从新手到专家、从边缘性参与（peripheral participation）到成为共同体核心成员的过程（莱夫、温格，2004：1—10）。所谓参与，指的是“加入活动的过程，也指反映这种过程与他人的关系，它表明行动与联结……意味着捕捉我们生活经验中复杂的社会性特征”（温格，2018：52—54）。这一视角有别于将学习作为“内部认知”（知识汲取和认知加工）的过程，强化了学习者和环境之间的关系，被认为是20世纪90年代以来学习理论的重大突破（Beckett & Hager，2002）。大学生已经开始进入专业学习领域，面临着学术前沿和隐性知识的学习，需要在与教师、同学之间的互动过程中学习，需要通过参与学校丰富多样的学术和社交活动来学习。尽管社会建构主义视角的学习概念和理论多用来解释工作场所专业人员的学习过程，但是并没有很好地应用到理解大学生学习过程之中。

2. 重视个人主义学习视角，忽视了学习的文化属性和文化内涵

西方学界对大学生主体性学习的理解，尽管视角不同、各有偏重，但是还存在一个共同点，就是重视从个体层面出发分析学生学习的方式、方法和流程。虽然行为主义视角的学习理论重视环境影响，但也注重学生个体的行为实践。从构成要素来看，这些概念在认知策略方面强调独立地进行知识汲取和加工、主动和外显的观点

表达、对认知过程的独立调控；在动机方面关注个体性、内部性的动机，包括完全个体性的“自我动机”（如自我效能感、自我概念、自尊等）和由探索外部世界所引发的好奇心和兴趣等。这样理解的基本假设依然来自于西方个人主义文化和基于此形成的教育实践方式，强调学生学习的独立性、自主性和掌控权，充分反映了西方关于主体性学习的理解特点。

然而，西方对主体性学习的理解，在基本假设上与中国文化情境并不相符。中国本土文化和社会具有情境中心、关系主义①等特点（许烺光，2017；翟学伟，1993）。不论是社会学家费孝通提出的“差序格局”，台湾心理学家杨国枢提出的“社会取向”，抑或是学者翟学伟建构的“人情”和“面子”，都表明中国人社会行为中有着非独立和注重关系的特点。对于“自我”一词，跨文化心理学家Markus 和 Kitayama（1991，2010）认为，西方文化的意义体系是围绕独立型自我构念（independent self-construal）发展起来的，强调只有自我与他人和社会情境相区隔，才能彰显出人生意义，东方文化的意义体系是围绕互依型自我构念发展起来的，强调人类彼此之间的基本关系，指向自己对“人—我”关系的认识以及由此产生的情感与意向。每一种文化环境中都包括独立型和互依型自我，二者并存且彼此互动。这都反映出基于独立型自我构念发展起来的学习概念，未必能够很好地解释中国文化和教育情境中的大学生学习过程。因此不能简单地移植西方概念来理解中国大学生的主体性学习。

结合对国内研究文献的分析，本书认为必须借助中国本土教育文献深入分析中国的治学理念和经验，特别是对学生学习特点的阐述，从而理解中国文化和教育情境所赋予学生的心智习惯和特定的

---

①　西方学术界首先提出使用“集体主义”来表征中国人的价值和行为取向。但是，不论是胡适对儒家思想的研究，还是梁漱溟提出的伦理本位即关系本位，抑或是费孝通提出的“差序格局”等，都反映出中国学者倾向于使用“关系主义”来替代并不够准确的“集体主义”。

学习特点，并在内涵构建的过程中体现出来。忽略了这一点，将使得中国大学生主体性学习的概念建构成为无源之水、无本之木。

第二节　主体性学习特点的相关研究

21世纪之前，国内学界尽管对大学生学习有着丰富的直接经验和感受，但关于其过程性学习特点的研究则属凤毛麟角。随着中国高等教育扩招所引发的对高校人才培养质量的质疑，对大学生学习的研究数量也逐渐增多，为高校教学和人才培养改进提供了依据。在国际学界，中国改革开放之后赴外国留学的中国学生逐渐增多，与西方学生不尽相同的学习方式吸引了外国研究者的兴趣。和国内实践改进的取向不同，国际学者的分析重点在于与其本国学生相比，中国大学生学习有何特点和特色，尽管很少使用主体性一词，但是实质上回答了中国学习者是否具有学习主体性及其可能的表现形式。两者互补，总体上描绘出学界目前对中国大学生主体性学习特点的理解。

一　有待改进：国内学界的主流认知

早在改革开放初期，杨德广（2010：138—150、291—305、306—322）就在上海实施了大学生学情调查：1980年千名毕业生调查、1985年5000名在校生学情调查、1986年3万名上海毕业生大调查等，涉及大学生学习动机、学习方式、学习心理、综合素质、满意度等方面。他通过历次调查分析认为，部分学生学习动力不足、教学方法较为陈旧、毕业生事业心和组织纪律有所下降等。大规模的学情调查要在当时条件下加以实施并不容易，杨德广的系列调查分析开启了国内大型学情调查的先河。到20世纪90年代，刘智运及其所在的大学学习理论与方法课题组（1995）对全国5641名大学生的学习情况进行了调查分析，认为学生普遍有着正确的学习动机

（如社会责任感等），不过在一定程度上存在着学习心理问题。2002年中国高等教育进入大众化阶段，大学生学情研究迎来迅速发展的阶段。北京师范大学周作宇将美国大学生经验问卷（College Student Experience Questionnaire，CSEQ）引入国内进行调查，随后清华大学、北京大学、南京大学、华中科技大学等均实施了针对全国或者自身院校学生的学情调查，更加全面地展现出中国大学生的学习特点。比如，周作宇（2005）的研究表明，大学师生之间的交往频率不高，在有限的师生交往过程中，男女大学生所获得的成就存在着一定的差异。鲍威（2009）通过北京市高校学生学业发展状况的调查分析，发现扩招后，随着学生群体内部类型趋于多样化，各类学生的学习行为特征出现明显的异质化倾向，被动顺应型学生（没有明确的自我认知、未来发展规划，但对大学教育满意度较高）成为我国不同类型高校学生的主体。史静寰等（2011）借助 NSSE-China 的调查，发现我国本科院校的课程在高阶认知思维上的要求水平较低，学生在生师互动、同伴合作学习上与美国学生相差较大。吕林海等（2013）通过 SERU 调查发现，伯克利加州大学的学生在全球化能力和全球化经历等方面，都显著优于中韩两国的高校学生。这些研究都提出中国大学生的学习存在着需改进之处。

上述研究的另外一个贡献就是不约而同地提出，在理解大学生学习特点的时候，要有“大学习观”视角。比如，吕林海和龚放（2012）认为：“对大学生学习方式的理论应当拓展，大学生学习方式应当从传统的仅关注基于课堂的学习，拓展到对更加整全的学生学习经历和体验进行分析，包括课外活动参与、科研参与、师生互动、生生交流各个方面。”与此类似，史静寰和文雯（2012）认为，大学习观理念“超越课程教学的范畴，更加全面地认识和理解学生学习，将学生在校全部生活经验视为具有教育学意义和价值的整体，从而促进大学生的学业融合和社交融合”。这在表面上体现为学习情境从课内向课外扩展，从深层次强调学习是一个具有包容性、综合性的活动：既是满足自身发展需要、引发身心发展变化的过程，也是学习者主动建构知识和能动改造自身的过程，又是一种社会互动性活动（裴娣娜，2000）。不过，这些研究视角和框架主要局限在Kuh、Pascarella 等提出并且逐渐兴起的大学影响力模型（College Impact Model）方面，并没有考虑框架之外的、影响隐性而深刻的文化和情境因素。

除了在大学影响力模型的框架指导下进行调查分析外，20 世纪 90 年代之后，中国心理学界的研究者们还引进诸如深层学习、自我调节性学习的概念，借此分析中国大学生的学习表现。比如，朱祖德等（2005）注意到自我调节性学习是国际心理学研究领域的一个热点话题，因此改编了 Zimmerman 等编制的自我调节性学习量表，希望这一工具能够对理解和改进中国学生的学习有所裨益。也有研究（吕林海等，2018）表明，中国大学生在深层学习上表现不足，在知识的综合和创新上与美国学生差距较大，需要加以改进。还有研究者（如陈琳等，2011；叶信治、杨旭辉，2008）在主观上认为中国大学生学习动力不足且功利性强，学习方式以记忆为主，缺少深度，无法融会贯通、学以致用、推陈出新。

尽管中国大学生在学习过程中存在一些不足，但是在此类“进口概念”指征的学习表现上并非全都不堪。比如，西安交通大学陆根书（2012）通过分析全国 15 所高校 3013 名大一学生的调查数据，发现大学生的深层学习水平在中等及以上的占比达到 52% 左右；相比之下，仅有 18.6% 的学生使用浅层学习的方式。而在自我调节性学习上，有研究（赵俊峰等，2006）表明，大学生在内在目标、一般方法、学习控制、学习意义方面得分较高，在学习计划、学习求助、学习焦虑、外在目标等方面得分较低。也就是说，中国大学生还是有学习动力、知道如何学习的，只是自己不太进行总体计划，平时的学习比较懒散（范连义，2005）。值得提及的是，南京大学吕林海和张红霞（2015）从文化相对主义的视角出发，探讨了中国大学生的学习参与特点，如在课堂讨论上较为保守，有良好的学业学习习惯，批判性思维和推理的参与明显较弱等，并对此进行了更加客观和契合中国情境的解释。这在一定程度上表明，经过长期的教育教学改革，中国大学生的学习表现已经有了较大水平的提升，而且在某些方面呈现出与西方学习者不同的特点和特色。

二 蕴含特色：国际学界的评价转换

20 世纪 80 年代之后，国际学界开始对中国学生产生兴趣，相关研究成果不断增多，样本从中国香港学生扩展到华人留学生乃至华裔学生之上，研究视角从心理学、教育学扩大到哲学文化和学习科学等领域，形成“中国学习者”这个活跃且备受关注的国际教育研究主题。学界对于“中国学习者”并没有统一的界定（如 Lee，1996；Watkins & Biggs，2001），本研究认为，这指的是在中国成长和接受教育，具有中华民族文化和身份认同，内部学习价值观和行为方式同质性水平较高，且与西方文化和制度中的学生存在差异的学生群体。[①] 本领域的研究对中国学习者的评价，经历了 20 世纪 80 年代“消极被动的学习者”到 90 年代至今“独具特色的学习者”的转换。

（一）消极被动的学习者

这一阶段的研究样本主要为在外国的少量中国留学生和香港地区的中国学生。昆士兰大学的 Samuelowicz（1987）实施了针对澳大利亚高校 145 位教师、136 位海外研究生的问卷调查，指出中国留学生被动、低质量、缺乏融入的“问题”。与此类似，香港理工大学澳裔研究者 Murphy（1987）认为，香港地区的高等教育资源不足导致竞争激烈，学生对教师所教知识采取毫不怀疑、全盘接受策略等，影响了教育教学质量。香港高校对学生总体的评价也不佳，比如一

---

① 中国学习者的外延是否包括华裔学生需要做出谨慎判断。从国籍而言，华裔学生不属于中国学习者。但是如果他们属于第一代移民，依然受到中国文化和教育方式的较大影响，一些研究依然将他们纳入其中。对此，称之为“华人学习者”可能更加合适。

所大学课程规划委员会的会议记录（1989）写道："他们（香港学生）没有欲望进行自我探索……希望老师不断地用勺子喂自己（spoonfed）……学生不被鼓励去自我思考，或者很少超出理解的层次。"（Kember & Danping，2016）这些描述塑造了中国学生表面上消极、被动、缺乏主体性的学习者形象。

但是，这一阶段的研究存在缺陷。研究者的资料搜集和分析止步于行为层面，没有深入价值观和认知模式中，就直接做出草率的消极判断，甚至将此归结到儒家文化层面，如认为重视孝道和尊师会促使学生完全顺从教师等。实际上，多数西方研究者对儒家文化的理解是间接的，并不准确和深刻（Ryan & Louie，2007），他们还使用"缺陷模型"（deficit model）看待儒家文化，认为中国文化缺乏西方主流文化中的一些要素，因而导致了学习的被动和机械。这背后充斥着对西方白人文化和价值观的推崇，以及对中国这个神秘的、有着不同文化和价值土壤、建立了社会主义发展制度的东方大国的偏见。由于这样的价值判断缺乏实证研究的支撑，即使是西方学者也不赞同轻易信任这些文献，认为"一些关于亚洲学生的描述都是刻板印象，而不是研究出来的结果。因此，最好不去引用这些文章"（Kember，2000）。

（二）独具特色的学习者

20 世纪 90 年代，澳籍学者 Biggs 在一次国际会议上提出了"中国学习者悖论"问题，引发了经久不衰的研究热潮。1996 年，Watkins 和 Biggs 组织多位学者编著了《中国学习者：文化、心理和情境影响》（*The Chinese Learner: Cultural, Psychological, and Contextual Influences*），新加坡学者李荣安、澳大利亚学者 Biggs、香港理工大学 Kember 等均参与了该书的编写。该书探讨了中国学习者与西方学习者的不同特点。由于这一悖论的核心指向中国学生学习方式与学习结果的"不一致"，因此研究多基于学生学习方式这一理论框架进行，并主要集中在学习策略和学习动机两个方面，其研究结论和此前消极被动的看法完全不同。Marton 等（1996）通过访谈 20 位来港研修的内地教师，发现记忆和理解这一对在西方学界看来相互对立的认知策略，在中国情境中却有着相互影响和促进的作用。中国学习者使用的往往是理解性记忆而不是机械性记忆，因而可以对学习产生积极作用。1991 年，Biggs 使用自编问卷对香港地区和澳大利亚的中学生、大学生进行了调查。结果发现，香港地区的学生在浅层学习（包括策略和动机）上低于澳大利亚学生，而在深层学习策略、成就动机策略上的表现优于澳大利亚学生。这说明刻板印象中的华人学生擅长浅层而非深层学习的看法并不准确。另外，在学习动机上，Kember 等（2011）针对中国大学生的访谈表明，外部动机未必不好，职业生涯取向的动机可以反过来促使学习兴趣的产生。特别是，如果专业/课程有助于学生的职业准备，那么学生就会产生更加浓厚的学习兴趣，从而将内外动机结合在一起。

进入 21 世纪以来，国际学界普遍认为，要“超越”中国学习者悖论现象，对中国学习者进行更加客观、全面的审视。越来越多的学者参与到这一领域的研究中来，相信中国学生在学习方面有其特点和特色，并开始探索建构有针对性的学习框架。比如，南洋理工大学国家教育研究所的 Hu（2002）用 4R 和 4M 来表述华人学生学习策略的稳定特征。4R 指接受（reception）、重复（repetition）、复习（review）和再生产（reproduction），4M 指认真（meticulosity）、记忆（memorization）、心理活跃（mental activeness）和掌握（mastery）。有感于国外对中国数学教育的兴趣和误解，范良火等人先后主编了《华人如何学习数学》（*How Chinese Learn Mathematics*：*Perspectives from Insider*）和《华人如何教数学》（*How Chinese Teach Mathematics*：*Perspectives from Insiders*）两本著作，对中国本土数学教与学的特色进行了分析和提炼。比如张奠宙等（2017）提出在中国大陆，基础知识和基本技能的教学是值得重视的传统；上海青浦数学教改实验主持人顾泠沅等（2017）提出了“变式教学理论”，包括概念性变式和过程性变式等。此外，华人心理学者李瑾博士（2015）出版了《文化溯源：东方与西方的学习理念》一书，提炼出中国美德导向的学习模式。学者如吕林海等（2015，2016，2018b）就大学生课堂沉默问题进行了持续性探讨。这些研究成果为认识中国大学生的主体性学习表现形式提供了更加丰富和细致的质料。

这一阶段的研究在资料搜集方面超越了学习行为特征，深入思维方式、心智习惯和价值判断之中，证实了华人学生的学习方式非但不是机械被动的，反而是高效、有效的。其直接作用就是破解了中国学习者悖论，打破了原有的对中国学习者的消极刻板印象，得出中国学生的学习过程拥有主体性学习特质的结论。西方学者依然将中国学习者的特定学习方式归结到中国儒家传统文化（Confucius Heritage Culture，CHC）上，但是开始表露出积极和赞扬的态度。尽管儒家文化并非解释中国学生学习特色的唯一因素，教育教学因素的探讨也逐渐成为学者们关注的内容，但是这一阶段的研究无疑超出了西方传统视角的局限性，动摇了西方关于其学习概念和理论框架"放之四海而皆准"的盲目自信。

综上可见，国内在探讨中国大学生学习问题的时候，不论是基于大规模学情调查进行的总体性分析，还是引入认知主义视角的学习概念进行分析，都站在实践改进的视角，找到可能存在的不足之处并提出建议。不过，实证研究表明，中国大学生在过程性学习表现上有诸多可圈可点之处，需要使用更加客观的眼光来看待。也有中国国内学者开始意识到中国学生的保守学习行为，可能是契合中国文化和教育制度特点的表现，不能简单地将其认为是一种缺陷。与此相对应，国际视野中的中国学习者研究，对中国学习者特点的分析也经历了从"消极被动"向"蕴含特色"的评价转变，对这一群体的分析也逐渐变得客观和深入。这实际上可以支撑本研究的观点，即中国大学生并不缺乏主体性学习特质，只是表现方式上可能和西方的标准存在着差异。当然，关于中国学习者的研究在样本上还有一定的局限性。其一，主要关注基础教育阶段的学生。但是，高等教育环境有着明显差异，评价方式多元化、管理和指导趋于松散，学习对象从稳定的、权威性的、既有的知识，转变成不确定的、前沿性的高深知识，学习任务从知识认知扩展到为职业发展乃至未来成长做准备。其二，以香港地区和海外华人子女学习者为主。他们受西方文化的熏陶程度更高，成长环境和中国大陆也存在差异，不能完全反映中国学习者的特点。以后的研究应该更多地关注中国大陆地区高校学生的学习特点。

第三节　主体性学习影响因素的相关研究

主体性学习表现为学生自身的学习状态，也是个人与周围环境进行互动的结果。要分析主体性学习的可能影响因素，不能局限在西方学界所提出的类主体性学习概念（深层学习、自我调节性学习等）的影响因素上，也需要纳入国内学界 20 世纪末期开始对主体性影响因素的分析，还可以考虑心理学界提出的自我主导性（self-authorship）概念，因为自我主导性强调个人在知识学习、关系处理和自我认知三方面的意义建构，等同于个体层面上的内部主体性。尽管这些概念表述不同，内涵各有侧重，但是在本质上均强调建立在西方个人主义土壤基础之上的主观能动性的发挥，在影响因素的分析上均强调四个方面——教育理念和管理、课程与教学方式、学校资源和活动，以及个人背景和特质。

一　教育理念和管理

教育理念因素主要涉及教育观和教学观，尽管对学生主体性学习的影响较为间接，却是学生具有主体地位、能够进行主体性学习的土壤、保障和前提，深刻地影响教师采取什么样的方式进行教学，进而影响学生采取什么样的方式学习。从教育理念的视角来分析影响因素，所涉及的内容全面而宽泛。比如，贺常平（2005）提出和谐教育的理念，强调尊重学生主体地位和主体人格，培养学生的自主性、主动性和创造性。刘可钦（1998）提出，学生主体性的培养应该改变以知识为中心的单向式传授教学模式，创造以学生发展为中心的探索性学习方式，把“教学过程”看作一个学生的“学习过程”，让学生承担一定的学习责任，把教师的角色定位为学生发展的合作者、鼓励者和引导者。黎晓杰（2001）则认为，大学生主体性的培养和完善可以从五个方面来考虑，即激发、强化学生的学习动机，通过角色定位培养学生学习的主体意识，通过精选内容为学生指明学习方向，通过促进学生参与培养其独立学习能力，通过教育评价强化学生主体意识和主体能力。美国心理学家 Baxter Magolda（2000：41）认为，若要促进学生的自我主导性，可以遵循学习伙伴模型（Learning Partnership Model，LPM）框架。这个框架遵循了建构主义教学观，认为教师需要具备三个教学理念：第一，认识到知识是复杂的和社会建构的；第二，认识到学生是知识建构的核心；第三，认识到学生在和教师/同伴互相的知识建构过程中，分享权威和专业知识。与此相对应，教师应该根据学习伙伴模型，改进教学过程：第一，尊重学生的感觉和思考，重视学生声音的价值；第二，帮助他们意识到自身的经验是学习和成长的机会；第三，成为学生的支持者，和学生一起分析他们自身的问题，促进学生互相学习。从共性上看，这些研究都认为应该树立建构主义的教育教学理念，从教师中心转变到学生中心，强化学生的主体意识和能力。随着中国社会主义市场经济的确立，以及近年来“学生中心”教育理念不断得到推崇，学生的主体地位在高校得以确立，从而为学生的主体性学习创造了条件。

理念之下是教育管理制度的设定和实施。尽管对教学理念的转变逐渐达成共识，教育管理显然与理念之间存在较大差距，因而面临着更多的讨论甚至批评。不少研究者认为当下的教育管理没有能够释放学生的主体性。比如，匡令芝（2015：10）认为，目前的教学管理成为大学生主体性发展的阻碍因素，涉及教学管理队伍建设和管理观念落后、教学管理体制和管理制度落后、师生关系权威性强、学生主体话语权旁落而淡出教学管理之外等。方明军（2005）将大学生缺少主体性的一部分责任归结到非教学类工作上，他认为，第一，从事学生管理工作的人员更多地以教育者即教师的身份出现在大学生面前，将自己的意志强加在学生身上，从而强化了大学生的服从心理，不利于学生主体性发展。第二，包办替代型的学生工作模式是事无巨细、缺少中心的，是事务性的关怀而不是情感上的关怀，并没有真正激发学生的主体性。此外，李福华（2004）认为，科层制管理体制使得管理过程整齐划一和规矩太多，使得学生被动参与、不利于学生主体性发展。基于此，他提出了深化教学改革、实行学分制、优化课程体系、改革大学考试制度等改革措施。上述观点都是从教育管理的视角分析得出的，认为一个封闭性的、权威性的管理体制和过程，会使得大学生主体性难以充分发挥。

二　课程与教学方式

课程与教学方式直接影响学生的主体性学习表现。西方学界普遍认为，转变教学方法可以促进学生主体性发展和主体性学习。比如，同伴合作学习（cooperative learning）（Millis，2014）、基于问题的教学方式（problem-based learning）、主动学习技术（active learning techniques）（如角色扮演、由学生主导的讨论甚至辩论）、情境教学法［如结构化的情景化阅读小组（structured reading group）］、案例教学（case study）（Baeten et al.，2014）等，能够促进学生的深层学习，即更为积极主动地进行知识的复杂加工。而教师的作用，就是创造一个良好、复杂、趋向真实的学习环境，为学生的学习过程提供支持。还有研究者基于学习伙伴模型，充分贯彻其中的多个原则以改进课程教学方式。如 Hodge 等（2009）在大学开设“融入大学（Engaged Learning University）”课程，国内研究者岑逾豪（2014）在硕士研究生“教育研究方法”课程中应用了学习伙伴模型。改进之后的教学，让学生对知识学习、关系建构以及自身内部状态的理解更加深刻，进而对其学习行为和方式产生影响。

除了教学方法外，评价方式也受到了关注。在多数情况下，研究者（如 Geitz et al. , 2016）倾向于认为，综合性强的、认知要求更高的、持续性的评价方式，能够促使学生使用更加高阶的学习策略，而客观性考试则只能促进学生更重视接受细节性知识。Biggs（1973）的一项研究也表明，评价不能局限于使用一种方法，应该涉及多元的评价方式。中国研究者闫海波（2013）认为，实现大学生主体性发展，应该促进评价主体从一元化向多元化、评价内容从片面化向全面化、评价方法从单一化向多样化、评价标准从同一化向灵活化、评价目的从功能异化向引导化发展。但是，也有学者提出不同意见。比如，Hakstian（1971）就认为，评价方式与学习方式之间并不存在固定的规律，需要做出进一步研究。尽管如此，总体而言，对教学方法和教学评价方式的分析及其所提出的建议，与 Chickering 和 Gamson（1987）提出的“良好教学实践”（good educational practices）基本一致。后者的建议是鼓励学生和教师之间的互动、促进学生之间的交流和合作、使用主动学习技术、给予及时反馈、强调时间的投入、对学生有高期待、尊重不同的学习方式。

和间接的教学理念和管理方式相比，课程和教学的影响更为直接和接地气，具有更强的可干预性和可操作性，也引发了更多的讨论和思考。比如，丁庆如（2003）认为，研究型教学或许可以促进个体主体性的发展，但也需要注意中国年轻学生在主体性上的不成熟，可能导致他们未必能够胜任研究性学习。袁秋红等（2014）则提醒说，主体性教学改革不应该对传统教学进行全盘否定，也不代表在所有课程上均应使用自主探究、小组合作学习，而是应该根据学生的特点以及课程内容来选择。有学者（如王东宇，2000）认为，要促进学生主体性，教师应该转换自身角色，从知识的传授者转变为主体性的引导者，同时放弃师道尊严的传统角色，与学生建立起朋友式的良好关系。不过在中国文化和教育情境之中，这似乎并不容易做到。这提示我们需要考虑在传统特色和现代改革之间的平衡和对接问题。

三 学校资源和活动

大学生的学习场域已经从课堂拓展到课外，学校层面的硬件和软件支持就显得更加重要。不过，和课程与教学相比，学校层面的支持因素较为松散，统一性和结构性不强，实施质量良莠不齐，对学生主体性学习乃至整个学习质量的影响研究有待加强。除硬件资源外，学校支持还包括经济支持、学业指导、心理辅导、人际支持，学校组织实施的各类高质量活动，以及由此形成的学校软性氛围。在推动学生主体性学习的既有相关研究中，学业指导和推动学生参与各项高影响力教育活动（high-impact educational practices）[①] 受到重视。

学业指导（academic advising）被认为是美国高校学生成功不可或缺的推动力，其理念和模式已经从传统的"诊断性学业指导"转变到"发展性学业指导"，成为整合了学业、心理和职业指导的体系。多位学者认为，学业指导和自我主导性发展的目标一致，可以通过解决学生的非知识性问题去提升自我意识和规划能力（Coughlin，2015；Pizzolato，2006），即学生主体意识提升和主体能力的发挥。在具体操作上，Pizzolato（2006，2008）认为，在学业指导的过程中，教师应该和学生建构平等、分享和支持性的伙伴关系，应该相信学生是知识的建构者。也有学者从挑战—支持的视角出发，认为学生寻求学业指导是因为遇到了认知上的挑战，指导教师应该抓住机会，鼓励学生对此进行反思和解释，理解自身经历是否以及如何对自身的学业乃至职业选择产生影响，从而帮助他们将挑战转变为未来发展中的财富（Quinn，2017；Carpenter，2013；Baxter Ma-

---

① 在此类活动中，学生需要投入大量时间和精力、积极与教师和同伴互动、不断反思并在实践中应用知识，同时从各方面获得及时而丰富的反馈，进而对学生的学业和全面发展产生积极的促进作用。具体参见 G. Kuh，*High-impact Educational Practices：What They Are，Who Has Access to Them，and Why They Matter*，Washington，DC：American Association of Colleges & Universities（AAC & U），2008，pp. 14 – 17.

golda & King，2008）。

参与高影响力教育活动看上去比较零散，但是也能够促进自我主导性的提升。比如，McGowan（2016）探讨了学生们参加户外项目（outdoor education program）等对大学生自我主导性的促进作用。Cen（2014）通过深度访谈的方式，探究了中国大学生通过参与本科生科研项目，在认识论、自我认知以及师生关系三方面的意义重塑。此外，Day 和 Lane（2014）探讨了高年级本科生在参与服务性学习（service learning）① 的过程中，教师和学生如果能够形成良好的合作关系，共同探讨和实践，将会促进学生自我主导性的发展。这就提示学校除了应提供直接指导外，还要提供更多有意义的课外活动供学生选择和参与。学业指导和高影响力教育活动的参与，体现出两个促进自我主导性的原则：第一就是师生之间形成良好的、支持性关系，还可以被视为支持性氛围的创设；第二是一个开放性的、具有认知挑战性的环境。只有在一个具有挑战性的环境中，个体才会思考，并逐渐形成自己的观念和处理方式。不过，自我主导性注重的是内部主体性的形成，尽管学校支持对此产生推动作用，但是其对外显主体性学习表现的影响尚未得到充分探讨。

四　个人背景和特质

家庭社会经济地位会对学生的自我主导性发展产生影响。Baxter Magolda（1999）对自我主导性的探讨，是从迈阿密大学中家境较好的白人大学生开始的。但是，她的研究结果表明，家庭较好的白人大学生，自我主导性发展水平较低，仅有极少数在毕业时达到了理想水平。相比之下，那些低社会家庭地位的学生自我主导性发展较快。Pizzolato（2003）和 Roepnack（2008）发现，家境不好等原因

① 服务性学习指的是学生参与到基于社区的经验中，通过个人、社区、学校三方面互动，将服务和学习有机整合起来。传统的志愿服务、实习等，均可以被进一步设计、改进成为服务性学习。

会使学生经历更多的困难和挑战，让他们明白遵循外部的规则和通用的发展模式并不能解决自己的问题，迫使他们发展形成更加复杂的知识认知和学习方式。与此类似，少数民族学生（Torre & Hernandez，2007）、第一代大学生（Carpenter，2013）的自我主导性发展水平显著地好于对照组。他们在大学学习之前就面临着诸多冲突（特别是家庭之间的冲突），这为他们带来认知上的不协调，促使他们形成较系统的处世理念和原则。以往的研究多关注贫困生、第一代大学生、少数民族学生在经济、文化和社会资本上的弱势，认为这使得他们不能适应学习环境，在知识学习和活动参与方面表现不佳，而自我主导性为理解高校弱势群体提供了新的视角。

学生的教育特征因素也得到了探讨。有研究分析了年级对学生深层学习表现的影响。有研究表明，随着年级的提升，深层学习方式处于逐渐改善过程中（Asikainen，2014；Ballantine et al.，2008），有的则表明没有显著性差异（Chan & Tang，2006；Chen et al.，2015），还有的认为呈现出略微的下降趋势（Fryer，2016；Lindblom-Ylanne，et al.，2013）。不过，正如 Phan（2011）研究所指出的那样，深层加工策略的初始水平和增值变化的程度之间呈现出负相关关系，有些研究得出没有变化或者略微下降的结果，这有可能是因为学生深层学习初始水平比较高。此外，关于学习模式的追踪研究（Smith et al.，2007）发现，在意义取向的认知策略上，三年级和二年级学生的表现要低于一年级，但是四年级的学生要高于前三个年级。而在再生产导向的认知策略上，一年级要显著高于其他三个年级。与此类似，Donche 和 Petegem（2009）研究发现，随着年级的提升，学生在深层信息加工、自我调节、知识建构认知上的表现不断提升，并且不再将学习视为是知识的接受。国内学者文雯和史静寰（2014）等将此称为学生学习范式的转型。也有研究分析了学科上的差异。比如，Vermunt（2005）的调查表明，艺术和哲学专业学生倾向于意义取向的学习方式（内部动机、重视知识的深层理解、能够自我调节）；相比之下，法律和计量经济学专业的学生，在再生产取向（外部动机、重视知识的简单接受、以外部调节为主）的学习上表现得更加明显。与此类似，Brint 等（2008）认为，有两类基于学科的学习投入特点。第一类是艺术、人文与社会科学专业的学生，体现出兴趣导向的学习，并且会积极与教师交流。第二类是自然科学和工科专业的学生，看重毕业之后找到有声望和工资俱佳的工作，平时重视培养定量分析和计算机能力，课外多和同伴一起工作，并且乐于帮助他人解决问题。Vermunt 认为，这可能是由不同学科教学方式的差异所带来的。Brint 等进一步提到学科文化的差异，对此，Snow（1959［1964］）在《两种文化》（*The Two Cultures and a Second Look*）一书中进行了详细阐述。

除此之外，在科学引文数据库（web of science）的核心合集上进行相关文献的搜索和分析，发现自我调节性学习的影响因素主要涉及如坚毅（grit）（Wolters & Hussain，2015）、先前知识、学生的智力发展观（Greene et al.，2010）、自我效能感、任务价值判断（Neuville et al.，2007）和归属感（Won et al.，2017）等。这些研究非常重要，但是局限在教育心理学领域，关注个体性的、难以改变的非认知因素，不容易为教育干预提供直接依据。

综上可见，主体性学习的影响因素是广泛的，涉及教育理念、教育管理、课程与教学、学校支持以及个人背景特征等。但是，在教学管理、课程与教学层面进行分析的时候，就会发现所提建议及其实施存在诸多困难。而且这种困难并非来自于表面，而是源自于西方教育教学理念与中国教育教学理念可能的张力乃至冲突。无论是主体性、自我主导性，还是其他概念，都被认为是中国大学生主体性学习的潜在改进方向。但是它们都承载着来自西方的类似价值判断，在表现形式上要求学生具有复杂性认知、和老师建立平等的关系、唤醒好奇心和兴趣等内部学习动机、积极外显地表现自己所思所想等。但是，在将文化和教育情境作为理解主体性学习的重要因素之后，这一“共识性标准”是否能给中国学生学习带来良好成效还需要更多的讨论，甚至当下已有质疑声音（丁庆如，2003；袁秋红等，2014；周序、李建军，2016）。而要找到其症结，就需要掉转方向，基于本土文化和教育教学制度思考中国学生是否已经具备了一套合理的主体性学习模式？这一套模式的优势和不足是什么？在此基础之上，才能更好地分析如何改进中国学生的主体性学习。

第三章

主体性学习的理论透视和分析框架

“横看成岭侧成峰，远近高低各不同。”（北宋苏轼《题西林壁》）大学生学习是兼具生理、心理、社会和文化的复杂现象，对其的理论解释早已超越单一的教育学视角，扩展为一个多学科的研究领域，产生了诸如大学生发展理论（College Student Development Theories）、大学影响力模型（College Impact Model）以及文化视角的解释框架等。“庐山面目非难识，横岭侧峰皆是真”（南宋楼钥《送一老住庐山归宗·庐山面目非难识》）。从不同的理论视角出发，可以对学生学习产生不同的理解。为了透彻分析主体性学习、回应研究伊始提出的问题，就需要从上述不同的理论中寻找支撑，在加强针对性分析的基础上进行有机整合。

第一节　哲学视角的主体性

在西方哲学领域，主体性是一个非常经典、经久不衰的讨论话题，甚至被认为是现代哲学的奠基石。主体性的提出植根于西方深厚的文化底蕴，可以追溯到古希腊时期，在很长时间里与个人主义文化捆绑在一起。随着时代的发展，主体性哲学不断发展和演化，开始注重在现实情境中探讨和他人的关系，其内涵向着更加包容和丰富的方向发展。

一　主体性的概念演进

古希腊哲学家亚里士多德从本体论的视角出发，认为主体是同属性相对应的东西，是关系、状态、运动变化等的基质、载体和承担者。换言之，主体是广泛意义上的实体，不仅包括人，也包括动物和无生命的物质（牛慧娟，2014：36）。到了近代，提出“心物二元论”观点的笛卡尔，开启了从认识论视角理解主体性的进程。他高扬个人的价值，认为客体（外界的一切事物或观念）都必须接受自身思维或理性的质疑和检验才能做出判断。这样一个“普遍怀疑”的“我思”过程就是主体性的表现。奥地利哲学家、现象学的创始人胡塞尔（2008：41）将笛卡尔开创性的分析作为现代主体性哲学的真正开端。之后，德国古典哲学的创始人康德把理性提高到先验自我（先天直观形式和先天知性形式，即先天存在而并非来自后天经验的表象能力）的地位，进一步突出主体的理性认识功能。他提出主体性是人类先验的文化—心理结构，如智力、意志、审美三大心灵结构等，具有普遍的继承性。

在笛卡尔和康德的基础上，德国唯心论哲学的代表人物之一黑格尔提出，主体是“绝对精神”，指的是自然、社会和人类思维的内在本质，是先于自然界与人类社会而永恒存在的实在。而现实中的人和人类社会则是客体，是精神主体自我运动、自我发展的一个环节。“绝对精神”把自身展示出来就是外部世界的发展。这是主体的自我认识过程，也是主体性的发挥过程。与黑格尔类似，胡塞尔提出“绝对的主体性”，认为自我或纯粹意识是一个绝对明见、自我负责、自我构造、自我理解的理性和先验主体，而一切客观性（文化、意义和价值等）都是“纯粹意识”的意向性构造之成就（吴增定，2017）。这样一个“先验自我”，不仅构成了西方哲学乃至西方文明的根本精神和内在目标，而且代表了人性本身的最高理想和目标——人通过哲学的理性生活成为一个自由、自我理解和自我负责的绝对主体。

在笛卡尔“我思主体”的基础上，康德、黑格尔、胡塞尔等哲学家对人的自由意志和主观能动性有了越来越高的推崇，但也呈现出强烈的个体主义和唯心主义特点。20 世纪初期，主体性哲学领域开始探讨交互主体性，并关注现实实践过程中的主体性问题，是本领域发展的重要转向。胡塞尔自 1905 年起就开始关心和思考交互主体性的问题，实际上是对以往将个体作为一种终极基础和基本占有的反思。他认为，个体除了把其他人作为自然肉体来感知外，还可以通过移情作用间接进入他人的精神生活。移情的相互作用导向一种“可能的团体意识”，导向在本质上可能的个人意识中心的复数和享受着相互交往之乐的意识之流（转引自多迈尔，2013：43）。这也就是交互主体性的产生过程。德国哲学家海德格尔较少使用“交互主体性”一词，而代之以“共在”（Mitsein）或“共同此在”（Mit-dasein）的表达。他在《存在与时间》一书中写道：“对在世存在的解释已经表明，我们不可能找到作为一种出发点或作为一种既定实体的无世界的纯粹主体。同样，我们也不能把自我作为一种没有他人的原则既定的孤立自我来处理。”（转引自多迈尔，2005：65）换言之，共在是“此在”（Dasein）的基本生存样态（existentiale of Dasein），是人的“此在”的一种基本结构的相互关联，“此在”总是处于与他人在一起的境况之中，也构成了移情的基础。海德格尔的分析将胡塞尔对交互主体性的讨论带入一个全新的阶段。当代德国哲学家哈贝马斯（1989：3）提出了交往理性的概念。他认为，主体总是社会交往过程中的主体，主体也只有在社会交往过程中才能成为真正的主体。主体认识的目的不在于使对方服务于和依附于自己，而是“导向某种认同。认同归于相互理解、共享知识、彼此信任、两相符合的主观际相互依存”。除了现象学的讨论外，符号互动论、角色理论、日常语言哲学和交往分析学派，都对这一问题进行了探讨，其中的一个共性就是将主体性从完全个人主义、自我学中解脱出来。

主体性哲学的另一个发展特点就是实践性的增强，这与交互主体性的关注存在着内部关联和一致性。美国哲学家多迈尔（2013：2）认为："至少从社会理论和政治理论的制高点来看，'现代性'似乎不单具有其对认知—认识论的自我之依赖性特征，而且具有它关注于实践主体或行动主体及人的主体之特征。"实际上，不少哲学家对先验主体性、"想象的主体"给予了批评。比如，在海德格尔（1962）那里，"此在"是为世界和他人内在性地渗透了的"此在"。也就是说，"此在"是前自我学的，高于并绕开了两分法。同时，"此在"也是前认知性的，因为它首先意味着对实践的关注。他认为，他人首先显露于现实的生活情景之中，通过将共在与实践工作连接起来，反映出反唯心主义的立场（转引自多迈尔，2013：66）。

马克思认为，笛卡尔和康德等人的理解，虽然"发展了人的能动方面，强调了人的主体性，但是否定了主体以及客体的客观实在性，说的是某种精神的主体性，因而是抽象的主体性，头足颠倒的主体性"（转引自和学新，2001：81）。换言之，"只注重主体性的自在规定，对主体性的议论就会陷入抽象，主体性也难于具体表现、实现和确证，并且也会失去现实基础和现实必要性"（和学新，2004）。西方马克思主义的代表人物之一卢卡奇（1989）认为，黑格尔等对主体性的理解"没有能够在历史情景本身之中揭示这种同一性的主客体，因而不得不游离于历史之外，并在一个超历史的范围里建立起完全理性化的王国，而从这一超历史的范围中，历史只能被看作理性计策之进化和这种进化的一个纯粹舞台"。也正是在这一点上，马克思主义把重点从神话学的精神转移到具体历史的社会实践上来，不再去构造庞大的不断生长的自我意识及其运动历程，而是履行社会改革的任务。现代哲学家李泽厚（2007：168）认为："唯心主义把认识的能动性与人类实践的漫长历史分割开来，变成了无源之水、无本之木的'先验'。"因此，尽管人类学本体论肯定康德的重大贡献，但是认为文化—心理结构并非先验的理性，仍然是人类通过长久实践，在漫长历史时期中内化、产生、构成、积淀而成为主体的认识结构[①]（李泽厚，2007：264、313）。这也顺应了20世纪80年代之后整个哲学从认识论到价值论视角的转变。具体而言，就是以实践思维方式把握价值现象和价值活动，以主体的生活世界和生命意义作为实践活动的出发点和归宿，以主体的实践为思维的切入点，采取“关系思维”“生成思维”和“实践思维”（李德顺，1998）去理解主体性。这就从精神的层面走向现实实践，使得主体性从抽象的思辨问题转变成为一个实践的生成论问题。

二　功能和关系范畴

理解主体性的具体内涵需要理解其功能范畴和关系范畴。所谓功能范畴，欧阳康教授（1998：500）认为，这是人在一定的对象性关系中所体现出来的主动态势、能动作用、积极态度和支配地位。夏甄陶教授（1995）认为，主体性的特点是自主性、能动性和创造性。主体性的关系范畴，意味着主体性并非生而拥有，而是在真实的情境中，在实践的过程中，在不同的对象和活动中建构和生成的。这主要表现为个体对外界客观物质表现出的主体性，对他人表现出的主体性，以及对自身客体我表现出的主体性（牛慧娟，2014：42）。与此类似，“由于主客体关系主要有人与自然的关系、人与社会的关系、人与人自身的关系，因此主体性就具体表现为人改造、规范、支配和利用自然的主体性，人改造、规范、支配、选择和超越社会的主体性，人支配和表现自身的主体性，也即人要做自然的主人、做社会的主人、做自我的主人”（和学新，2001：8）。肖川（1998）还意识到所谓功能范畴（内在规定性，指向抽象的自主、能动和超越性等）和关系范畴（在不同的实践面向和相互作用中体现出来）之间的统一性和整合性，认为主体在与他人、与社会的关

---

① 李泽厚还认为，主体性包括外在主体性和内在主体性。从实践中内化、建构和积淀而成的是内在主体性。外在主体性指的是，人类主体性即展现为物质现实的社会实践活动（物质生产活动是核心），这是主体性的客观方面即工艺—社会结构。

系之中表现出自主性，在与客观物质世界的关系中表现出能动性，在与自我的关系中表现出超越性。比如在高校情境中，牛慧娟（2014：44）认为，学生的主体性表现为三个方面。第一是学生在与物（教材或知识）的关系中表现出主体性；第二是学生在与人的交往关系中表现出主体性；第三是学生在与自身客我的关系中表现出主体性。可见，哲学上的主体性能够在教学情境中得以具体化和落地，并且为理解主体性学习的基本指向和结构提供了方向性指导。

第二节 心理学视角的自我主导性

大学生发展理论从发展心理学的视角出发，关注学生在认知等方面发展和完善的本质或结果。这又可以继续划分成为心理社会学理论、认知—结构理论。心理社会学理论（psychosocial theories）包括 Erikson（1968）提出的心理社会八阶段发展理论（eight stages of psychosocial development），Chickering（1993）提出的学生发展七向量理论（seven vectors of student development）等；认知—结构理论（cognitive-structural theories）包括 Perry（1967）提出的智力和道德发展阶段理论（theory of intellectual and ethical development）等。21 世纪之后，学生发展理论朝着整合性的方向演化，将学习视为自主发展的过程，将不同方面整合到学生发展理论模型中，从而研究学生在大学期间发生什么样的变化以及这些变化产生的过程（Astin，1993：78）。自我主导理论（self-authorship theory）就是这样一种整合理论，探讨了大学生不断建构和发展自我的过程。

一 自我主导性的内涵

最先提出自我主导性（self-authorship）概念的是美国教育心理学家 Kegan（1994）。他认为，人是从自身作为主体的角度出发，以外部环境等因素为客观条件，在实践活动中发展与建构自我的。他在其所构建的意识发展（evolution of consciousness）理论中认为，个体心智和意识的发展，是逐渐变得更加复杂的过程，并呈现出五个发展阶段：以好奇为特征、以自我为中心、遵从社会规范、自我主导阶段、追寻生命意义。简而言之，在自我主导阶段（self-authoring mind），个体能够从外部主导（被外部的规则、权威等所主导）的状态中走出来，开始根据自身的内部基础（知识、信念、经验、动机等）自觉地对外部系统进行检验和选择性地吸纳（Kegan，1994：73）。对自我主导进行更为全面和深入研究的是美国迈阿密大学教育领导系教授 Baxter Magolda。1986 年，Baxter Magolda 对迈阿密大学的 101 个本科生（51 个女生和 50 个男生）进行跟踪调查，以探讨大学生认知发展的过程，并提出了认识论反思模型（epistemological reflection model）。[①] 在前人的研究和被访谈者的提示下，Baxter Magolda 发现，个体认知的发展和个体内部（intrapersonal）因素及人际互动（interpersonal）因素之间有着紧密的联系。因此，Baxter Magolda 继续追踪了已毕业的 30 位学生（均为白人，其他样本丢失），从单纯的认知发展逐步扩展到个体整体性（认知、自我、人际三个方面）的发展，进而提出自我主导性的概念和理论。

自我主导性的发展强调建构性和发展性。所谓建构性，就是强调个体的成长和发展是积极的变化能动体（change agent）。学习和成长不仅是知识、技能、信息在数量上的增加，而且伴随着处理方式的转型。当个体将新的想法和自身已有的对外部世界的理解结合起来的时候，就会开始对世界产生新的理解和意义，这就是学习的产生（Boes et al.，2011：5）。这意味着，教师要认识到学生的经验、观点和现有知识，鼓励学生的积极参与以创建学习经验，从而帮助他们理解新的知识和观点。所谓发展性，指的是这个理论提供

① 这一模型的主要内容是，认为大学生的认知方式从绝对性知识（absolute knowledge），到转换理解（transitional knowing），到独立理解（independent knowing），再到情境性理解（contextual knowing）。

了一个框架，以理解个体随着时间的推移所产生的本质性变化。

对自我主导性概念的理解呈现出两个视角。第一个视角将自我主导性理解为意义建构（meaning-making）的结构。自我主导性的发展，是意义建构不断完善的过程，指的是个体对生活事件、身份以及社会关系进行分析、理解和赋予意义的内部过程（Baxter Magolda，1992：xvi，Michael，2000）。这包含着三个相互影响和促进的维度：第一是认知/认识论维度（cognitive/epistemological），指的是个体对外部世界本质的理解（How do I know）；第二是个体内部维度（intrapersonal），指的是个体对自己身份的理解，以及自己相信什么（Who am I）；第三是人际维度（interpersonal），指的是个体如何理解并与其他人建立关系（How do I want to construct relationships with others）。在自我主导阶段的人，认为知识乃至世界的本质是不确定和建构性的；认为应该通过自身经历和反思的方式去了解自己，而不是任由别人定义自己；认为应该建立一个持久性的、相互帮助的，但是不被别人主导的关系。尽管自我主导性的结构和完善过程是内隐的，但是可以通过个体对自身经验的解释去进行推断（King，2012）。

第二个视角是将自我主导性作为自主判断、评价和应对外部挑战的能力。这种能力可以使用具体情境中的行为表现进行判断，如Kegan（1994：303）曾经认为，具有自我主导性的大学生能够“管理课程或学科的概念和理论，依靠制定和验证知识的内部程序，对独立选择的主题进行统筹”等。因此，这种能力可以进行评价。如Pizzolato（2007）认为，自我主导能力包括自主行为能力（capacity for autonomous action）、问题解决定向（problem solving orientation）、意志力（perception of volitional competence）以及挑战环境中的自我管理（self-regulation in challenging situations）。Ferencevych（2004）将自我主导能力划分成为情境性问题处理（situational coping）、人际领导力（interpersonal leadership）、自我效能感（self-efficacy）以及知识创造（knowledge creation）四个维度。这打破了原有的三维度结构，使得自我主导的发展有了更为明确的结果导向。当然，也有研究者将意义建构部分和现实的实践活动结合起来进行分析。在绝大多数情况下，两者呈现出一致的关系，并且相互影响（罗伯特·凯根，1999：96；Pizzolato，2007）。不过外部环境的影响可能导致个体意义建构方式和现实表现不一致（Pizzolato，2005：62－65）。

二　三个维度及发展特点

自我主导的发展包括三个维度：外部认知维度、自我内部维度和人际建构维度。这三个维度是相互影响和促进的，结合起来构成了自我主导性发展的整体肖像。但是，这三个维度在大学阶段往往做不到协调发展，甚至到中年阶段才能达到高度协调统一。也就是说，多数大学生在不同维度上的发展有高有低，其中发展更强的维度被称为核心维度（home dimensions）或引导维度（leading dimension）（Pizzolato，2016；Baxter Magolda，2010：25－44），体现出自身已经形成的优势。

2012 年，Baxter Magolda 将自我主导的发展细化成为三个意义建构的阶段：外部意义建构/外部主导阶段、十字路口阶段和内部意义建构阶段/内部主导阶段。在外部意义建构/外部主导阶段，个体习惯于遵循和接受外部权威/规则①提供的信息、知识和要求，通过外部的期待去定位和理解自己，在人际互动过程中比较被动。在认识论上，个体相信知识是非对即错的，相信权威（教师、父母等）拥有更好的甚至正确的答案，倾向于接受和记忆知识，不会主动挑战和质疑权威，不喜欢具有不确定性的问题。在自我内部维度上，个体不了解、没有形成自己的信念、价值观和发展目标，相信别人比自己更加了解自己。在人际维度上，个体不认为自己能够和权威建立合作和支持性的关系，不愿意主动寻求甚至避免寻求帮助，不愿

① 外部的规则包括社会的期待、与之交流的成年人，同伴、父母、恋人和老师等。被自己采纳的外部规则，不一定总是和个体的想法一致。

意和不同背景的群体交往，以规避可能出现的冲突。

在十字路口阶段，个体开始意识到，权威的观点并不一定是正确的，需要根据自己的经验、知识和判断去解决问题，但是内部信念和判断的力量依然较弱。在认识论上，个体开始意识到自己拥有不同的观点，开始对外部权威的观点产生怀疑。在自我内部，个体开始探索自身是谁、重视什么、承担的是什么角色，信心开始提升。在人际维度上，个体开始意识到朋友、家庭、教师等是如何影响自己的，但是并不能建立更为主动的关系。在遇到问题的时候，不知道是否要寻求他们的支持，担心被他们的观点所左右。

在内部意义建构阶段即自我主导阶段，自己已经生成对知识、身份认知和社会关系的理解，能够基于内部的准则对外部影响进行批判性分析和判断。在认识论上，个体认为知识的不确定性是正常的，不再盲从权威或直接接受他们的观点；对于新的知识或信息，个体能够将其纳入自己的观点、知识、经验系统中进行加工检验，而不是直接接受或全盘反对（Evans et al.，1998；Cen，2014）。在自我内部维度上，个体重视内省，了解自己的价值、信念和未来规划，同时明白当下所做事情对于自身的意义，面对挑战体现出信心和积极的动力。在人际维度上，个体开始不满于充满权威感的关系，致力于构建相互支持（interdependent）的关系，并愿意和不同背景的群体进行交流。此外，Neumeister（2007）也总结了自我主导阶段的八个特征：建立支持和依赖的关系、拥抱不同的观点、失调和变化、认知复杂性、承担责任、个人和集体的效能感、对外部新观念和新经验的开放性。

第三节　中国学习者的解释框架

特定文化对学习者的影响如空气一般无处不在，也同空气一般容易被忽略。不论是学生发展理论，还是大学生影响力理论模型，尽管可以对居于各文化情境中的学生学习现象进行一般性解释，但是由于忽视了文化和教育制度情境支撑的特色和针对性，经常会带来不适用的问题。比如，克里斯汀（2008）认为，Chickering（2008）的七向量理论中有几条是对中国学生适用的，但是，同一向量所指的具体发展内容不一定符合中国情境。比如，中国学生情绪管理的方式可能与美国学生不同；成熟的人际关系的标准也因为文化不同而存在差异。这就需要借鉴数量不多，但是针对性和解释力都更强的中国学习者解释框架，为凸显主体性学习的中国特色提供启示。

一　中国古代治学过程的结构

乔炳臣和潘莉娟两位学者在 1996 年出版了专著——《中国古代学习思想史》。作者从先秦时期开始，按中国朝代更替顺序，对学习的概念和本质、学习的目的和意义、学习过程的特点和原则，进行了详尽的梳理，并对中国古代学习理论进行了总结：学习的主体专指向人而非动物；学习是课内学和课外习相结合的活动；学习具有知行合一的本质；需要智力与非智力因素的结合。此外，作者还勾勒出古代治学过程的结构（如图 3. 1 所示）。

这个结构探讨的是中国古代治学过程，并且使用中国传统概念进行关键环节的表征。其中，认知策略可以分为知—习—行三个阶段。所谓“知”，指的是“通过接触事物达到知晓……也就是人们用主观认识能力和外界事物相接触并把形貌反映出来，这就像用眼睛的明察本能，可以看到事物的形态一样”（乔炳臣、潘莉娟，1996：526）。“知”包括“学”与“思”两个部分。根据《中庸》的相关阐述，作者认为，“博学”和“审问”是“学”的具体表现，“慎思”和“明辨”是“思”的具体表现。所谓“习”，指的是通过个体的实践活动，对已学之知识、技能进行熟练与巩固，是“课外活动中的实地操作与演练……反复不断地效法或模仿已能者的行为，是使知识得到巩固，技能达到熟练程度的过程，带有很强的实

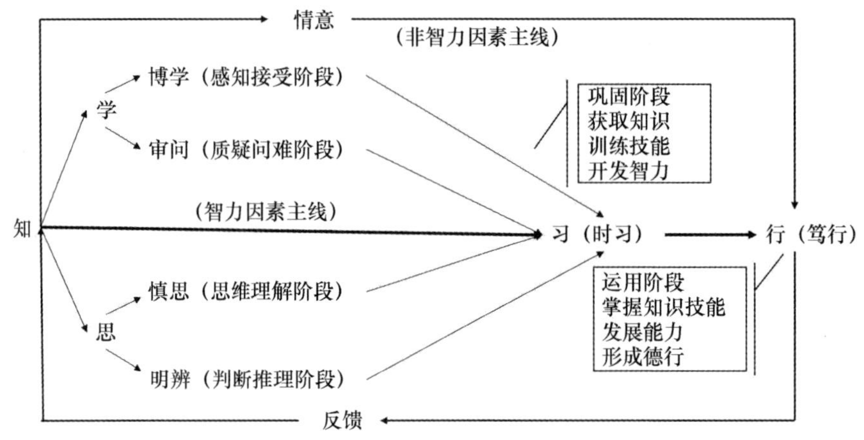

图 3.1　古代治学过程的结构

资料来源：乔炳臣、潘莉娟《中国古代学习思想史》，人民教育出版社 1996 年版，第 529 页。

践意义”（乔炳臣、潘莉娟，1996：522）。所谓“行”，是指在社会生活中学习与应用知识，主要通过演练和操习等方式进行。因此，“行”在一定程度上也含有“习”的意义，并且可以整合为“习行”。而知—习—行的过程，反映出学习是由“生动的直观到抽象的思维，从抽象的思维到实践这个人类认识真理、认识客观实在的辩证途径”（乔炳臣、潘莉娟，1996：627）。此外，学习不仅仅是认知类/智力类因素发挥作用的过程（知、习、行），也是情意类/非智力因素（以立志和乐学为代表）发挥作用的过程。

这一古代治学过程结构，建立在对从先秦到清朝前期有关治学经典进行梳理的基础之上。从中可以看到中国虽然历史悠久，但在学习的经验和理念上，具有非常强的传承性和内在一致性。将此提取出来，就构成了中国传统治学经验的“基因”。要理解中国大学生主体性学习的独特内涵，如果忽略了这些内容，对西方相关概念理解再深刻，也远离了中国学生的文化品性、思维习惯和心智模式。这个结构也展现出学习的“循序渐进性”，即从知到习再到行的过程。同时，还可以看到情意类因素（非智力因素，特别是立志和乐学）属于整个学习的重要组成部分，而不仅仅简单地作为支撑性因素存在。但是这一结构完全建基于传统治学经验之上，没有考虑到近代以来中国的教育教学改革进程，对现代大学生的适用性和解释力可能存在一些不足之处。比如说，现代中国大学生的动机结构是相当多元的，使用“立志”来代表并不能彰显其中的多样性。另外，中国学生学习过程的特色提炼，需要在与西方学生学习研究领域的概念和理论进行对话的过程中挖掘和分析。否则就可能带来一个问题，即此结构尽管体现了具有经验合理性的中国学习者的学习特征，但是可能同样适用于西方教育教学实践，只不过是使用了不同文化、不同时代的语言进行表述而已。

二　“美德取向”的学习模式

从 21 世纪初开始，任教于布朗大学教育学院的心理学家李瑾博士开始关注中国儿童的学习特点，并探讨了“好学心”（desire to learn）（Li & Li，2002）、“羞耻心”（Li et al.，2004）等概念。2005 年，她初步提出中国学习者偏重美德、西方学习者偏重心智的学习模式。2012 年，李瑾博士出版专著《文化溯源：东方与西方的学习理念》（Cultural Foundations of Learning：East and West），2015 年该书被译成中文。在书中，李瑾更加鲜明地认为，中国学习者不论是在学习目的、学习情绪，还是学习方式上，都与西方有着很大的差异，并系统地提出了中国学习者美德导向的学习模式（virtue-oriented learning model）。

如图 3.2 所示，李瑾认为，中国学习者的学习目的主要有五个。第一是在道德上完善自我。在儒家“仁”的影响下，道德的自我完善并不是一段时间的学习目标，而是一生为之奋斗的追求。第二是认知上的目的，强调知识和能力的提升。这会促进经济地位的获得（第三个目的），乃至社会地位和良好声誉的积累（第四个目的）。比如在古代，政府会选拔出道德高尚、博学多才的人，安排其担当一定的职务。现代的高考也是通过这种方式，选拔认知能力强的学生进入高等学府学习，为他们以后获得良好的社会和经济地位奠定基础。中国学习者的第五个目的即最终目的是贡献社会，表明学习早已超出了学校场域，要在社会情境中进行理解。这些目的都是相互关联的，追求经济上的成功和贡献社会之间并不冲突，只有这两者同时达到，才能获得完整的生命。

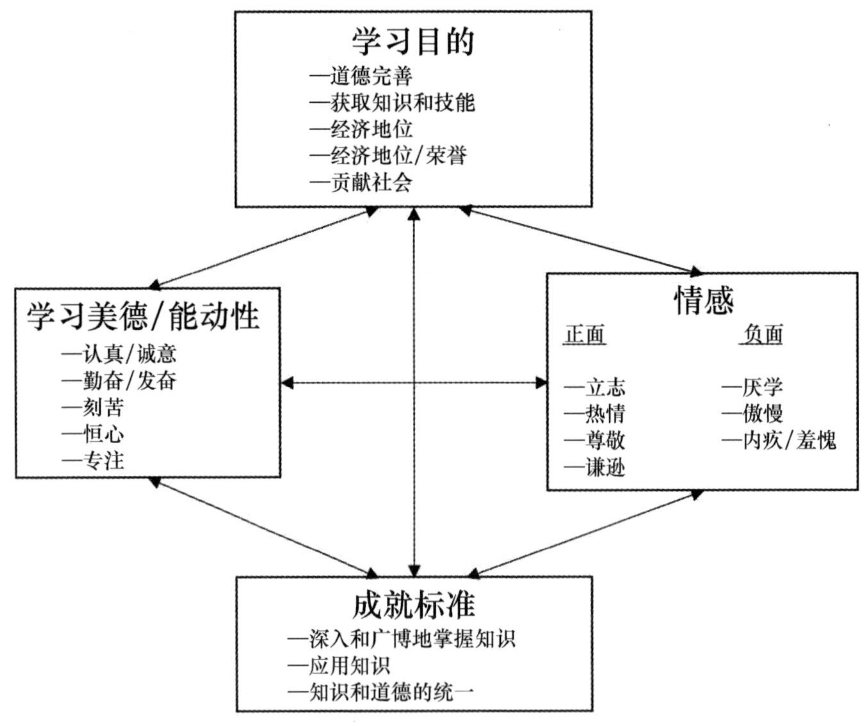

图 3.2　中国学习者学习的动态关系模型

资料来源：Li J.，"Learning to Self-Perfect：Chinese Beliefs about Learning，" C. K. K. Chan，N. Rao，*Revisiting the Chinese Learner*：*Changing Contexts*，*Changing Education*，Hong Kong/Dorcrecht，NL：The Comparative Education Research Centre，University of Hong Kong/Springer，2009，p. 49.

能动性（agency）指的是个体有意识的行动（Bandura，1999），也是主体性的核心体现。对于一些研究者所认为的中国学习者缺少能动性，笔者赞同李瑾博士的观点：中国学习者并不缺少能动性，而是其能动性更加紧密地和美德联系在一起。李瑾认为，体现中国学习者能动性的传统美德包括发奋、勤奋、刻苦、恒心和专心。这些道德品质的基本假设就是学习者有较强的好学心，也就是学习的动力。此外，成就标准有三个：知识的收获、知识的应用、知识和道德的统合性发展。

学习中的情感可以划分为积极和消极情感两类。积极情感包括立志、热情、尊敬和谦逊。其中，立志是延伸到未来的发展目标，这是学习的重要动机，同时又给学习者提供动力。热情是在学习过程中产生的愉悦感。但是，中国学生产生学习热情的条件和机制可能和西方学生不同，对于内在兴趣、自治和选择的要求程度未必很高（Iyengar & Lepper，1999）。此外，尊敬是学生在学习和日常生活中与教师交往时候的态度。李瑾认为，这并不是对老师的害怕，而是对老师丰富知识和品德的羡慕，并表现出自身的谦逊。相比之下，厌学、傲慢和内疚/羞愧都是不利于学习的情绪。

李瑾博士完全超越了西方原有的理论和框架，鲜明地提出应该以本土美德为逻辑起点构建中国学生的学习框架。学生在学习过程中对本土美德的重视和遵守，调节了自身能动性发挥的表现形式，产生了与西方学习者不同的表现。这也是本研究需要在现代大学生群体中重点确证的地方。此外，她还将西方学生的学习模式归结为心智取向（mind-oriented）。美德取向和心智取向尽管彰显出两类学习模式的特点，但是容易引发对中西方学生学习模式二元对立的误解。

三　变革背景下的中国教与学框架

2009 年，香港大学教育学院的 Rao 和 Chan 组织多位学者编写了《再论中国学习者——变革的环境与教育》（*Revisiting the Chinese Learner*：*Changing Contexts*，*Changing Education*）一书。他们认为，对中国学习者特点的分析，需要充分考虑中国迅速进行的技术革新、教育教学理论转型以及政策改革。在总结部分，他们提出教育变革背景下中国教与学的解释框架（teaching and learning for the Chinese learner in changing educational contexts）（见图3.3），认为是中国传统价值和信念以及现代性的变革，共同影响了学校、课程和教学，进而形成了中国特色的教与学特点。

如图3.3所示，要分析中国教与学的特点，应该关注两大方面。第一是传统信念和价值，涉及儒家传统文化、历史背景、集体主义价值观、哲学和信念。这些内容已经被多位研究者如新加坡学者李荣安（1996）、华人心理学家李瑾（2015）等提及，其中重点强调了社会—情感—道德方面（socio-affective-moral）的因素。相比之下，西方学习者更加强调认知因素如智力、能力和策略的发展（Sternberg & Zhang，2001；Winne，1996；Zimmerman & Schunk，2001）。第二是现代性变革，主要涉及社会经济变化、技术进步、学习范式转变、教育政策和变革。这些变革从近代就开始了，并且在改革开放之后不断加速，既改变了中国学习者的学习环境、授课方式进而影响学生的学习表现，还有可能影响数千年来中国教师与学生的信念和价值判断。

Chan和Rao总结了已有研究得出的中国学生学习特点：使用系统性、关联性和辩证性的观点理解看似矛盾的学习现象，比如在认知策略中将理解和记忆结合起来、将常规性的复习和探索新内容结合起来、将同学之间的竞争与合作结合起来。相比之下，西方研究者倾向于使用二元对立的框架来解释学习者，比如竞争与合作对立、说教与建构对立、个体与集体主义对立（Biggs，1996）。这样的特点在一定程度上受到教师教学的影响。比如，和西方教师相比，中国教师体现出全人培养取向（cultivating-oriented）的观念和行为，强调对学生的行为引导，而不是仅仅负起学业责任（Gao & Watkins，2001）。与西方话语中的“权威”（与自由、自主相对立）不同，中国教师的权威强调教师对学生担负起关心和教养的责任（Scollon & Wong，1994）。西方研究往往在教师中心和学生中心之间进行区分和对立。但是中国教师可以根据情境变化关注不同的内容，有时候使用说教的方法，有时候也会让学生尝试建构知识，从而将两者整合起来（黄毅英，2007）。这些特点也在框架中得以体现出来。

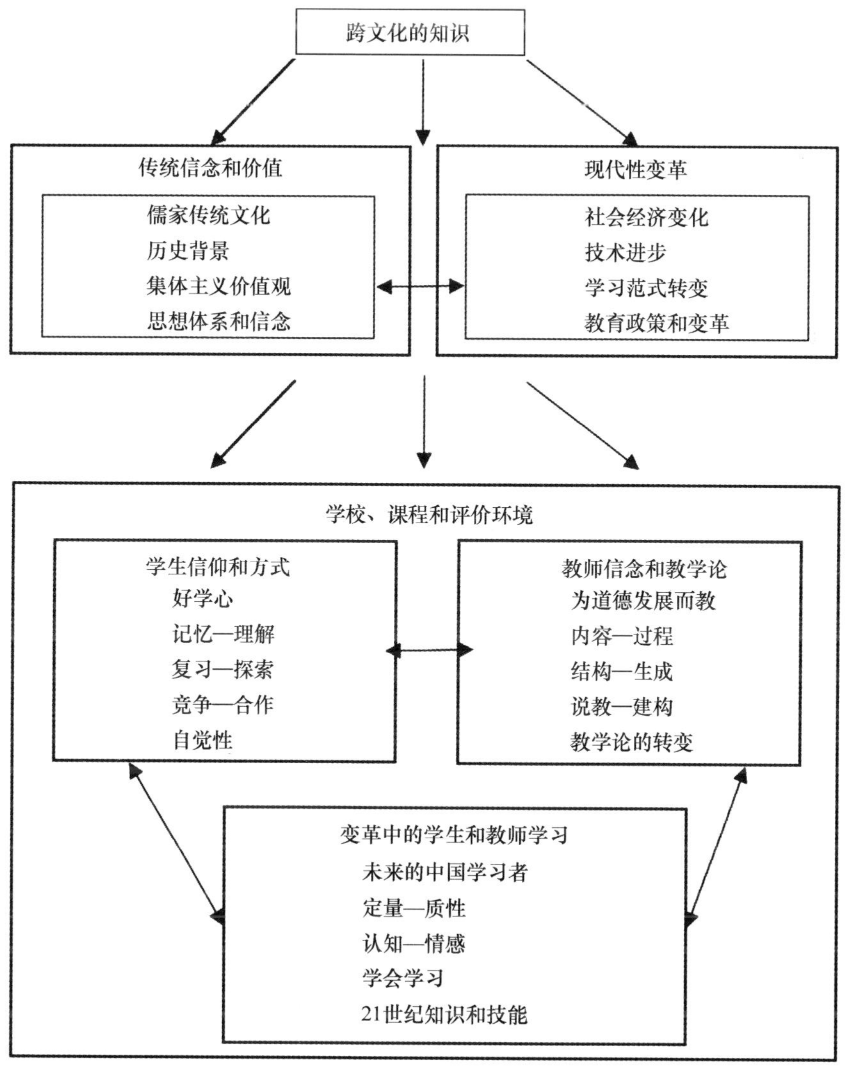

图 3.3　新时代下中国特色的教学框架

资料来源：C. K. K. Chan，N. Rao，*Revisiting the Chinese Learner*：*Changing Contexts*，*Changing Education*，Hong Kong & Dordrecht，NL：Comparative Education Research Centre，University of Hong Kong & Springe，2009，p. 319.

第四节　大学影响力模型

20 世纪 70 年代后期之后，西方高等教育问责愈加强烈，对人才培养和学生学习质量的研究不断增多，并生成了诸多具有教育学干预性色彩的大学影响力模型。以 20 世纪 30 年代泰勒提出的“任务时间假设”（Time on Task）为基础，Pace（1984）建构了“努力的质量”（Quality of Effort）概念，Astin（1984）提出“学生参与”（Student Involvement）的概念，Chickering（1987）提出了“良好本科教学实践”概念，Pascarella（1985）提出综合变化评定模型（General Model for Assessing Change），Weidman（1987）提出本科生社会化理论（Undergraduate Socialization Theory），Tinto（1975，2006）先后提出了学生退学的交互模型（Interactive Model of Student Departure）和院校行动模型（Institutional Action for Student Success）。在此基础之上，Kuh（2006）综合多个理论或解释框架提出了大学生学习性投入（Student Engagement）的概念和理论。这些理论模型从简单向复杂和综合的方向发展，均强调学生的主观能动性和主体性的发挥，并使用大学生的行为表现去体现出来。而且，他们均认为学校的效能在于提供资源、采取措施，促进学生积极参与、努力或者投入。下面对三个兼具代表性和差异性的模型进行分析，以呈现可能影响主体性学习的各类因素。

一　综合变化评定模型

20 世纪 80 年代，Pascarella（1985）提出整体变化评定模型（见图 3.4），具体指出了学生背景、学校特征、教师特征、课程与教学实践对学生学习成果的影响。这里的学习成果，主要指的是认知方面特别是批判性思维能力。该模型指出，学生发展和成长是五大要素直接效应和间接效应的函数，包括院校结构和组织特性（如机构的选择性)、院校环境（如教师特征、课程与教学实践)、学生背景和大学前经验、学生努力质量、社会性人际互动、学习与认知发展。学生背景和大学前经验，以及院校的结构和组织特性共同塑造了学校的环境。这些变量反过来影响了学生和大学内部各主体互动的频次和内容。学生努力质量也受到学生的背景特征等其他因素的影响。和其他模型相比，这一模型清晰地指出了各因素相互作用的具体机制，特别是存在于其中的直接和间接作用。比如，院校结构和组织特性并没有直接影响学生学习与认知发展，而是通过院校环境、与教师和同学的互动等间接产生作用。大学生主体性学习蕴藏在互动和努力之中，自然会受到个体特征、大学前经验、大学特征和学校环境的影响。此外，尽管这一模型重点关注学生的认知发展，但是显然可以用于解释其他学习成果的获得。

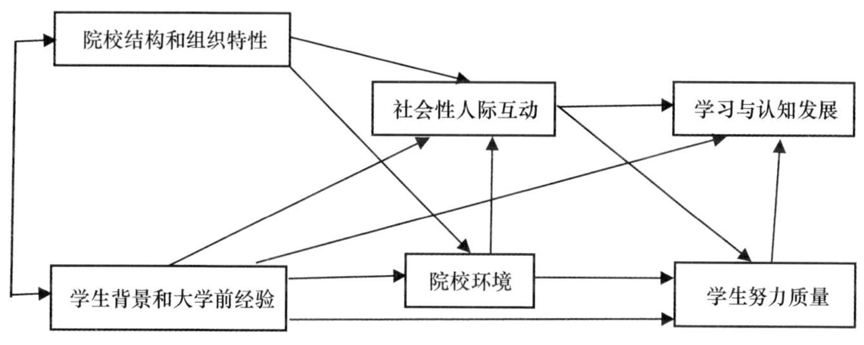

图 3.4　整体变化评定模型

资料来源：E. T. Pascarella, P. T. Terenzini, *How College Affects Students: A Third Decade of Research* (Volume 2), Jossey-Bass, 2005, p. 57.

二　本科生社会化理论

法国社会学家迪尔凯姆认为，自杀动机的产生源于个人与社会生活的不相融合。Tinto（1975）将此迁移到高校系统内部探讨学生退学（drop-out）问题，认为学校存在两个子系统——学术系统和社交系统，学生能否较好地融入这两个子系统对学习成果和是否退学产生着重要影响。Weidman（1987）借此提出了本科生社会化理论，“社会与学术整合”（social and academic integration）是其中的重要概念。

学术整合是指学生是否遵循了学校推崇的学术价值观和学业行为规范，这可以通过学生的学业行为和过程、学术认同和归属情况体现出来。社会整合指学生和大学环境的融合度，一般通过生生互动和生师互动来测量。Weidman（1987）认为，社会化的过程，是大学生和规范性环境（normative context）进行互动的过程，受到两个方面的影响。第一个方面是学生的大学前特征，如家庭社会经济地位，入学前形成的习惯、职业偏好、抱负、价值观等。第二个方面就是大学非正式情境下的规范压力（normative pressure）。这种压力的来源有四个方面：第一个是父母的社会化水平、支持和控制、对学业成绩的期待和要求。第二个是不同类型的老师。老师是学校价值、理念、期待和规则的代理人，积极的师生关系可以促进规范的个体内化，从而促进学生在学术与社会方面的整合。第三个是院系，涉及制度层面的因素，如明确的培养要求与期待，必须遵守的规范甚至是处罚条例等。第四个是同伴、雇主、共同体等在一定程度上影响着学生在大学里的选择和经历。这个模型将影响因素从校园内部（教师、学生）扩展到校园外部（父母、雇主），从显性的影响因素（人际互动）扩展到隐性的影响因素（规范和目标、要求和期待）。

三　学习性投入理论

在此前学者研究的基础之上，印第安纳大学的Kuh（2003）提出了学习性投入和学业成功理论。学习性投入的基本假设是，学生在某一门课程上投入的时间越多，学到的就越多；学生在写作、分析和解决问题上练习越多，得到的反馈越多，就越熟练，掌握得就越好；学生的投入程度越高，在技能和性情方面的发展也就越大。学校越是从各方面创造条件鼓励并支持学生主动参与到有效的学习活动中，学生就越会在这些活动中投入更多的时间和精力，从而取得更好的学习效果。据此可知，学习性投入指的是学生个体在自己学业与有效教育活动中所投入的时间和精力，以及学生如何看待学校对他们学习支持力度的概念，其本质就是学生行为与院校条件的相互作用（intersection of student behaviors and institutional conditions）。这不仅仅是个体性学习质量的核心保障，也应该成为判断一所大学教育质量高低的重要标准。

虽然 Kuh 等人的大学生成功模型（见图 3.5）并不像综合变化评定模型那样对影响因素之间直接和间接的关系描绘得非常清楚，但是同样将影响个体投入的因素，即个人特征和大学前经历、高校

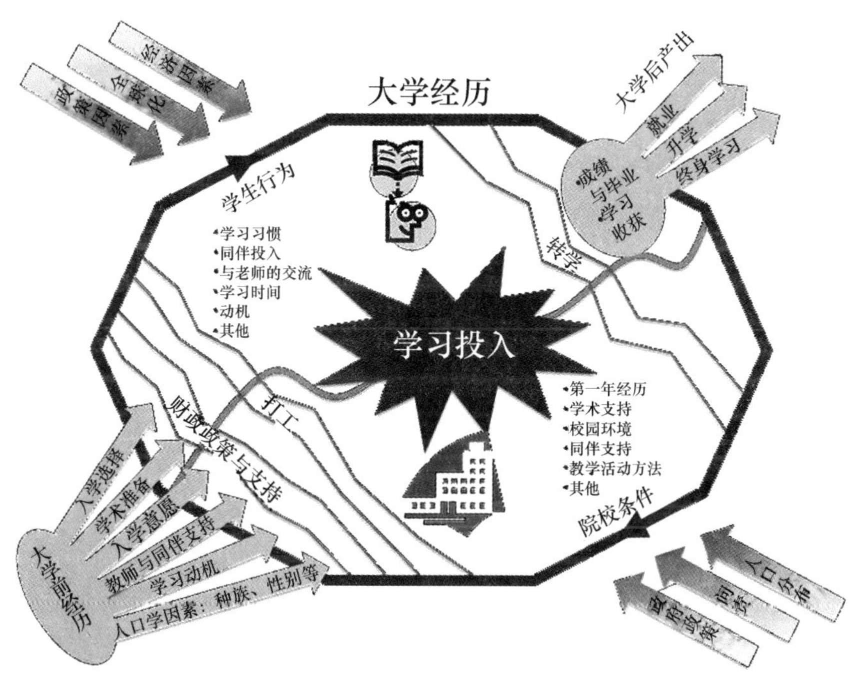

图 3.5　大学生成功模型

资料来源：G. D. Kuh, J. Kinzie, J. A. Buckley, et al., *What Matters to Student Success: A Review of the Literature*, Washington, DC: National Postsecondary Education Cooperative, National Center for Education Statistics, 2006, p. 8.

结构性特征、学校活动开展、课程与教学等因素进行了阐述。其中，学生个人背景和大学前经历，涉及性别、民族和种族、父母受教育水平、社会经济地位、教育期待和家庭支持、高中学习表现等。高校结构性特征，包括高校的任务和使命、学生住宿情况、学生结构的多样性等。学校组织活动和提供的服务，涉及新生适应项目（如新生导引课、新生研讨课）、学校咨询和服务中心、经济支持服务、学业预警机制等。在课程与教学层面，Kuh 等人主要强调了教师的教学理念以及具体的教学方式。

相比于心理学视角的学生发展模型，大学影响力模型更加重视环境的影响，特别认为高校应该主动作为，而非只像超市一般提供用来选择的商品或服务。这些影响因素主要是总体性的氛围创建、各项支持等，但是对课程与教学的关注度略低。此外，这些模型都非常重视学生与教师和学生之间的互动。在 Pascarella 等人的分析框架中，社会性的人际互动是非常重要的中介性因素。在 Weidman 提出的框架中，社会性整合是本科生社会化过程中独立而重要的构成成分。在 Kuh 等人提出的学生成功模型中，与教师和同学的交流是投入的重要组成部分。这些都对如何理解主体性学习的内涵和影响因素提供了启示。

第五节　中国大学生主体性学习的分析框架

哲学视角的主体性和心理学视角的自我主导性，为理解主体性学习的意涵提供了不同视角但内在一致的解释；中国学习者的解释框架，为理解中国本土学生的学习特点提供了重要支撑；注重情境影响和改进取向的大学影响力模型，为理解主体性学习的影响因素提供了借鉴和启示。对多个视角的有机整合，再结合对已有文献的分析，可以构成更具有针对性和解释力的中国大学生主体性内涵分析框架和影响因素分析框架。

一　已有理论的启示

哲学视角的主体性，已经从精神和先验层面向实践层面转化，从完全的个体主义向交互的主体性扩展，个体与他人的关系和互动过程受到关注。心理学视角的自我主导性，是在真实的情境之中思考个体意义建构的问题。为了避免局限在心理层面而趋向于笛卡尔式的“我思主体”，一些研究者还提出了能力取向的理解。在内在结构上，主体性和自我主导性具有关联和一致性，均涉及对自身的主体性、对他人的主体性以及对客观存在事物的主体性。只不过前者是从普遍人类的视角进行分析，后者则落脚到个体身上。而要理解主体性学习这一概念，则需要从哲学和心理学视角进一步迁移到教育学视角上，需要结合学校实际情境中的学生学习过程进行探讨。这就包括大学生在知识汲取和加工过程中、在自我认知和激发过程中，以及在人际交往和关系建构过程中所体现的主体性。

中国学习者的解释框架，提醒我们在理解主体性学习的时候，需要考虑到中国文化和教育制度给学生带来的独特表现。有研究者质疑说，中国和西方学习者的差异真的这么大吗？中国传统的影响力真的如此之大吗？对此，笔者赞成华人心理学家李瑾的观点。她（2015：296）认为，尽管文化交流和融合不断加深，但是“文化学习模式基本上十分强韧，不太可能被大环境统一而消失”。特别是，如果一个人的濡化（enculturation）发生在涵化（acculturation）之前，那么这种涵化的结果并没有从根本上改变其濡化的核心（enculturated core）。而已有的框架也为理解中国大学生主体性学习内涵提供了“质料”。比如乔炳臣等提出中国学习者的学习包括认知策略（知、习、行）和非认知因素（立志、乐学等）的参与。李瑾提出五种学习目的，为理解中国大学生学习动机结构提供了参考。南阳理工大学的 Hu 提出的 4R 和 4M 为理解中国学生学习策略的特点提供了借鉴。此外，Chan 和 Rao 提出的框架则提示我们，在理解中国大学生主体性学习的过程中，要规避“过度儒学化”的风险，要充分考虑现代教育制度和教学特点所带来的影响。

大学影响力模型为理解主体性学习的影响因素提供了启示，这包括个人背景和大学前特征、学校层次和类型、氛围创建、学校各项支持以及课程与教学因素等。不过，大学影响力模型不能够帮助本研究澄清一个基本问题，即如何理解主体性学习的改进，是在原有系统中水平的提升，还是转型升级的过程，后者如同自我主导性的发展一般。如果是这样，自我主导性理论中所提及的学习伙伴模型，强调了教师角色的转换，也有助于本研究的后续分析。

二　概念分析框架

根据对主体性和自我主导性的分析，构建中国大学生主体性学习的概念分析框架（如图 3.6 所示）。大学生主体性学习在知识汲取和加工、自我认知和激发、人际交往和关系建构三个方面表现出来。这是具有一般性和跨文化的理解。在文献分析中，西方类主体性学习概念重视行为主义和认知主义视角，一定程度上忽视了社会建构主义视角，即关注学习的社会性和互动过程。本框架对此作出弥补和改进。

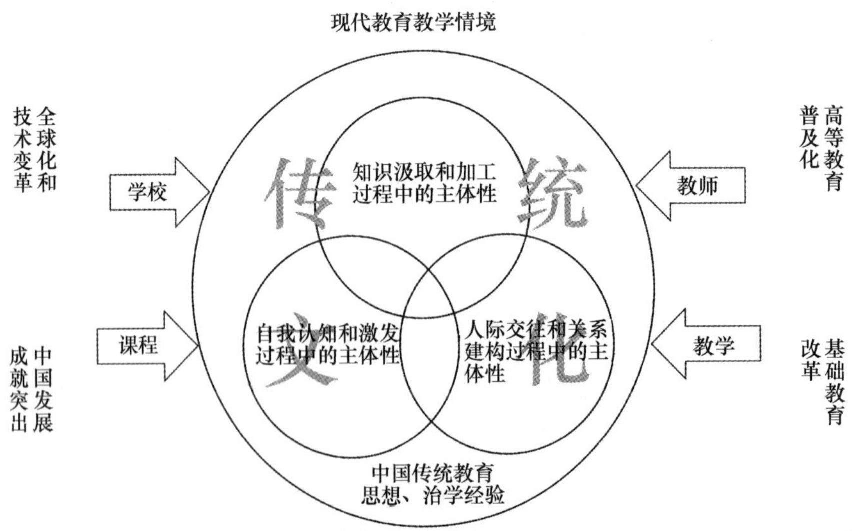

图 3.6　中国大学生主体性学习的概念分析框架

主体性学习在中国本土文化和情境中的表现，要从中国传统教育思想、治学经验（内核），以及现代教育教学情境（外圈）的共同影响中去挖掘和提炼。在中国，孔子之后尽管出现众多学派，但是始终以儒家学派为主。尽管儒家内部也有分化，关于学习的阐述也有差异，但是究其本质，“都是大同小异的，就连以后各时期儒家学派论述的基本学习原理和方法，除了时代不同，在某些方面有所发展之外，其基本学习思想和方法论，都是一脉相承的，这就是中华文化的民族性和创造精神的继承性表现”（乔炳臣、潘莉娟，1996：30）。这些传统但经典的教学思想，绝非如“博物馆中的陈列品”那般只可欣赏。正如社会学家翟学伟（2011）所言：“在漫长而曲折的中国历史长河中，一些词语、成语、谚语及熟语会逐渐沉淀下来，组成了中国人历史与现实的基本画卷，也构成了中国人的思维方式与行为特征，甚至成为中国人社会生活的指南。”它们经由正式的学校教育和非正式的亲子教养传承下来，从而在现代社会中持续发挥作用，潜移默化地影响着大学生的学习信念和学习方式（张华峰、史静寰，2018）。

现代教育教学情境的影响可以通过对现代高校、教师、课程与教学的分析而得出，其背后又受到全球化和技术变革、中国各方面迅速发展、高等教育进入普及化阶段，以及基础教育变革等方面的影响。在现代社会和教育教学情境的影响下，中国学生的学习无论在目的、内容、方法等方面，都已经和古代有差异，并呈现出一些具有现代性的特点。这样分析中国大学生主体性学习的内涵，就避免了直接使用西方的视角、概念或框架可能带来的曲解或误判，也可以避免步入“过度儒学化”的误区。

三　影响因素分析框架

根据大学影响力模型，结合对主体性学习可能产生影响的因素分析，构建中国大学生主体性学习影响因素分析框架（如图 3.7 所示）。这是一个具有跨文化通用性的分析框架。大学生主体性学习处于中间位置，反映出学生学习的过程性表现。

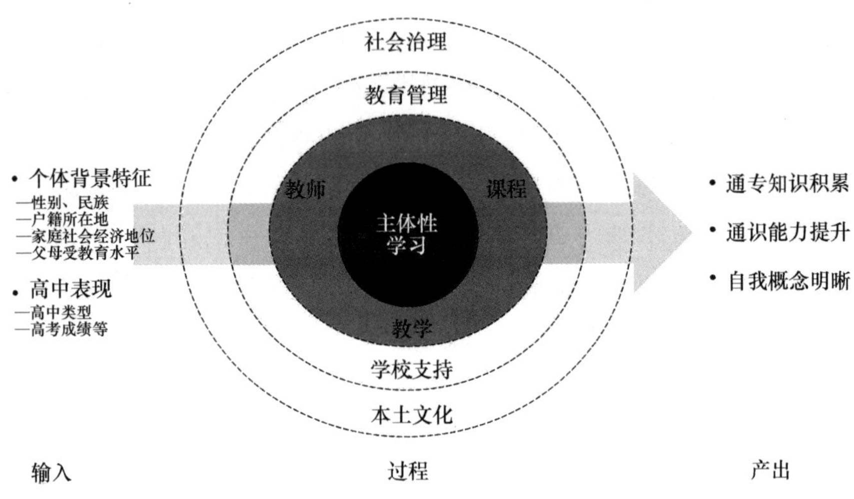

图 3.7　中国大学生主体性学习影响因素分析框架

输入部分指的是个体的大学前特征。结合大学影响力模型以及此前对文献的分析，大学前特征包括个体背景特征、高中表现两类因素。其中，个体背景特征涉及性别、民族、家庭社会经济地位、父母受教育水平等。高中表现则主要涉及高中类型、高考成绩等。

过程展现出对主体性学习产生直接和间接影响的要素。直接的要素是教师（如学生信念、教学水平、榜样作用等）（尉建文、陆凝峰，2012；贺常平，2005）、课程（如课程设置、挑战度、评价方式等）（孙宏斌等，2016；闫海波，2013）和教学（如教学理念、教学方式等）（Baxter Magolda，2009：251）等。其次就是学校支持，包括学校类型、学校软硬件支持（如经济、人际、学风、安全感等）（Patrick，2007；Coughlin，2015；Pizzolato，2006；Tinto，2006；Thapa，2013）和教育管理（如学校管理方式等）。最后，就是整个社会治理方式乃至本土文化的影响。这一影响是间接的，在此前的研究中关注不够，如何产生作用还需要后续进行深入探讨。

关于主体性学习的成果。李瑾认为，中国学习者的学习成果包括所学知识的深度和广度、知识的应用，以及将知识和道德发展结合起来三个方面。中国多数高校在阐述自身培养目标的时候，也强调了“价值塑造”“知识收获”和“能力培养”三位一体的理念。在此基础上，本研究将中国大学生学习成果分为三类。第一是知识收获，涉及知识积累的深度和广度，指向认知性的学习成果，体现出传统文化中“学以明智”的理念。第二是通识性能力的提升，涉及利用知识解决实际问题、创新解决问题的方法、写作和口头表达能力的提升等，指向知识的应用过程，符合“学以致用”的理念。第三是自我概念明晰，涉及人生观、价值观的逐步确立，以及未来发展方向的明晰等，属于非认知性的学习成果。这和传统文化中“学以修身”“学以长德”的理念一致。近年来，国家不断强调将“立德树人”作为人才培养的根本要求，正确的人生观和价值观的建立和明确是基础。而且，由于学生在基础教育阶段多忙于学业，对自身职业兴趣和未来发展方向思考较少，因此带来大学生普遍性的迷茫现象。在这样的背景下，明确自身价值取向和未来发展方向尤为重要。

第四章

问题导向的混合研究设计

早在1972年，美国学者Feldman便提出在研究复杂的大学生时，仅仅使用一种研究范式存在着不足和风险。实际上，就大学生学习而言，学界已经探索和逐渐形成了多种成熟的研究方法，包括现象分析（phenomenography）、基于调查的学情分析、基于数据挖掘的学习分析以及案例研究方法等。本研究结合中国本土文化情境去探讨学生主体性学习的若干问题，既涉及概念建构，也涉及基本表现以及影响因素，仅仅使用一种研究方法并不能很好地回答。因此，秉承问题导向的原则，本研究将文献研究、定量研究（特别是基于调查的学情分析）以及质性研究（特别是案例研究方法）有机结合起来，而不拘泥于方法背后的哲学基础和范式立场问题。这种“围绕问题的研究并非一种方法简单的生搬硬套，而是根据需要实现不同方法的混合与共融”（阎光才，2016）。也因此，某种研究方法并不一定仅仅用于回应一个研究问题，而是在多个问题的分析中均有所体现。

第一节　三层次概念建构

本研究的第一个问题是，如何界定中国大学生主体性学习这一概念。具体思路借鉴了美国亚利桑那大学政治科学教授戈茨（Gary Goertz）提出的三层次概念建构法。他（2014：4）认为，社会科学的概念一般是多维度的（multidimensional）和多层次的（multilevel），且以三层结构居多。第一个层次即基本层次（basic level），通常是在理论命题中所使用的概念，在认知上居于基础和核心地位。在第二个层次（secondary level），概念的多维度特征开始显现，形成了概念的本体论分析。第三个层次是指标/数据层次（indicator/data level），也就是常说的操作化层次，和文化情境的相关性更强。基本层次与第二层次实际上是在理论层面进行的分析和探讨，指标/数据层次则是连接度量与数据收集的桥梁。

一　基本层次和第二层次

建构主体性学习概念的思路如图 4.1 所示。第一个层次分析主体性学习这一概念的固有属性。这个过程实际上是对主体性学习下定义的过程，即揭示事物特有属性的逻辑方法（金岳霖，1979：42）。这个过程是借助哲学视角主体性的功能范畴，结合其他相关文献进行分析得出。第二个层次探讨主体性学习的基本结构。借助对主体性和自我主导性的分析，结合对西方学界提出的类主体性学习概念（比如自我调节性学习、深层学习等）的理解，对维度划分进行分析。此前提出的主体性学习分析框架，需要在学生信息汲取和加工、自我认知和激发、人际交往和关系建构三方面进行分析。基本层次和第二层次的分析，均为本体论层面的分析，不是导致主体性学习的原因，而是构成主体性学习现象本身。第二层次分析得出的结果是主体性学习的充分必要条件。

分析西方类主体性学习概念可以起到两个作用。第一，提供现代学术术语表述。自我调节性学习、深层学习等概念，其内涵和结构中有诸多反映学生学习过程的表述，如认知策略、学习动机、人际互动等。这些由西方学界提出的子概念，实际上构成了现代大学生学习与发展研究领域的“语法系统”，为国内学界广泛应用和探

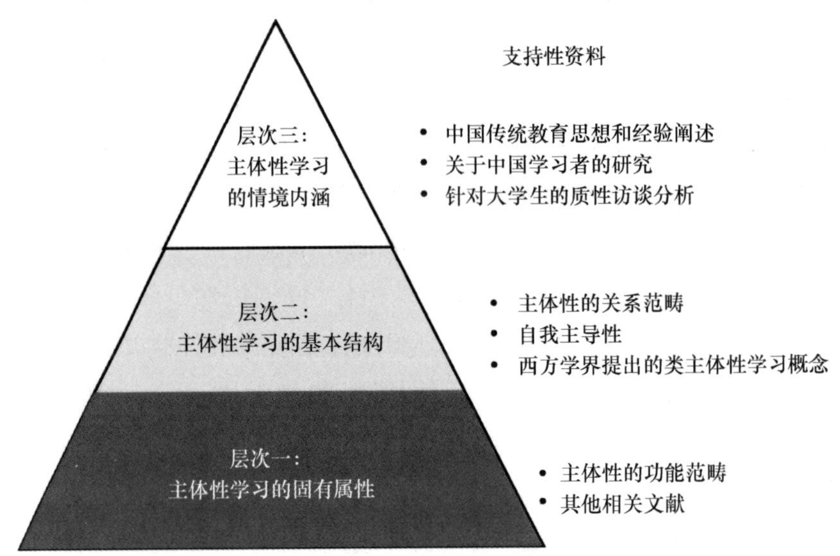

图 4.1　中国大学生主体性学习的三层次概念分析思路

讨。即使对中国传统治学理念和经验进行分析，一些表述也需要用与之相通和对应的现代教育学、心理学概念或术语来支撑，从而使得概念建构比较容易融入国际教育学术体系之中。第二，分析此类概念的深层共性，可知西方理解主体性学习的特点和特色，进而基于此分析其文化和教育情境支撑。西方相关概念还可以起到重要的对比和参照作用，映衬出中国大学生主体性学习所存在的共性和特色之处。

二　第三层次：文献和访谈的对话

正如戈茨（2014：41）所言："第二和基本层次基本上都强调跨越不同情境的共同特性。既然它们运用在基本层次的一般理论和命题当中，它们必须足够抽象以适合诸多情境。因而，正是在指标层次，概念结构必须考虑跨民族和时空的差异。"换言之，主体性学习在前两个层次的理解上，具有抽象性、一般性，在不同类型的文化和情境中都适用，第三层次则需要结合中国本土文化情境进行反思和建构。这是一种使文化与心理特殊性及在地性最大化的、高度主位性（emic）的研究方式（杨国枢，2008：22），生产出来的是“本土契合性”知识。在本研究中，第三层次探讨主体性学习的情境内涵，促使概念展现出特定情境中的具体内涵和表现形式，从而直接指导测量工具的开发和数据的搜集。笔者综合运用了文献分析和质性分析方法进行本层次建构。

（一）文献分析

根据此前建构的概念分析框架，文献分析是在传统与现代的共同影响中进行的，涉及中国传统的治学理念和经验、国内外关于中国学习者的研究，以及其他关于中国学生学习的研究。中国传统教育思想和经验阐述可以在以儒家文化为代表的文化典籍中去挖掘。如《论语》《学记》《大学》《劝学篇》《朱熹读书法》等，阐述了以儒家为代表的中国传统文化对学习者的要求，是中国的治学“基因”。其蕴含的教育和学习思想，在历史的长河中通过正式的学校教育和非正式的亲子教育传承下来，进而在现代社会持续发挥作用。

不过，古代关于学习的思想虽然丰富，但是以今日之标准来看，在结构性、系统性和可操作性上略差，缺少针对性、系统性的总结和提炼，尚没有与现代教育学、心理学概念/术语进行对话和对接。一些研究者已经意识到这一现象，开始对古代典籍中的相关表述进行总结。比如，南京大学傅孙久于 1987 年出版了《古代学者论治学》一书。作者从纷繁复杂的古代治学材料中，梳理出一般性、规律性的认识，并从明确目的、树立信心，业精于勤、学宜发奋，师友资益、为学津梁，学求自得、慎思明辨，学务真知、注重实践，博而不杂、约而不漏，为人为学、相得益彰，春华秋实、贵在创新八个方面进行了阐述。乔炳臣和潘莉娟于 1996 年出版了专著《中国古代学习思想史》，按照从先秦时期到明末清代的历史顺序，对不同时代学者们关注的学习概念、学习目的、学习过程、学习方法等进行了探讨，并提出了中国古代治学过程的解释框架。申国昌、史降云于 2006 年出版了《中国学习思想史》，在乔炳臣和潘莉娟著作的基础之上，纳入了近现代如胡适、陶行知、杨贤江等教育家关于学习的思想心得。在专著之外，还有一些研究者，如庞维国和薛庆国（2001）、燕良轼和曾练平（2012）等基于经典论述，提炼出中国古代学习者学习的若干特点或原则。

这些文献均为间接性的、非介入性的二手资料，尽管保证了相对客观性，却不能忽视这些资料多为应然方式的阐述，和现代中国学生的学习实践未必完全契合。因此，本研究还查找、整合和分析了关于中国学习者的研究。这一主题的研究数量逐年增多，成为国际教育研究中较为活跃且备受关注的研究领域。这些研究分析了和西方学习者相比，中国学习者在学习理念和行为上所体现出的特点乃至特色。其研究对象不再是古代的学生，而是全球化时代的现代中国学生，但是以港澳台地区为主、以基础教育阶段的学生为主。与此相对应，国内关于学生学习的研究，考虑到现代教育教学改革的背景，面向中国本土实践进行了改进，关注学生群体内部的学习特点和差异，也可以反映出现代大学生的一些特点。将不同类型的文献整合起来，才能够反映出中国大学生既有本土文化支撑，也有时代教育特征的学习特点。

（二）质性分析

为了避免文献分析的抽象，并更好地展示出大学生在现代教育教学情境中的真实表现，采用了多个案研究法（multi-case study method），对大学生主体性学习的可能特点进行分析。一方面，主体性学习具有文化性和情境性，案例研究可以在不脱离现实生活环境的情况下，进行更加深入的探讨（Yin，2008：8－10）。另一方面，与单个案相比，从多个案中推导出的结论往往更有说服力，整个研究更能经得起推敲（Herriott & Firestone，1982）。

1. 访谈样本

遵循“目的性抽样”原则，采取最大变异抽样的具体策略（maximum variation sampling strategy）进行抽样。尽管这并不能够增强研究结果的可推广性，但是可以抽取到能够为本研究提供最大信息量的样本，加强分析的全面性。在选择样本的时候，主要考虑了性别（男、女）、生源地（农村生源、城市生源）、学科类型（人文社会科学、自然科学和工科）、学校类型（精英型高校、地方普通高校），并尽量使得这些特征在样本上均衡分布。[①] 如 Patton（2002：244—246）所言，质性研究中的样本数量没有固定准则，这取决于研究问题、所需要的质性数据以及研究者具有的时间和资源。因此可以先使用较少的样本量进行研究，若需要的话再适当增加样本。本研究在访谈人数超过 16 位之后，发现可得到的新见解不断减少，即逐步达到"信息量饱和"的状态，因此在访谈 21 位学生之后停止了这项工作（见表 4.1）。

表 4.1　**访谈样本基本情况***

序号	编号	学校	专业	年级	性别	成长省份	生源地
1	TUFH001	清华大学	经济与管理	大三	女	吉林	城市
2	TRMS002	清华大学	能源与动力	大二	男	河南	农村
3	TRMS003	清华大学	化工	大四	男	甘肃	农村
4	TUFS004	清华大学	数学	大二	女	广州	城市
5	EUFS001	北京邮电大学	电子商务及法律	大三	女	山东	城市
6	EUMS002	北京邮电大学	电子商务及法律	大四	男	四川	城市
7	EUFS003	北京邮电大学	通信	大二	女	山东	城市
8	EUFS004	北京邮电大学	通信	大二	女	北京	城市
9	LRFS001	上海师范大学	数学	大四	女	上海	农村
10	LUMS002	上海师范大学	数学	大三	男	上海	城市
11	LUMH003	上海师范大学	旅游管理	大三	男	上海	城市
12	LUFS004	重庆邮电大学	计算机智能技术	大二	女	河北	城市

① 其中，精英型高校指的是入选"985 工程"或者"211 工程"的院校，没有使用是否入选"双一流"建设高校进行区分的原因在后文中加以叙述。

续表

序号	编号	学校	专业	年级	性别	成长省份	生源地
13	LRMH005	重庆邮电大学	外国语	大二	男	四川	农村
14	LRFH006	重庆邮电大学	经济学	大四	女	黑龙江	农村
15	LUFH007	重庆邮电大学	外国语	大四	女	湖北	城市
16	LUMH008	重庆邮电大学	经济与管理	大三	男	重庆	城市
17	LUFH009	北京联合大学	人文地理	大四	女	山东	城市
18	LUFH010	北京联合大学	法律	大三	女	新疆	城市
19	LUMH011	北京联合大学	历史与文物	大二	男	北京	城市
20	LRMH012	北京联合大学	历史与文物	大二	男	河北	农村
21	LRFH013	北京联合大学	人文地理	大四	男	湖南	农村

* 之所以没有寻找大一学生进行访谈，是因为本研究实施访谈的时间是在 9—10 月，新生刚刚入学，对大学还缺少完整和深入的体验。

在寻找样本的过程中，笔者首先与学校的“守门人”进行了联系。这些“守门人”为学生或教务工作人员，比如辅导员、教务员等。笔者与他们沟通了访谈需求，内容涉及（1）访谈的目的，强调访谈不会影响到学生学业表现或老师对学生的评价；（2）访谈样本的要求，强调不希望仅推荐成绩好的学生或者班干部；（3）被访者会得到小礼物。“守门人”在初步联系学生之后，将联系方式（如微信、邮箱或者手机号）交给笔者，笔者与潜在的受访者进行了第二次联系，再次确认他们符合样本要求、真正愿意参与访谈，并且告知了访谈的大致内容，确定了访谈的时间和地点。访谈样本如表 4.1 所示。

2. 访谈提纲和数据搜集

本研究使用半结构性访谈进行资料搜集。访谈提纲如附录 A 所示，围绕大学生主体性学习的三方面表现展开。笔者首先告知受访者访谈目的即理解主体性学习的基本表现和机制，然后告知访谈形式为口头作答且无正确答案，再次告知受访者所拥有的权益：（1）可以拒绝访谈，并且可以决定随时退出；（2）访谈内容会被保密处理而不泄露；（3）可以获得一份小礼物。笔者多使用“请你描述……”“你如何……”“你认为……”“为什么……”“你怎么看待……”这样的句式进行提问，以便最大限度地保持中立，减少价值倾向和潜在引导。

采取个人深度访谈（in-depth interview）的方式进行资料搜集，从而提取更丰富和深入的信息（Berg，2009：165 – 167）。访谈时间为 2018 年 9—10 月。笔者在正式访谈之前进行了两个预访谈（平均时间为 2 个小时），然后通过初步分析删除了与访谈内容相关性不大的问题，从而将访谈时间控制在 1.5 小时以内。所有访谈在经过允许的前提下进行录音，最后转录成约 20 万字的访谈文本。

3. 访谈数据分析

笔者将访谈录音逐字转录为文本资料，并对与研究问题不相关的内容进行了删减。数据搜集和分析是“一个相互交叉、重叠发生、同步进行的过程。对资料及时进行整理和分析不仅可以对已经收集到的资料活动有一个比较系统的把握，而且可以为下一步的资料收集提供方向和聚焦的依据”（陈向明，2000：271）。因此每一次访谈结束后，笔者均以“备忘录”的形式将临时萌发的想法记录下来。具体的数据分析采用三级编码的方式进行，从而降低访谈分析过程的随意性。三级编码借鉴了扎根理论的方法思路，差别在于扎根理论更希望生成对特定现象具有总体解释力的理论。本研究无意通过这种方式进行理论建构，只希望清晰地将中国大学生关于主体性学习的思维和行为模式呈现出来。另外，“扎根理论要求研究者带着尽量开放的头脑进行实地研究，因此很少讨论研究问题的提出、重要概念的定义和概念框架的设计等问题”（陈向明，2015）。但是，本研究在进行访谈之前已有清晰的研究问题和分析框架，这就使得编码具有更加清晰的目的和问题导向，避免出现“跑题”的现象。由于文本数量较大，笔者借助了质性文本分析软件 NVIVO 10 进行统计。

第一级编码（开放编码）是将原始资料打散揉碎、寻找意义单位、进行初步概念化的过程。“研究者要求以一种开放的心态，尽量悬置个人的倾向和研究界的定见，将所有的资料按其本身所呈现的状态进行编码”（陈向明，2000：332）。其中，很重要的就是在反复阅读访谈文本的基础上，寻找对本研究有意义的“原始表述”，提取出对研究问题有意义的关键概念。比如，基于访谈材料，针对中国大学生知识汲取和加工过程中的主体性进行三级编码。在开放编码的过程中，首先寻找与本研究相关的“意义单位”，如“听讲是最基本的学习策略”（LRFH006）、“本来也是可以不记笔记的，但是变成习惯”（EUFS001）等。然后尽量使用“原始表述”对上述“意义单位”进行概念化，如将前者概念化为“听讲是基础性策略”，将后者概念化为“记笔记是习惯”，这样就形成了两个自由节点。在概念化的过程中，首先考虑使用已有编码，如果没有则重新进行编码。最后对编码结果进行比较，将含义类似的节点加以整合，在减少编码数量的同时使得开放编码之间基本达到互斥状态。

第二级编码（即主轴编码）就是要“发现和建立概念类属（category）之间的各种联系，以表现资料中各个部分之间的有机关联”（陈向明，2000：333），具体是在众多的“本土概念”（开放编码）基础之上，通过比较、分类和整合的方式，将有着同样内涵的自由编码放置于同一个“类属”之下，形成比开放编码更加抽象的概念/主题。比如，将五个开放型编码“做练习题/实验”“分析现实问题”“写论文/报告”“实地调研”“专业实习”划归到新类属“知识应用策略”之下。这是开放型编码“类属化”的过程，体现出开放编码和类属编码之间整体与部分、包含与被包含的关系。

第三级编码（即核心编码或者选择性编码），是“在所有发现的概念类属中经过系统分析以后选择一个‘核心类属’，将分析集中到那些与该核心类属有关的码号上面”（陈向明，2000：334）。这实际上反映出核心类属的特点：与研究目的和研究问题的相关性更强，与其他类属存在较多的关联，抽象性和形式性更强。如果主轴编码之间呈现出一个层次上的并列关系，直接基于主轴编码进行总结和概括即可得出核心编码。不过，在多数情况下，主轴编码之间不是完全并列的关系，很有可能存在因果关系。那么就可以根据研究问题、重要性的价值判断等，选择一个更加核心的编码。在扎根理论方法中，往往还要对核心编码、不同类属编码之间的关系进行探讨，从而构建内部的“中层理论”，这在本研究中并不是重点。

第二节　量化为主：主体性学习的现状和特点分析

本研究的第二个问题是探讨中国大学生主体性学习的现状和特点，使用定量和质性研究结合的方式进行。20 世纪末期，美国教育研究方法论领域学者 Johnson 和 Onwuegbuzie（2004）将定量研究和质性研究结合起来的研究方法称为混合研究范式，并被称为“第三种教育研究范式”或教育研究运动的“第三次浪潮”。其主要设计思路包括一致性平行设计（三角校正设计）、嵌入式设计、解释式设计和探索式设计（克雷斯威尔，2007）。从混合研究范式的视角来看，对第二个研究问题的回应可以称为解释性时序混合研究（见图 4.2）。首先，借助清华大学教研院主持的中国大学生学习与发展追踪研究项目（China College Student Survey，以下简称 CCSS）问卷和数据，构建大学生主体性学习的指标维度。使用数理分析方法进行分析，探讨学生主体性学习的现状和特点。然后针对其中有意义的结果，结合访谈分析进行解释。

一　对特点的定量分析

（一）对象和数据

本研究以中国大学生为研究对象，数据主要来自于 CCSS 项目。本项目从 2009 年开始正式运行，经历了汉化版 NSSE-China 到本土版 CCSS 的转变和升级。借助此工具反映主体性学习内涵和探讨影响

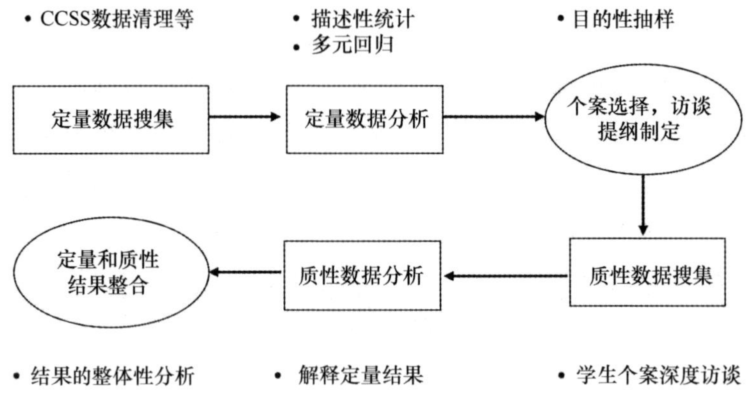

图 4.2　解释性时序混合研究路径

因素的合理性在于：第一，主体性学习与 CCSS 问卷对“学习”概念的理解是一致的。前者强调学习过程的“关系属性”（即多元互动性），后者认为学习是自身与学校不同要素进行互动的过程。理念的一致性为借助问卷建构主体性学习指标提供了可能性。第二，CCSS 超越了美国大学生学情调查工具（NSSE）的行为主义视角，纳入了其他视角对学习的理解，题目涉及学生背景信息、学生自身行为表现、学习动机和动力、自我价值和定向、人际互动、学校环境支持、教师教学质量评价等内容。结构的全面性和内容的丰富性为反映主体性学习的内涵提供了良好基础。第三，CCSS 课题组在 2007 年就通过双向翻译、题项文化适应、认知访谈和试点研究四个步骤对 NSSE 问卷进行了文化适应性调整。此后，课题组多次通过数据统计分析、专家评价、学生认知访谈等方法，对题目情境适应性做出进一步改善，从而保证本土 CCSS 问卷不会出现引入西方工具所带来的文化适应性问题。第四，教育学视角的概念和工具经常受到理论基础不够严谨的诟病，并且难以识别出个体层面上的差异。不过，本研究针对群体而非个体层面进行探讨，样本量的增多在一定程度上消解了个体层面测量不够准确的缺陷。

CCSS 的抽样方式是在每年参与课题的不同类型院校内部，根据年级进行分层随机抽样，每个年级抽样人数不少于400人。基于稳定的问卷结构和答题情况，本研究选取2014年至2017年样本数据，并对之进行合并处理，具体参与院校数量和样本量如表4.2所示。合并之后的数据涉及57所不同类型高校的291885个样本量。为保证数据质量，笔者采取技术手段对数据进行有效性检验，并删减符合下面任一种情况的样本：（1）问卷A部分数据缺失达到1/5（30道题目）；（2）问卷测谎题[①]答案结果相差大于或等于2；（3）问卷A部分数据有连续30道题目（A部分的1/5）选择同一个选项；（4）填答信息和抽样信息（学生性别、入学年份、年级）不一致；（5）非随机抽样样本。

表4.2　　2014—2017年CCSS参与院校数量和样本数量

学校类型	2014年		2015年		2016年		2017年	
	院校数量	样本数量	院校数量	样本数量	院校数量	样本数量	院校数量	样本数量
“985工程”建设高校	7	11355	7	12487	8	19046	4	11157
“211工程”建设高校	10	12985	8	12962	10	18998	7	14270
地方本科大学	16	27512	15	31577	16	38216	13	35826
地方本科学院	7	11602	8	14943	5	9908	5	9041
总和	40	63454	38	71969	39	86168	29	70294

本书的研究对象是中国特别是大陆地区的学习者，因此将在入学之前居住在中国港澳台地区或者海外的留学生删除。根据此标准删除45份样本，剩余有效样本量为211807份，2014—2017年的样本有效率分别为79.66%、68.65%、73.98%和68.50%，总体样本有效率为72.58%，符合进行统计分析的基本要求。具体样本分布如

①　问卷在两处位置设定了同一道题目“老师及时反馈作业或考试”，如果两处答案相差为2或大于2，则认为答题者没有认真作答，将予以删除。

表4.3所示。需要说明的是，尽管在2015年8月中共中央全面深化改革领导小组就审议通过《统筹推进世界一流大学和一流学科建设总体方案》，但是直到2017年，政府才发布了《统筹推进世界一流大学和一流学科建设实施办法（暂行）》和《关于公布世界一流大学和一流学科建设高校及建设学科名单的通知》。“211工程”“985工程”是“双一流”建设之前中国高等教育领域实施的国家战略。相比于“双一流”高校建设政策，入选“211工程”和“985工程”的高校在资源的支持下，教育条件有了极大的改善，这对学生学习过程影响较大，对本研究样本学生的学习更是如此。因此，笔者在研究中采取将学校类型划分为“985工程”建设高校、“211工程”建设高校、地方本科大学以及地方本科学院四类划分方法。

表4.3 **样本分布**

院校类型	院校数量（所）	有效样本量（份）	女生占比（加权%）①	网络问卷占比（%）
“985工程”建设高校	11	38842	45.94	59.70
“211工程”建设高校	13	42630	40.66	79.96
地方本科大学	20	95660	40.63	74.84
地方本科学院	11	34675	54.56	92.90
总和	57	211807	47.62	76.05

院校类型	年级分布（加权%）				学科分布（加权%）			
	一年级	二年级	三年级	四年级	人文	社科	理科	工科
“985工程”建设高校	24.33	25.37	26.45	23.86	12.8	18.04	21.05	48.1
“211工程”建设高校	26.23	25.3	25.28	23.19	10.02	16.36	15.58	58.04
地方本科大学	26.11	24.69	26.39	22.81	12.42	20.36	9.84	57.35
地方本科学院	24.46	25.21	26.68	23.64	19.27	38.15	11.69	30.88
总和	25.25	25.02	26.44	23.29	15.56	28.57	11.69	44.18

为了更完善地反映大学生主体性学习的特点，笔者还使用了国内多所高校（如清华大学、河南大学等）与美国斯坦福大学、美国

① 这里的权重包括院校内部权重和院校权重两类，两者相乘得到样本的总权重。

教育考试中心（Educational Testing Service，ETS）、俄罗斯国立高等经济学院（the Higher School of Economics，HSE）等机构于2015年开始合作开展的国际工科大学生学习成果测试（Study of Undergraduate Performance，以下简称SUPERtest 2015）的相关数据进行补充分析。中国6省市（北京、四川、山东、广东、河南、陕西）的37所院校参与了此项目。此研究在高校计算机和电气工程类专业的大一和大三学生中分别抽取60位左右的学生，抽样方式是按照班级进行整群抽样。被抽中的学生需要花费约2小时的时间参加上机测验并填答问卷。最终数据样本量为9286个，涉及8所“985工程”建设高校、“211工程”建设高校，29所地方本科大学和地方本科学院；53.06%的学生为计算机类专业，46.94%的学生为电气工程类专业；男生和女生占比分别为68.91%和31.09%；大一和大三学生占比分别为55.35%和44.65%。

（二）数据分析方法

本研究利用CCSS（2014—2017）的211807个调查样本数据，对大学生主体性学习表现特征进行统计分析。一方面，严格来讲，依据文献和小样本访谈资料分析得到的中国大学生主体性学习的第三层结构，本质上是一种研究的假设。因此，本研究通过描述性和多元回归分析，探讨不同变量之间的相关关系，以及变量交互项与学习成果之间的相关关系，从而检验中国大学生主体性学习内涵的特色是否真正成立。另一方面，笔者通过描述性统计分析，探讨大学生在不同维度上的主体性学习得分情况，并在可比题项上与美国大学生学习投入数据（National Survey of Student Engagement，NSSE）进行对比，分析主体性学习在不同背景变量上的差异性表现，从而凸显中国大学生主体性学习的现代性特点。

二　质性访谈辅助解释

在本部分中，质性分析的作用是对定量分析的结果进行解释和补充。质性访谈的样本是从第一轮受访者中抽取出不同类型院校和学科的 8 位受访者，之所以数量有所减少，是因为笔者发现，其中一些问题在第一轮访谈中已经得到较好的回应。访谈时间为 2019 年 1 月，通过实地或者在线方式进行。访谈提纲是根据定量分析的结果制定的，访谈流程和注意事项与第一轮相同。由于质性分析的作用是对定量分析结果进行解释和补充，因此并没有采取三级编码方法对本轮访谈资料进行分析。

第三节　质、量并行：主体性学习的影响因素分析

本研究的第三个问题是高校和教师如何改进中国大学生主体性学习，特别是受到哪些因素的影响。对此使用质性和定量相结合的研究方法进行分析，从混合研究的视角看这属于一致性平行设计混合研究路径。具体思路为：首先，结合现代高校人才培养导向，分析如何理解中国大学生主体性学习的改进问题。经过分析，本研究认为，中国大学生主体性学习需要转型升级，课堂主动表达是转型升级的一个切入点。其次，以推动学生课堂主动表达为案例，借助质性数据和定量数据分析其影响因素，将由这两种方式得出的数据进行比较、印证和补充，并得出结果。最后，对此结果进行分析，并推广到主体性学习影响因素和转型升级上，对如何改进中国大学生主体性学习做出回应。

一　质性探索影响因素

本部分进行质性分析的样本，依然来自第一轮受访对象中的 8 名学生。为了获取一些新的信息，笔者追加了 4 个其他情境中的中国学生样本。访谈的时间为 2019 年 2 月。访谈提纲进行了独立设计，如附录 B 所示。本研究采取半结构化访谈方式进行，对 12 位学生进行了个体性深度访谈。在访谈提纲中，除了询问学生课堂主动

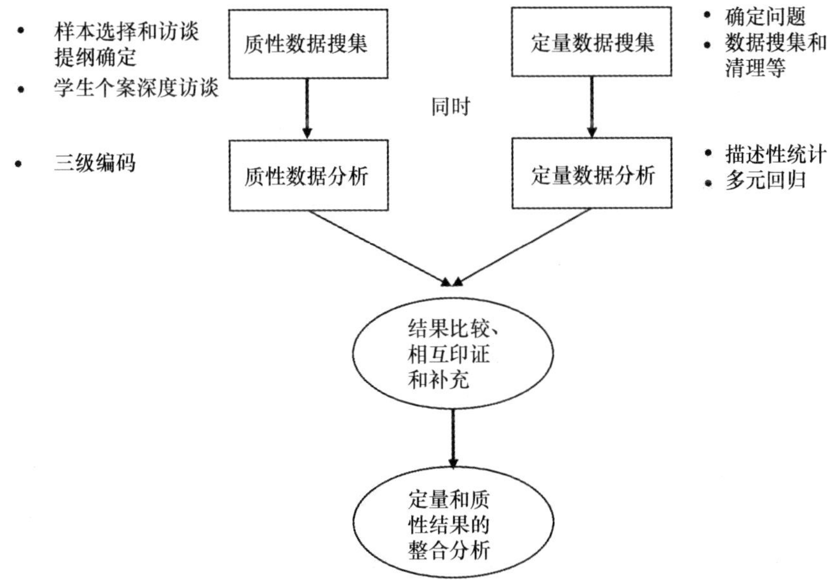

图 4.3　一致性平行设计混合研究路径

表达的表现外，还请学生从两个方面——中国文化传统观念、现代教育教学特点——出发，对自己的表现进行分析和解释。然后，请学生结合自身体验去判断课堂主动表达的价值，并回答应该如何做出改进。对于搜集到的材料，采用三级编码的方式进行分析，得出学生对这一问题的理解。其他访谈流程和注意事项与第一轮相同，研究三与研究一中的重复受访者没有再赠送小礼物。

表 4.4　**增加的四个访谈样本**

序号	编号	学校	专业	年级	性别	成长省份	农村生源
1	EUFH005	清华大学	教育学	研二	女	山东	城市
2	TUFH005	UC Irvine	文学	大二	女	甘肃	城市
3	LRMS014	泰山医学院	环境工程	大四	男	山东	农村
4	EUFH006	华中师范大学	经济学	大四	女	福建	城市

二 定量确证影响大小

定量分析的问题为：中国大学生课堂主动表达的影响因素是什么？分析的数据依然来自于 CCSS 数据库（2014—2017）。关于主体性学习改进方向所涉及内容的影响因素分析，本研究借助问卷中的“课堂上积极提问或主动讨论”和“质疑教师的观点/提出不同的看法”两个问题来操作课堂主动表达。因为作为自变量的评价方式相关题项存在跨年变动情况，所以仅使用 2016—2017 年样本进行分析，样本总量为 111852 个。其中，女生占比为 47.62%，少数民族学生占比为 8.15%，家庭第一代大学生占比为 71%，农村生源占比为 29.82%。就读于 985 工程、211 工程、地方本科大学和地方本科学院的学生占比分别为 3.07%、7.99%、36.89% 和 52.04%。就读于人文社会学科专业的学生占比为 43.02%，低年级（大一和大二）学生占比为 49.11%，2016 年的样本量占比为 46.46%。采用多元线性回归的方式，探讨个体背景特征因素、教育教学实践因素等对改进方向所涉及内容的影响。

第三章建构的影响因素分析框架为探讨课堂主动表达的影响因素提供了指导。不过，由于本土文化和社会规范、社会治理方式难以用定量数据进行指征，因此暂时忽略此类因素，主要探讨个体因素、课程与教学实践在多大程度上影响学生的课堂主动表达行为，从而为提出建议提供直接证据。此外，还结合更有针对性的研究，对相关影响因素的选择进行聚焦。比如，将“校园环境支持”聚焦到“社交氛围创建”上，将“课程内容”聚焦到“课程认知挑战度”上，将“教师教学方式”聚焦到“教学清晰度”和“主动学习激发”等上，将“评价体系”聚焦到“多样化评价方式”上。计量模型如式（4－1）所示。

$$AE_i = \beta_0 + \beta_1 Rank_i + \beta_2 Selfmotive_i + \beta_3 Socialmotive_i + \beta_4 SFR_i + \beta_5 CSE_i + \beta_6 COC_i + \beta_7 TSL_i + \beta_8 ALI_i + \beta_9 FAS_i + \beta_{10} BGC_i \quad (4-1)$$

其中，因变量 AE_i 指的是“课堂主动表达”，由两道题目构成。自变量 $Rank_i$ 指的是大学生上一学期的学习成绩排名，$Selfmotive_i$ 指的是个体生发型动机（学习兴趣、自我提升和使命担当），$Socialmotive_i$ 指的是社会规范型动机（职业发展、他人期待、竞争/荣誉），SFR_i 指的是与任课教师之间的关系、CSE_i 指的是校园社交体验、COC_i 指的是课程认知挑战度、TSL_i 指的是教学清晰度、ALI_i 指的是主动学习激发程度、FAS_i 指的是多样化的评价方式。BGC_i 指的是控制变量，主要包括人口学变量和大学前学习特征。具体而言，人口学变量包括性别（gender）、是否少数民族（minority）、是否独生子女（onlychild）、父母最高职业地位（higheroccup）、父母受教育水平（firstgen）、是否农村生源（rural）。大学前学习特征包括高校类型（insttype）、年级（grade）、高中（hightype）、高考分数（NCEE_score）。具体的变量、描述性统计分析以及变量缺失情况如表 4.5 所示。

表 4.5　**变量内涵和描述性统计分析**

变量类别		变量名	变量定义和测量方式	均值（标准差）/类别变量分布
因变量		课堂主动表达	敢于提问、参与讨论和质疑教师的观点；由 2 道题目构成，Cronbach's α = 0.72	41.63（22.17）
自变量	校园人际关系	校园人际支持	任课老师和同学在自身需要时提供帮助的水平；由 2 道题目构成，Cronbach's α = 0.58	74.39（18.48）
		课外生师互动	课外在学业、职业、人生观价值观等方面的师生交流情况；由 4 道题目构成，Cronbach's α = 0.82	38.69（24.70）
		课外生生互动	课外同学之间的交流情况；由 4 道题目构成，Cronbach's α = 0.69	56.57（20.67）
		社交氛围创建	学校组织不同类型社交活动、创建良好社交氛围的情况；由 3 道题目构成，Cronbach's α = 0.82	74.56（18.10）

续表

变量类别		变量名	变量定义和测量方式	均值（标准差）/类别变量分布
自变量	教师教学方式	课程认知挑战度	教师/课程对学生高水平认知目标（应用、分析、综合、评价）的要求程度；由 4 道题目构成，Cronbach's α = 0.80	65.61（16.71）
		教师教学清晰度	教师清晰、细致教学的情况（如清晰解释课程目标、使用案例或图示解释等）；由 3 道题目构成，Cronbach's α = 0.82	74.36（17.30）
		研究性教学方法	教师/课程要求学生进行研究性学习的情况；由 4 道题目构成，Cronbach's α = 0.84	61.20（22.84）
		自主学习激发水平	教师鼓励学生自主学习的程度（如留下自主学习空间、激发学生学习兴趣等）；由 4 道题目构成，Cronbach's α = 0.83	70.61（17.30）
		综合性评价方式	超出考试使用综合性方式（如论文/研究报告、展示、操作等）进行学业评价的情况；由 3 道题目构成，Cronbach's α = 0.68	41.32（24.12）
	学生学习准备	课下预习/复习	学生课下预习和复习功课的情况；由 3 道题目构成，Cronbach's α = 0.60	57.28（20.59）
		课堂接受性学习	课上认真听讲、记笔记的情况；由 2 道题目构成，Cronbach's α = 0.69	65.48（21.74）
		深层思维参与	学生反思、联系和整合性思考的情况；由 6 道题目构成，Cronbach's α = 0.86	61.70（18.93）
		个人生发性动机	学生因为兴趣、求知欲、挑战自我而进行学习的动机水平；由 5 道题目构成，Cronbach's α = 0.76	66.87（16.51）
		社会规范型动机	学生职业发展取向、满足他人期待取向的功用性动机水平；由 2 道题目构成，Cronbach's α = 0.55	70.69（19.62）
	学生背景特征	女生	学生为女生；虚拟变量，1 = 是，0 = 否（对照组）	1 = 47.98% 0 = 52.02%
		少数民族	学生为少数民族学生；虚拟变量，1 = 是，0 = 否（对照组）	1 = 8.28% 0 = 91.72%
		独生子女	学生是独生子女；虚拟变量，1 = 独生子女，0 = 非独生子女（对照组）	1 = 46.78% 0 = 53.22%

续表

变量类别		变量名	变量定义和测量方式	均值（标准差）/类别变量分布
自变量	学生背景特征	父母最高职业地位	父母两人中最高的职业地位；类别变量，1 = 农林牧渔劳动者（对照组），2 = 非技术劳动者（体力工人/商业服务人员），3 = 技术工人/个体商户，4 = 专业技术人员（初级/中级/高级专业技术人员），5 = 机关企事业单位中高层管理者，6 = 其他人员（自由职业者、流动摊贩、村主任/书记、军人/警察、去世/无业以及其他难以分类的职业）	1 = 11.35%， 2 = 15.92% 3 = 32.86% 4 = 13.50% 5 = 18.32% 6 = 8.05%
		父母受教育水平	父母双方的受教育情况；虚拟变量，0 = 父母至少有一方的受教育水平为大专或以上水平（对照组），1 = 父母的受教育水平均在高中及以下水平	1 = 69.75% 0 = 30.25%
		农村生源	学生读大学之前居住在农村；虚拟变量，1 = 是，0 = 否（对照组）	1 = 28.61% 0 = 71.39%
		高中类型	学生曾经就读于重点高中；虚拟变量，1 = 是，0 = 否（对照组）	1 = 47.67% 0 = 52.33%
		高考分数	学生高考分数	481.23（116.93）
		高校类型	学生目前就读学校的类型；类别变量，1 = “985 工程”院校（对照组），2 = “211 工程”院校，3 = 地方本科大学，4 = 地方本科学院	1 = 3.07% 2 = 7.99% 3 = 36.89% 4 = 52.04%
		学科类型	学生目前就读专业所属的学科领域；虚拟变量，0 = 人文社科（对照组），1 = 理工科	1 = 43.02% 2 = 56.98%
		年级	学生当下就读的年级；虚拟变量，0 = 低年级（大一、大二）（对照组），1 = 高年级（大三、大四）	1 = 49.10%， 2 = 50.90%
		社会称许性水平	个体受到社会期许影响而在自我陈述型题目上回答偏高的情况；由 8 道题目组成	58.14（22.48）
		参与调研年份	学生参与调研的年份；虚拟变量，0 = 2016 年（对照组），1 = 2017 年	1 = 46.46% 2 = 53.54%

在各指标构建时为百分制计分，并且得分在标准化后进入模型。此外，为纠正同一学校内个体样本残差不独立的问题，在回归估计

时以学校为单位进行了聚类（cluster）。为了避免个别变量（高考成绩）缺失较多所带来的问题，使用了缺失值标记的方法。为纠正样本结构与总体的差异，所有描述统计和回归分析均使用了样本权重。所有计量分析均使用 Stata 13.0 软件进行。

第五章

本土与国际：中国大学生主体性学习的概念建构

2016 年，习近平总书记在哲学社会科学工作座谈会上强调，建设中国特色哲学社会科学话语体系，“要善于提炼标识性概念……打造融通中外的新概念新范畴新表述……既要符合中国国情，有鲜明的中国特色；又要与国外习惯的话语体系、表述方式相对接，易于为国际社会所理解和接受。”（新华网，2016）在中国本土情境中建构主体性学习，一方面要求这一概念对中国学生有更强的解释力、反映中国文化和制度情境赋予学生学习的特点和特色；另一方面，应该在和西方相关概念的对话过程中融入国际学术话语体系，提升这一概念的包容性、文化效度和普适价值。笔者根据主体性学习的概念分析框架，采用三层次概念分析思路对这一概念进行建构。

第一节　主体性学习的四个属性

分析好大学生主体性学习概念的基本和固有属性，就为确定其内涵奠定了基础。综合此前对主体性、自我主导性概念的分析以及对学习现象和相关理论的理解，认为中国大学生主体性学习具有四个固有属性：反映学生群体性的学习样态；是一个多元互动的学习过程，以学生的“主体感”为支撑；受到文化情境的影响和塑造。

一　反映学生群体性的学习样态

西方学界提出的类主体性学习概念，比如深层学习、自我调节性学习等，其颗粒度（grain size）比较小、精度比较高，一般用于在个体或课程层面上分析学生的学习方法。这种学习方法具有一定的稳定性，比如 Svensson（1977）使用纵向的研究设计测量了学生在深层学习上的表现，发现在五周时间内三次测量的结果基本一致，这也得到了其他研究的证实（如 Edmunds & Richardson，2009；Zeegers，2001）。但是，课堂教与学情境的变化会对此产生直接影响。比学习方法更稳定的是学习模式（或学习风格），指的是学习者习惯采用的学习信念、动机和行为，反映学生在特定时间内学习特征的整合（Vermunt，2017）。比如，不同学科领域的学生会展现出差异性的学习模式①，这在较大程度上体现出学科规训的影响，从而内化为学生的学业人格特质。相比之下，主体性学习不是用来描述学生个体的学习方法，也不是学生内部差异性的学习模式或风格，而是在更加宏观的层面上，反映特定族群的学生在其文化的浸润和特定教育制度的影响下，在学习实践过程中逐渐形成的较为稳定的学习样态。尽管特定族群学生内部肯定存在诸多学习方式的子类型，但是学习特征的族群和文化群体内部差异，小于不同族群学习者学习特征之间的差异。

---

① 如有研究表明，艺术、人文与社会科学的学生体现出兴趣导向的学习，并且会通过邮件等方式积极与教师交流，而自然科学和工科学生更看重找到有声望和工资俱佳的工作，重视培养定量分析和计算机能力，课外多和同伴一起工作，并且乐于帮助他人解决问题。这些都体现出学科不同所带来的学习方式的差异性。具体请参见 S. Brint，et al.，“The Two Cultures of Undergraduate Academic Engagement，” *Research in Higher Education*，49（5），2008，pp. 383－402.

二　是一个多元互动的学习过程

主体性的概念已经成功地迁移和运用到教育实践领域，从而超越了那种先验经验或精神实体的理解。在高校情境中，学生的主体性表现为在与物（教材或知识）的关系、与人的交往关系、与其自身的关系中所表现出的主体性（牛慧娟，2014：44）。自我主导性重视个体内部的意义建构，但是其三个维度与学生主体性的三方面表现具有内在关联和一致性：认知/认识论维度，指的是个体对外部世界本质的理解；个体内部维度，指的是个体对自己身份的理解以及相关信念；人际维度，指的是个体如何理解并与其他人建立关系（Baxter Magolda，1992）。据此理解，大学生主体性学习，聚焦于学生丰富的学习过程表现，而非学生最终获得的学习成果，同样在三个方面，即在信息汲取和加工、自我认知和激发、人际交往和关系建构过程中表现出来。换言之，学生主体性学习，就是与不同类型对象进行互动所体现出来的特定学习样态。这种理解就将哲学层面的主体性，以及心理学视角的自我主导性，在教与学的真实情境中进行迁移和转化，为操作化主体性学习的内涵提供了抓手和基础。

三　以学生的“主体感”为支撑

国内研究者（如张天宝，1996；王玲、胡玲，1998；裴娣娜，1990；和学新，2003）将主体性迁移到教育领域，使用自主性、能动性、主动性、积极性、独立性、创造性、为我性、主观性、协作性、社会性、自省性等词语来反映学生主体性的特质。笔者认为，使用自主性、能动性来指代主体性学习的“主体感”比较合理，反映出学生根据需求，在对自身条件和外部情境进行主观的综合评估之后，有意识地做出选择和行动的过程。这也表明，学生能否做到主体性学习，从根本上讲取决于学生本人的主观感知和判断，而不是取决于教育管理者和教师基于自身标准的评判，也不取决于学生在外部和他人交流交往的形式。除自主性、能动性外，（1）主观性代表所有生物固有的自由意识，“人的主体性包含着主观性的因素，但不能简单归结为主观性。从本质上说，人的主体性是对主观性的超越”（和学新，2005）。（2）主动性和积极性强调的是，自己不需要外力的驱动就会更“外显”“频繁”“积极”地行动。不过，主体性学习并不一定是“外显”“频繁”和“积极”的。（3）独立性反映出个体自己完全地规划、行动和调控。但是主体性学习，却是在充满人际交互的环境中进行的，和独立性有较大差异。（4）主体性是创造性的基础，创造性是主体性发挥的高级形式。但是，创造性不强的学生同样可以拥有主体性。（5）协作性、社会性以及自省性和主体性的关系范畴联系更加紧密，表明主体性是一个多元互动的过程，在与人交往和互动的过程中、在反思自身学习心理状态的过程中体现出来。

四　受到文化情境的影响和塑造

大学生主体性学习是由经验性的群体学习现象抽象而来的概念，自然存在着文化情境的规定性。首先，本研究的重要前提假设就是，中国学习者和西方学习者均存在主体性学习的特质，但是由于“南橘北枳”，两者在具体表现形式上可能存在差异。其次，强调文化情境性，重视的是由于种族、国籍和文化差异所带来的群体性差异特点，而不是个体性的差异。因此，大学生主体性学习并不像自我调节性学习那样，需要探讨群体内部和个体之间的差异。最后，强调文化影响超出了地理意义（国籍、居住地）上的特征，注重其中所蕴含的族群特征和文化认同。这样的理解也顺应了国际学界对学习研究的趋势。比如，美国杰出心理学家 Bransford 等（2000）在世纪之交出版了《人是如何学习的：大脑、心智、经验和学校》（*How People Learn*：*Brain*，*Mind*，*Experience*，*and School*）一书，探讨了如何从个体生理、心理和教育者的视角理解人的学习行为。2018 年，美国科学、工程和医学委员会（National Academies of Sciences，Engineering，and Medicine）出版了该书的“续集”——《人是如何学习的：学习者、情境和文化》（*How People Learn*：*Learners*，*Contexts*，*and Cultures*）。仅仅从副标题的变化中，就可以看到随着时代的发展，现代学者在理解学习的时候更加强调这一现象的交互性、情境性和文化性。

确定了主体性学习的固有属性，就可以根据属加种差的原则为其下定义。大学生主体性学习指的是，在特定文化情境之中，学生充分发挥自主性和能动性，与不同类型对象进行多元互动的群体性学习样态。这种群体性学习样态并不一定意味着“高质量”，因为在不同文化和教育情境中对“高质量”的标准也不尽相同，但是这种学习样态却是与本土情境最契合的，蕴含着充分的合理性。

第二节　主体性学习的基本结构

对大学生主体性学习概念的第二个层次进行建构，就是借助主体性学习的概念分析框架，以及现代学界对类主体性学习概念结构的研究，分析主体性学习的基本结构。这就避免了戈茨（2014：24）曾经提出的批评：在一些研究中“发现结构就成为文本诠释的任务，或者说难听一点是为一种臆想”。

笔者建构的主体性学习概念分析框架，表明要深入信息汲取和加工、自我认知和激发、人际交往和关系建构三个方面进行探讨。拆解西方学界提出的类主体性学习概念，洞察其内部结构，呈现“学习”这一概念在西方情境中的共同关注点，能够为将这三个方面转化为学术表述提供重要支撑。分析结果（见表5.1）表明，这些概念在结构上均强调认知性策略和动机类因素。具体而言，不论是深层学习，还是自我调节性学习，都是从认知主义学习观的视角出发，关注信息加工（information processing）的过程，即学生如何处理外部的知识、信息和学习材料。比如，深层学习强调深层学习策略，即学生是不是可以采用联系性、整合性、情境性的方式理解知识。自我调节性学习尽管从详细阐述、批判性思考扩展到背后的元认知策略（监控和调节机制）上，但依然没有脱离信息加工的视角。外显表达不仅为主动学习概念所强调，也成为西方教育的核心之一——批判性思维的直接体现。在“学习”这一概念内涵扩展的过程中，动机类因素率先被纳入其中。从最开始作为认知策略的影响因素，到 Biggs 提出动机—策略（motive-strategy）模型，将动机作为学习方式的重要概念构成，使得动机逐渐成为“学习”概念中重要且独立的成分。这反映出学习者对学习有着自身的理解，并且是有意识地进行动力激发和维持的过程。

表 5.1 **西方相关概念的共同成分和价值倾向**①

<table>
<tr><th>概念术语</th><th>英文</th><th>成分</th><th>共同成分</th><th>关注侧重点</th></tr>
<tr><td>深层学习</td><td>deep learning</td><td>认知策略，学习动机</td><td rowspan="5">认知策略，学习动机，互动性因素（弱）</td><td rowspan="5">认知策略：
深层思考，情境性认知，反思、整合性学习，内部调节，提问、质疑和讨论
学习动机：内部学习动机，兴趣、好奇心，自我挑战
人际互动：平等性、关注学业</td></tr>
<tr><td>主动学习</td><td>active learning</td><td>（外显性）认知策略</td></tr>
<tr><td>学习模式</td><td>learning pattern</td><td>认知策略，学习动机，学习调节，学习感知（合作性学习）</td></tr>
<tr><td>学习性投入（认知心理学）</td><td>student engagement</td><td>行为投入，认知投入（策略），情感（动机）投入</td></tr>
<tr><td>自我调节性学习</td><td>self-regulated learning</td><td>认知策略，学习动机，资源管理（求助，同伴学习）</td></tr>
</table>

互动类因素在此类概念中尽管受到关注，但是仅仅被纳入“问卷测量”而非“概念结构”之中。Pintrich（2004）在针对自我调节

① 这里需要说明两点。第一，价值倾向反映出在西方文化中，教育教学实践更加强调的具体内涵，是其认可的主体性学习特质，这也是中西方很可能存在的差异之处。这里只是列举出来作为参照。第二，自我调节性因素没有作为共通性因素列出。一方面，这只是在比较微观的任务层面探讨学生学习的时候才会受到更多的关注；另一方面，其具体内容在认知策略、动机因素和互动表现中均有体现，并呈现出融合状态，如与教师、同伴在学业上的交流往往被视为外部资源的管理和调节，对所学内容进行反思则是认知调节的体现。

性学习所开发的大学生学习动机和策略问卷（Motivated Strategies for Learning Questionnaire，MSLQ）中，设定了一个向教师求助（help-seeking）的子量表，放置在行为调节（regulation of behavior）的指标下进行理解。在外部情境调节（regulation of context）的指标之下，加入了同伴学习（peer learning）子量表，以检验学生是不是使用同伴作为学习的资源。Vermunt 和 Donche（2017）在学习风格问卷（Inventory of Learning Styles，ILS）中的学习理解和感知（conception of learning）维度中，纳入了合作性学习（cooperative learning）指标，指的是和同学一起完成学习任务并且在这个过程中理解学习的价值。尽管 Baxter Magolda（1992）提出的自我主导性（self-authorship）概念，少有地将个体如何与教师、同伴进行互动和构建关系，作为独立成分纳入结构之中，但是她的概念扩展受到同行 Pizzalato（2005）等人的质疑，认为人际互动和关系建构只是自我主导性发展的影响因素。Zusho（2017）在构建关于大学生课程学习的整合性框架时，也认为只要关注认知性因素和动机类因素即可。可见，在认知主义视角下，人际互动被定位于为认知策略甚至动机类因素服务的位置。

对主体性学习的理解，不能局限在认知主义学习视角下，特别应该纳入社会建构主义视角的相关理论。情景学习（situated learning）和实践共同体（community of practice）等概念都表明，学习是在一个实践共同体中，个人进行实践性参与和交往互动的过程，从而实现从边缘到中心的转化。大学生已经开始进入专业学习领域，需要在与各类老师、同学的互动过程中，以及通过参与学校中丰富多样的学术和社交活动来学习。从这个视角来看，校园中的人际互动不是学习的影响因素或辅助因素，而是其中的重要构成部分。因此，认知策略、学习动机和校园互动是探讨大学生学习的三个主要方面。这与大学生主体性学习所关注的三个方面呈现出完全的一致性和对应性，成为学生展现主体性学习特质的重要载体，前者即后者的学术提炼和集中体现。

这就将概念分析框架在教育情境中进行了具体化，即大学生主体性学习表现为认知策略的选择和应用、学习动机的选择和激发、互动形式的建构和交往，从而形成主体性学习第二层次的结构。和主体性学习的内涵定义一样，第二层次同样具有抽象性、一般性和跨文化性。也就是说，不论是在中国还是在西方文化语境下，大家都能够接受主体性学习体现在这三个方面。即使有差异，也只是体现在不同方面“程度（量）”上的差距，而非“类型（质）”上的差异。此外，对哲学主体性和心理学自我主导性的分析，提示主体性学习是基于特定心智价值系统和思维模式的学习。其中的心智价值系统和思维模式，与心理学视角的自我主导性［即个体意义建构（meaning-making）的心理结构］、李泽厚所称的认知形式结构以及霍夫斯泰德（2010）提出的心理程序（mental program）（即特定的思维、感情和行为模式）具有本质上的一致性。

第三节　主体性学习的情境内涵

如果说，主体性学习概念的第一个和第二个层次建构具有国际上的一般性、通用性和普适性，第三个层次的建构就必须考虑中国本土文化和教育情境的特点，并在内涵建构的过程中凸显出来。这一方面借助了中国传统治学理念和经验、关于中国学习者等方面的研究，另一方面对现代大学生的质性访谈资料进行了分析。两者相互印证可以得出更加稳健的结论。

一　“学思用结合”的认知策略

认知策略在初始意义上属于认知心理学的范畴，指向学习者接受和传送信息，并对信息进行分析和推理的过程（Oxford，1990）。在教育学领域中应用认知策略这一术语，其内涵会从个体内部的信息加工向外部情境性的学习策略扩展。比如，O'Malley 和 Chamot

（1990）认为，在重复、归类、重新组织之外，记笔记、利用身体动作等也属于认知策略范畴。Cohen（1998）则在理解和组织之外，信息检索、排练、表达策略纳入其中。甚至求助也是一种认知策略的类型（陈志霞，1999）。借助中国传统治学经验中对认知策略的阐述以及现代学界对中国学生认知策略的探讨，再围绕中国大学生主要运用了哪些认知策略、不同认知策略之间的关系进行访谈和编码分析，得出现代大学生的认知策略主要包括表层接受、深层思考和知识应用三种。三者之间相互影响，共同服务于学习过程。

（一）表层接受策略

中国传统典籍中往往使用“虚心”表征学生在接受新知识过程中的基本态度。南宋思想家和教育家朱熹认为：“圣言圣语，当虚心看，不可先自立说去撑拄，便喎斜了。”与此同时，“须得退步者，不要自作意思，只虚此心将古人语言放前面，看他意思倒杀向何处去”（《朱子语类·读书法上》），“凡读书，先须晓得他底言词了，然后看其说于理当否。当于理则是，背于理则非。”（《朱子语类·读书法下》）也就是说，学习者不能对即将学习的知识有偏见、刻板印象，首先应该完全地接受，理解其含义和逻辑。

如果说“虚心”表明了一种与批判和质疑相反的学习态度，而“接受”则指向具体方法。如王充所言，“不目见口问，不能尽知也”（《论衡·实知》），就是将闻见获得的感性知识作为学习的起点和基础。传统治学经验侧重强调了“重复策略”。比如朱熹认为，深刻的知识并不是一遍就可以理解的，正所谓“圣人言语，一重又一重，须入深去看……而今看一千遍，见得有别；看一万遍，看得有别”。他还将重复策略与生病服药做类比，“看书非止看一处便见道理。如服药相似，一服岂能得病变好！须服了又服，服多后，药力自行。”（《朱熹语类·读书法上》）与此同时，他批评一些人在学习的时候不知道复习，“人多是向前趱去，不曾向后反复，只要去看明日未读底，不曾去紬绎前日已读底。须玩味反复，始得”（《朱子语类·读书法上》）。也就是说，读书只读一遍可能只懂了皮毛，甚至是有错误的，需要复习乃至循环往复，才能达到“有得”之效。

通过访谈和质性编码分析（见表5.2），可知现代大学生的表层接受策略主要包括上课听讲、记笔记、预习、复习、背诵等。复习和背诵，都有“重复策略”蕴含其中，预习、听讲、记笔记，是重复的基础和前提。网上经常流传的某某高校的学生笔记，如同一件件艺术品一般被大众赞赏，印证了“好记性不如烂笔头”的俗语；“书读百遍其义自见”、卖油翁的故事等，也反映出广受西方学界批评的重复策略，始终为中国教学思想所推崇。由于在这些策略中，深层的思考或质疑成分较少，因此称为表层接受策略。

表5.2 **认知策略类型的编码**

核心编码	主轴编码	开放编码	访谈原句示例
认知策略的类型	表层接受策略	上课听讲 记笔记 预习 复习 背诵	“上课就是听讲、做笔记。”（EUFS001） “预习时自己会翻阅一下资料，比较笼统的。”（LUMH011） “（预习就是）将没见过的名词画一画。”（LUMH011） “记笔记的时候，就是第一点，第二点，都是记录知识点，没有听懂的再标记一下。”（EUFS001） “复习就是下课了我先把课本读一遍，笔记读一遍。”（TUFS004）
	深层思考策略	不同知识点联系起来/形成结构 对知识进行分类 从不同视角解决问题 和以前知识联系起来 结合例子/模型理解 和现实问题相结合 思考为什么是这样	“将讲过的知识点重新建构一下……我会努力回忆老师怎么讲的，这些和以前讲过的内容是什么关系。”（LUMH008） “要理解为什么提出这样的问题，这个定理要解决什么实际问题，有什么原理支撑。”（TRMS003）
	知识应用策略	做练习题/实验 分析现实问题 写论文/报告 实地调研 专业实习	“接着再运用一下，就是做题目。”（LRFS001） “老师们会布置一些探索性的、研究性的作业……让我们去实地考察一个上海历史文化风貌区，然后写一篇研究报告。”（LUMH003）

（二）深层思考策略

思考对应“思”字，指的是难以观察到的、强调内化的、具有意义建构导向的认知加工策略。中国教育教学传统向来重视思考。朱熹所言的“专主乎探索”（《答吴伯丰》），就是说根据事实分析其道理。这是学习者主动性、自觉性的一种表现（乔炳臣、潘莉娟，1996：365）。“有疑”是思考的第一步，是“启发思维，锻炼思维，追求心智，促进学习的重要手段”（傅孙久，1987：117）。朱熹认为，“读书无疑者，须教有疑。有疑却要无疑，到这里方是长进”（《朱子语类·读书法》）。北宋思想家张载认为：“在可疑而不疑者，不曾学，学则须疑。”（《经学理窟·学大原下》）南宋哲学家陆九渊认为，“为学患无疑，疑则有进”（《陆九渊集·卷三十五》）；而且，如果学习者没有疑惑，“非无可疑，理会未到，不知有疑尔”（《朱子语类·读书法上》）。“审问”是从“有疑”到“无疑”转变过程中非常重要的环节。其中，除了“问人”外，“自问”同样受到推崇，也就是让学习者自己去“悟”。“学者，自为学也。问待人，而其涂有二，有自问者，有问人者。自问者，恐其心之所信，非其心之所宜，身之所行，其心之所得。”（《读通鉴论》卷十四）在访谈中，高校学生同样会使用一些模糊的词语表征深层思考，如“悟”“过脑子”“消化”等。

《礼记》强调的“审问之，慎思之，明辨之”，在一定程度上对如何思考进行了解读：要详细地自问、谨慎地思考、理解知识的内涵并对其合理性做出判断。这种划分得到一些学者的赞同，比如王夫之在解说《中庸》的时候提出“思中有二段工夫，缺一不成”，即“明辨”与“慎思”（《读四书大全说》卷四）。不过，自问、慎思和明辨作为加工知识的过程，是难以分割开来的整体。还要注意，中国传统教学思想并不推崇“苦思”，即反对孤立、片面地强调乃至夸大思考的作用。比如，春秋时代哲学家管仲认为，“思之而不舍，内困外薄，不蚤为图，生将巽舍。”（《管子·内业》）与此类似，陆九渊曾言，思考的原则应该是“切近而悠游”“不必苦思之。苦思则方寸自乱，自蹶其本，失己滞物，终不明白”（《与刘深父》）。甚至，明代学者蒋信认为“强探力索，即是邪思”（《桃冈日录》）。傅传久（1987：119）认为，这种邪思会给学习带来诸多危害，如使人思绪混乱，容易让人凭空杜撰，情绪沮丧。与传统治学中注重“明辨”和“慎思”的两段思考功夫相比，现代学生的思考方法更加丰富，会使用“巩固”“梳理”“结合”“分类”“举一反三”“重组”“联系”等进行解释。这就如表 5.2 所示，包括（1）构建知识点之间的联系和结构；（2）了解知识的背景、起源和应用条件；（3）从不同的视角理解知识点；（4）用概念/知识点解决课程问题；（5）将所学知识综合起来去解答问题；（6）将知识与社会真实问题结合起来，等等。但是，不论是文献分析还是访谈分析都表明，中国学生的思考是为了理解已有知识进行的，很少涉及对这些知识的质疑和创新。

访谈分析还表明，深层思考的表现形式有三种：“冥想型思考”“弥散型思考”“外显型思考”。“冥想型思考”指的是学生在思考的时候，没有其他学习活动的参与，只是安静地思考；“弥散型思考”指的是思考并不单独存在，而是伴随着其他学习活动（比如听讲、记笔记、背诵、练习）进行；“外显型思考”指的是在与同学或教师交流过程中，学生将所思所想通过口头或其他方式外显地表达出来。中国大学生在课堂上较少进行外显型思考，被学者称为沉默式参与（silent participation）（Inagaki，1998）或倾听式学习（listening-oriented learning）（Cortazzi & Jin，2001）：“学生的积极性不在于时时的言语表达，而在于倾听……倾听意味着思考，意味着内心的活跃，新的观点在学生的头脑中源源不断涌出。”这也是一些学者为中国学生辩护的重要理由之一。

（三）知识应用策略

中国传统上使用“习行”来表征学习者对知识的应用过程，指的是学习者将所学知识在不同情境中进行应用的过程。尽管作为一个固定词语来使用，但是“习行”蕴含了不同层次的练习和应用。

“习”是练习，孔子曾有言：“学而时习之，不亦说乎。”《论语·学而》，对此，朱熹（2010：49）在《四书章句集注》中进行了解释：“习，鸟数飞也。学之不已，如鸟数飞也。”用白话来说，“习”指的是通过对已经获得的知识进行练习，使知识不断再现或反复，从而使学到的知识、形成的技巧和技能长期保留在记忆中（乔炳臣、潘莉娟，1996：367）。

“行”和“习”的概念相类似，但是更强调在真实、广阔的情境中进行知识应用，不仅为了提升学习质量，还存在着“改造”的指向。比如王充说：“凡贵通者，贵其能用之也……入山建木，长短无所不知；入野见草，大小无所不识。然而不能伐木以作室屋，采草以和方药，此知草木所不能用也。”（《超奇》）这反映出，即便拥有再多的理论知识，若不能在现实情境中应用和做出贡献也没有意义。在中国传统思想文化中，“笃行阶段是对学习获得的‘已知已能’进行实践运用的过程，它是完成学习过程的最高阶段，也是检验学习是否达到目的的标准。它在学习过程各阶段中是最重要的。”（乔炳臣、潘莉娟，1996：258）如果在认知策略中忽视了习行所代表的知识应用策略，对于中国学习者而言是不完整的。

访谈和质性分析的结果（见表 5.2）同样表明，知识应用策略存在两个层次。第一层次是在学校情境中发生的，在课程与教学情境中应用知识，包括做练习题、做实验、写论文/报告等，对应的是“习”。写论文/报告，就是利用所学知识分析理论性或是现实性问题。重复做题恐怕是现代教学过程中“习”的典型表现，和表层接受中的重复策略有着紧密联系。上海青浦数学教改实验主持人顾泠沅等（2017）提出了“变式教学理论”，包括概念性变式和过程性变式等，可以对重复做题的内部机理进行解释。不同形式的题目是围绕相同知识点和能力点进行训练的过程，蕴含着概念性变式和过程性变式两个方面。前者指的是对概念的多角度理解，即在教学中用不同形式的直观材料或者事例，说明事物的本质属性，或变换同类事物的非本质特征以突出事物的本质特征；过程性变式即通过增加活动途径的多样性和活动过程的层次性推进数学活动。这两种变式策略共存互补、相互促进，在不同情境和阶段中发挥作用，促使学生在做题中进行理解。第二层次则将知识在真实的情境中进行运用和检验，包括实地调研、专业实习、田野调查等，对应“行”。这在现代高校教育过程中受到越来越多的重视，实习等各类社会实践课程已经成为高校人才培养必不可少的组成部分。

（四）不同策略的整合

在中国治学经验之中，表层接受、深层思考、知识应用之间并非相互独立甚至对立的，而是体现出较强的互补性，并以不同的形式结合起来。受到普遍关注的是“学思结合”与“知用结合”。关于“学思结合”，《论语》早就指出：“学而不思则罔，思而不学则殆。”“吾尝终日不食，终夜不寝，以思无益，不如学也。”（《论语·卫灵公》）以此为基础，后续思想家和学者均指出了“学思”的互补性。如朱熹认为：“学便是读，读了又思，自然有意。若读而不思必不知其意味；思而不读，纵使晓得，终是䏰䏰不安。”（《朱子语类·读书法上》）明末思想家王夫之认为，“致知之途有二：曰学，曰思……乃二者不可偏废，而必相资以为功”，而且，“学非有碍于思，学愈博则思愈远；思正有功于学，而思之困则学必勤”（《四书训义》卷六）。关于“知用结合”[①]，朱熹曾言：“知之愈明，则行之愈笃；行之愈笃，则知之益明。”（《朱子语类》卷九）这表明致知与力行之间相互联系、相互促进、相得益彰。他还认为：“未知未能，而求知求能之谓学；已知已能，而行之不已之谓习。”（《续近思录》卷二）其中，“知”是知识，“能”是能力，“行”是实践；“学”是获得知识、发展能力，“习”指复习、巩固与运用知识。学习总体上是由“未知未能”到“求知求能”，再从“已知已能”到“行之不已”的过程（乔炳臣、潘莉娟，1996：293）。不同认知策略的互补性和整合性对应了质性分析中核心编码的呈现：不

① “知用结合”中的知，包括了表层接受和深层思考策略。

同类型认知策略整合起来可以促进学习。这种整合表现为两种形式：循序渐进和相互融合。而之所以能够整合起来，是因为这些策略之间是相互促进而非对立的关系。

1. 循序渐进

“循序渐进”是不同认知策略结合的形式之一。在荀子看来，“不闻不若闻之，闻之不若见之，见之不若知之，知之不若行之；学至于行而止矣。行之，明也”（《荀子·儒效》）。其中，“闻之”与“见之”为学习的开始阶段，指向对知识的感性认识；“知之”是学的深入发展，是通过分析、判断、抽象、概括等思维程序而把感性认识上升为理性认识的阶段；“行之”是对“学”“知”的实践运用阶段，只有这样学习才算落到实处。朱熹在读书法中重点讲解了“循序渐进”的原则：“大抵观书先须熟读，使其言皆若出于吾之口；继以精思，使其意皆若出于吾之心，然后可以有得尔。然熟读精思既晓得后，又须疑不止如此，庶几有进。”（《朱子语类·读书法上》）这也体现出，“有得”重视的是熟读和精思，也就是对知识的接受和理解。如果学习者还能有另外的收获，那就是“有进”了。在现实情境中应用知识显然是达到“有进”的必然要求。

质性分析的结果（见表5.3）支撑了上述观点。尽管学生对整个认知的具体环节和策略存在不同的表述方式，但是可以总结为：先“接受”知识达到“了解”/“知道”，再通过“思考”达到“理解”，之后“应用”知识，以检验自己是不是真的会了。比如，有学生认为：

> 首先，我大概知道讲了什么。不论是老师讲的，还是自己看到的，先知道有这样一个概念，到底内容是什么还不清楚。然后知道它，比如在说到一个公式的时候，我可以写出来、说出来这样一个东西。接着，下面有几道题目，我会把公式用到题目中……做过几次，就能够在较长的时间内，记住它的内容，也知道自己怎么用它。（TRMS003）

只是中国学生在应用知识之后又回到新知识的接受环节，知识创新的环节并没有明显体现出来。这一方面可能的确反映出中国学以致用的传统。另一方面，中国长期以来注重发挥后发优势，强调学习和借鉴以降低创新成本、加快发展速度，对原始创新的重视和投入相对不足。这自然也会影响到教育系统乃至学生的学习方式。

2. 相互融合

不同认知策略还可以融合在一起。王夫之使用格物致知来指代学与思的过程，“大抵格物之功，心官耳目皆用，学问为主，而思辨辅之；所思所辩者，皆其所学问之事。致知之功，则唯在心官，思辨为主，而学问辅之；所学问者乃决其思辨之疑”（《读四书大全说》卷二）。也就是说，格物主要是感知的过程，但是其中依然有思维的参与；致知则主要依靠思维发挥作用，其中也有感知的参与。对此，Marton（1996）于20世纪90年代与十几位大陆英语教师进行质性访谈，访谈结果表明，中国学生在学习的过程中兼具了对知识的记忆和理解。受访教师普遍认为，重复性的阅读或训练可以让学生每一次都关注到不同的内容，其背后是带着理解的（memorization with understanding），进而可以带来高阶的学习成果。这就是“学思结合”的重要表现。

表现最明显的就是深层思考策略，特别是“弥散型思考”策略，“弥散型思考”会蕴藏在知识的表层接受和知识应用的过程之中。也就是说，在听讲、背诵、做题等具体的知识接受和运用过程中，学生个体往往兼具思考的过程，而不是“什么也不做地思考”，也并非“通过外显的表达方式进行”。有学生说道：“安静听讲，看起来什么也没有发生，不能说没有思考啊，不会不过脑子；抄写笔记，不会说什么都不想就记下来，我也会过滤啊。重复做题，也会有思考的过程。因此不能说，思考就是什么也不做，就要在那里空想。做题也会有思考的过程。在我的理解中，‘学’和‘思’是同时存在、同时进行的。”（TUFH001）只不过，这个过程的思考还不够深入，有待深化，也就是“思辨辅之”。如有学生表示：“听课的时候，也有一点思考，但是还不够深入，容易遗忘。后面的集中思考，就是要使得这个短时间的印象，更加长久、深刻地留下来。”（EUFS001）大陆学者吕林海（2018a）提出中国大学生“融合性学习”的概念，指的是深层和浅层相结合的认知策略应用，也体现出“学思结合”的学习特点。实证分析的结果还表明，具有这一特征的学生有更加优异的学业表现。这些都指出，对于中国学生而言，不同认知策略特别是表层接受和深层思考策略可以同时进行，共同服务于学生的学习过程。

表 5.3　**不同认知策略关系的编码**

核心编码	主轴编码	开放编码	原句示例
认知策略整合起来促进学习	相互融合	抄笔记时有思考 做题、实践时有思考 听讲时有思考	“做了很多题之后，不是说第一遍不会，第二遍不会，第三遍还是不会。这个过程实际上是有思考的，做几遍就会有更加深刻的理解。”（LRFH006） “安静听讲，不能不说没有思考啊，不会不过脑子。”（TRMS002） “抄笔记的过程也有思考，自己在脑子里想。”（LRFS001）
	循序渐进	策略之间有顺序性 先接受再理解 先接受再应用 接受—理解—应用 了解—扩展—探讨—应用 了解—理解—答疑—应用 不同策略是递进性关系	“我们讲要学以致用，要先学，再能用。”（LRFH006） “先知道这件事情，然后才能再思考，才研究这个事情。”（LUMH003） “先获取很多信息，后面再去思考。”（LUMH003） “没有预习，上课就不能听到重点。前面是后面环节的基础。”（LUFH007）
	相互促进	不同认知策略相互促进 通过理解去记忆 通过接受去理解 应用促进记忆 应用促进深层思考	“不同的认知策略是相互促进的。”（LUFH010） “我可能是通过理解来记住，但是最后还是落在了记忆上。”（TRMS003） “第一天看不懂，第二天再看，第三天再看，多看几次，就看懂了。”（TRMS002） “实践的时候会和上课时候的想法进行联系，看是不是有一些改变。”（LUMH011）

不同策略能够整合起来是因为它们之间是相互促进的关系。尽管有受访者认为，表层接受策略只能“留下印象”“并没有深入理解”，但同时强调这是深层思考和应用的基础，对最终学习收获有重要作用。比如，有学生表示：“大多数知识是在上课的时候获得的。这是对知识最基础的认识和理解，之后所有的步骤和环节，不论是思考还是做题，都建立在上课认真听讲、接受知识的基础之上。”（LUMS002）此外，知识应用对表层接受和深层思考策略具有促进作用。有学生强调做题对思考的作用：“听课之后会做练习题……这是对新知识的实践、运用……我不做题就不知道用了什么知识点，怎么运用。在做题的过程中，加入了自己的思考，老师也会帮着分析，就加深了理解。”（LUMS002）还有学生提到：“我们去实地测绘古建筑。一开始先画图，然后再爬上爬下地测量。在这个过程中，摸清节点的结构，再将这些数据按比例复制到图纸上。从看、到做、再总结的过程，使得对上课讲的知识体会更深。没有实践的话，了解就是书本上的，直接就信了，理解不深刻。”（LUFH009）可见，实地的调研活动不仅可以加深知识记忆，还能促进对知识的深层次理解。

（五）认知策略的本土特色与国际共通

基于上述分析，笔者使用“学思用结合”的认知策略来表征中国大学生在处理和加工知识过程中所体现出的主体性特色。① 在内容上，中国大学生的认知策略主要表现为表层接受（学）、深层思考（思）以及知识应用（用）策略。在形式上，这三种策略以循序渐进或相互融合的方式整合起来，共同促使学生获得学习成果。能够有效整合的根本原因是，不同策略之间并非相互独立或排斥的，而

① 学者吕林海于2018年提出了“融合性学习”的概念，将这种融合限定在表层和深层策略上。本研究在此基础之上将知识应用策略纳入其中，并对结合的方式进行了探讨。具体请参见吕林海《融合性学习：西方学生的梦魇，抑或中国学生的圣境——从普洛瑟的“脱节型学生”说起》,《现代远程教育研究》2018年第2期。

是相互促进的关系。这样的理解与西方学界的相关概念具有共通和本土特色之处。本土特色表现为对表层接受和知识应用的强调，以及不同策略之间的相互整合。共通之处表现为对深层思考的重视。

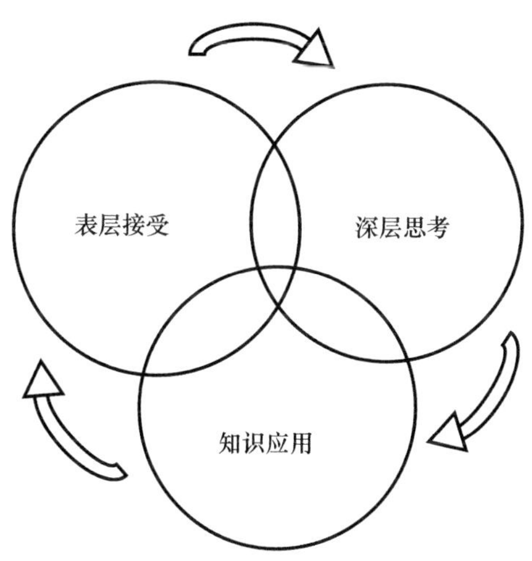

图 5.1　“学思用结合”的认知策略

具体而言，西方一众类主体性学习概念，在认知策略上具有其价值倾向，单方面地推崇深层、情境性、反思批判和外显性，认为这体现出学习者的主体性学习特质，能够产生更好的学习成效。知识接受是不被鼓励的浅层认知策略（surface strategy）。比如，有研究表明，浅层策略虽然有助于近期考试，但不利于长期的理解或者问题解决，对大学生学习成果（如大学课程 GPA）产生了显著负面影响（Biggs，1989；Watkins & Hattie，1981；Eley，1992；Booth et al.，1999）。那些在深层和浅层认知策略上表现均较好的大学生，被认为不能够对课程教学进行有效感知和识别，因而采取的是一种“相对迷茫”的学习方式，是“脱节型学生”（disintegrated students），在概念学习上的效果很差（Prosser et al.，2000）。因此，西方学校所有的教学实践，都应该致力于促进学生基于深层策略的学习，并鼓励学生将深层思考通过口头方式外显地表达出来，反映出批判性思维的能力。相反，重复性的背诵、做题被认为是机械的、毫无意义的、不能促进理解的，也不能促进总体学习质量（Cooper，2004；Biggs，1996b）。以此为标准来判断中国学习者，很容易发现他们有较多的重复性训练（如背诵、刷题）现象，在课上默默听讲、记录知识点，而非提问或者质疑教师（Hu，2002；Bradley & Bradley，1984；Samuelowicz，1987）。这些特征在表面上展现出机械、被动遵从、唯唯诺诺的学习形态，被认为是消极被动、缺少主体性学习特质，进而产生“中国学习者悖论”现象中的部分描述。但是，这种判断显然是经验性的、先入为主的，不够准确。

实际上，西方的一些研究者混淆了浅层策略、重复性策略、记忆、背诵和死记硬背之间的区别，甚至将它们画上等号。这显然是不准确的，也曲解了 Marton（1993）对浅层策略的理解：尽管没有关注到学习目的和理解的意义，可能是和背诵相关，但是却不等于死记硬背。在本研究中，表层接受策略不局限在背诵上，基础性、表面性、重在接受的学习策略如听讲、记笔记、复习笔记、课前阅读指定书目，都是表层接受策略的内容。Beattie 等（1997）认为，要求学生一直广泛地采用深层学习方式是不现实的，必须通过浅层学习方式去获取和积累知识。也有实证研究表明，强调深层策略只有在学习者具备适当知识的基础上才有效，否则强调深层加工策略教学对学习成绩就没有显著性影响（朱燕，1998）。其中受到最多批评的背诵，在中国文化中具有“熟能生巧”“书读百遍其义自见”等成语或俗语的支持，具有广被认可的积极意义。

在访谈中，学生认为在自身知识储备和人生经验不完善的时候，可以先通过背诵记下来。随着知识基础或人生体验的加深，学生就会对此前记下来的知识有更深的理解，使得表层接受和深层思考循序渐进地结合起来。有学生讲道：“我们背过的很多诗句、谚语等，当时只是背诵。在当时的认知能力下，不太能够理解，想不透这件事情。但是后面你可能去了沙漠，突然就明白了什么叫‘长河落日圆’。”（TUFH001）在重复已有知识的过程中，思考也无意识地发生着，使得表层接受和深层思考以“融合”的形式结合起来。比如有受访者表示：“第一天看不懂，第二天再看，第三天再看，多看几次，就看懂了。这看似是加深记忆的过程。但是，可能看完一遍，大脑中一直在想着这个东西，看多次之后，关注的点也不同，联系了起来，建立了一个框架，就理解了。”（TRMS002）这和 Marton 等（1996）的阐述一致，“记忆过程并非简单的重复。每次记忆都是生成新颖理解的过程。也就是说，记忆可以关注到文本的不同方面，从而提升理解效果。”

二　“内圣外王”式的学习动机

学习动机展现了学生学习的动力源头和目标指向，引发和维持着学生的学习行为。在文献分析的基础之上，围绕中国大学生学习动机的类型、不同类型学习动机之间的关系这两个问题进行质性访谈材料的分析，得出中国学生的学习动机显现出关切全人生发展的“目的性”。中国学生既有对学习的自觉承诺，又有满足他人、社会的期望而学习的需要，自觉承诺的学习由学生个人主导，受社会的影响和要求较小，而满足他人、社会期望的学习，个人则较难抗拒。两类动机同时存在，一同激发学生取得理想的学习成效。

（一）关切全人生发展的“目的性”

在中国传统教育典籍中，往往使用“知止”“立志”“自修之心”“知学”“学有宗旨”等来表达为何学习。比如，荀子认为：“故学也者，固学止之也”（《荀子·解蔽》），陆九渊认为，“学不知止，而谓其能虑能得，吾不信也”（《陆九渊集·与邓文范书》）。乔炳臣等（1996：111）认为，“立志是学习过程的开端和前提条件……对学习是起统率作用的。”如孔子有言，“吾十有五志于学”（《论语·为政》），朱熹有言，“问为学功夫，以何为先？曰：亦不过如前所说，专在人自立志”“书不记，熟读可记。义不精，细思可精。惟有志不立，直是无着力处”（《性理精义》卷七）。明末清初学者王夫之也说：“志立而学思从之。志之笃，则气从其志，以不倦而日新。”（《张子正蒙注》卷五）此外，张载有言，“知学，然后能勉；勉，然后日进而不息”（《正蒙·中正篇》）。黄宗羲在《明儒学案·卷首》指出，“大凡学有宗旨，是其人之得力处，亦是学者之入门处”，同样是要求在学习的时候有明确的目的和目标。

现代学者乔炳臣和潘莉娟（1996：7）在提炼古代学习思想的时候，发现历朝历代学者均重视探讨学习目的，认为这是学习的起点，是正心诚意的表现。这实际上是中国传统治学经验的一个显著特点。西方学界在理解学习动机的时候，强调自己、自主和自由，推崇与外界相互独立的内部心理和情感体验，比如自我效能感、自我概念、成就归因等；聚焦学习活动和知识加工过程，指向学生的学习成绩和学业发展，所体现的社会价值和意义并不强。中国学生学习目的性的凸显，使学习动机超出心理学的视角和立场，在社会关系（与他人、集体和社会的关系）中体现出来；而且，这聚焦全人发展和社会化的过程，并非仅仅为了学习成绩、学业发展，而是与个人的全面发展、社会地位提高相关（张华峰等，2021）。如荀子所言，“古之学者为己，今之学者为人。君子之学也，以美其身”（《荀子·劝学》）。倡导学习是为了修养自己，而非局限在知识学习之中。唐宋的学者也多认为，学习目的不仅仅在于自身发展，而应使他成为为社会服务的、有真才实学的人（乔炳臣、潘莉娟，1996：308）。这些都反映出中国学习者的学习动机超出“学习”本身，落脚到全人生的发展上。

（二）个体生发型动机

从历史发展的视角看，中国学习者的学习动机或目的，是从修身开始的，并逐渐与兼济天下整合起来，成为学习者的自觉承诺。比如，孔子所言“古之学者为己”（《论语·宪问》）、“学之至可以为圣人”（《论语集注·公冶长》），荀子所言“君子之学也，以美其身”（《劝学篇》），《大学》曰“自天资以至庶人，壹是皆以修身为本，”朱熹认为“所谓志者，不是将意气去盖他人，只是直截要学尧舜”（《性理精义》卷七）。汉朝思想家扬雄提出，“学者，所以修性也”（《法言·学行》）。王充也认为，学习的目的，就是“反情治性，尽材成德”（《论衡·量知》）。此类表述还有很多，不一而足。随着时代的发展，“善其身”也将认知性发展纳入其内容中。特别是汉朝“左雄改革”之后，人才和官员选拔首先实施笔试，考察经学知识和文书处理能力，标志着认知能力受到更大程度的重视。王充提出了“学古今之事、通百家之言”的学习要求，即继承已有知识和技能，集众人智慧于一身。朱熹把“开发其聪明，成就其德业”作为主要教育内容。唐朝韩愈也主张，“学所以为道”。所谓“道”，并非老佛之道，而是儒家正统，包括儒家经典、伦理道德、等级次序、生活方式等，就将道德性和认知性的发展统合起来。

在道德修养之外，中国古代还要求学习者学以致用、服务社会、兼济天下，并内化成为中国学习者的道德修养和内在追求。孔子要求，“君子谋道不谋食，忧道不忧贫”（《论语·卫灵公》），意思是作为君子，要为百姓谋道，而不应顾及自身的处境恶劣。宋代王安石认为：“学士所观而习者，皆先王之法言德行治天下之意，其材亦可以为天下国家之用。”（《上仁宗皇帝言事书》）这进一步强调学习乃至教育的“达用”价值。到了明清时代，学者们深切感受到宋朝灭亡和元朝统治政策所带来的耻辱感，更加强调学习要重习行、治国图强，将个人的道德品质修养与治国思想结合起来（乔炳臣、潘莉娟，1996：421）。近代中国内忧外患，将自我提升和社会改造结合起来的治学特点继续得到继承和发扬，最著名的当属周恩来所言“为中华之崛起而读书”。即使中国逐渐富强，国家发展的紧迫感在全球化竞争时代也没有消失。读书人要重视实践和为国家发展服务的理念，这一理念被政府不断倡导和强化，逐渐成为中国知识分子的一个特点和基因。“穷则独善其身，达则兼济天下”，表明贡献社会要和自我完善有机统合起来。《大学》开篇就言，大学之道，在明明德，在亲民，在止于至善，也表现出个人修身与国家仁政思想的统一。

不论是针对自身的道德修身，还是兼济天下的情怀，都反映出学习者的自觉承诺。在质性分析的结果（见表5.4）中，自我提升和使命担当取向的动机，和传统治学所强调的独善其身和兼善天下之间具有高度对应性和一致性。这与学习兴趣一起，构成了个体生发型动机的主要表现形式，主要受到个人而非外部的影响和主导。实际上，传统治学经验并不重视兴趣，但是兴趣在中国教育教学改革的过程中，不断受到推崇，得到学生的认可和内化。具体而言，儒家文化对兴趣的重视和信任程度并不高，甚至认为“玩物丧志”（《尚书·旅獒》）、“以器物为戏弄则丧其志”（《传》）。[①] 王夫之甚至认为，“志定而学乃益，未闻无志而以学为志者也”，也就是否定了“为学习而学习”这种兴趣驱动而无外部追求的学习动机。他还将“为学而学”与沉迷于赌博、酒色做类比，认为这如同“得纤曲而忘大义，迷影迹而失微言”（《论梁元帝读书》），并非好事。好奇心和兴趣是西方教育思想中非常重要的组成部分，也被认为是高深知识探究和创新的起点。近年来，中国高校一方面着力于培养拔尖创新人才，另一方面重视在整体上提高学生的创新思维和素质，再加上教育教学逐渐推崇学生中心理念，重视个性化教学和因材施教，教育研究者和工作者纷纷将“兴趣”作为一味良药，认为这是激发学生学习更有效的动机，将带来更具有创造性的学习成果。这势必会带动学生对自身学习兴趣的重视和激发。

---

① 道家认为，学习需要有悠然自得的态度，并认为学习应该为自身带来愉悦体验，甚至达到忘我、物我合一的境界。陶渊明在《五柳先生传》中这样描述自己的读书心得：“好读书，不求甚解，每有会意便欣然忘食。”这明显是由兴趣驱动的，反映了他隐居不仕，乃至相对出世的生活和精神状态，从而在深层次上体现出道家学派的要求。但是，汉代“罢黜百家、独尊儒术”之后，儒家重视志向、轻视兴趣的价值取向成为主流。

表 5.4 学习动机的类型编码

核心编码	主轴编码	开放编码	访谈原句示例
个体生发型动机	学习兴趣	为兴趣而学习 为好奇心和求知欲而学习	“我对数学感兴趣，所以我会主动地学习。”（LUMS002） “感兴趣，求知欲望。”（LRFH006）“本身有意思。我觉得学习就是非常有趣的事情。”（TUFH001）
	自我提升	为提高眼界而学习 为全面发展而学习 获取知识 提升能力 不断完善自我	“提升自身价值……这里面包括知识、能力、道德等方面吧。”（EUMS002） “不断完善自己。自我提升是一个永恒的话题，就是关乎自己想成为一个什么样的人。”（EUFS004）
	使命担当	学习要兼济天下 学习要为社会做贡献	“中国一直就推崇达则兼济天下这种思想，这对我产生很深的影响。”（TRMS002）
社会规范型动机	他人期待	满足父母期待 改变家庭 报答教师的教导 为了男/女朋友而学习	“我的动机很大一部分和父母、家庭有关，父母想让我变得更好，我可能也就产生了同样的想法。”（EUFS003） “有一种很强的使命感，去改变家族命运，改变自己家庭。”（TRMS002） “我老师对我特别好，我希望不辜负她对我的指导。”（EUFS003）
	职业发展	为就业学习 为了考研学习 为了考证书而学习	“不论是老师还是家长，他们都会说，好好学习，考大学，找一个好的工作。”（LUMH003） “如果不学，那么推研就不行，所以也要学好。”（TRMS003）
	荣誉/竞争	为获得奖学金而学习 为考试而学习 为证明自己可以做好而学习 为赶超他人而学习	“俗的想法，奖学金。上个大学，要有拿得出手的名誉类东西。”（LUFH009） “考得好，老师、家长、同学啊觉得你厉害。”（LRFS001） “竞争，就是不甘落后的心理。别人都可以做到这么好，自己也可以加一把劲。”（LUFH009）

（三）社会规范型动机

不论是独善其身，还是兼济天下，抑或越来越受到重视的学习兴趣，都反映出学习者个体高度的自觉和承诺，而这并不能统合中国人学习的所有动机类型，特别是需要考虑学习如何达到他人、社会对自身发展的期待和要求（包括好成绩、社会地位等），也就是社会规范型动机。比如社会经济地位，孔子曾有言，“学也，禄在其中矣”（《论语·卫灵公》），其学生子夏提出“学而优则仕”，宋真宗赵恒提出，“书中自有千钟粟，书中自有黄金屋，书中自有颜如玉”（《励学篇》），宋代汪洙的《神童诗》讲到“朝为田舍郎，暮登天子堂”，都形象地反映出读书学习对提升社会经济地位的直接作用。

与此同时，在中国关系主义的文化特征下，学习已经超出了个人，成为由个人—家庭、个人—教师等形成的集体性事务，成为家庭和教师等共同体成员的共同期待（Kember，2000）。Salili（1996a）让香港地区初中生列出自身努力学习的原因，无论取得多高成就的学生，都将取悦父母作为最重要的原因。换言之，中国学生追求目标时，主要是以父母、重要他人或所属团体的决定为参照，学业成功或者失败并非个人的事情，而是整个家庭自豪或懊悔的重要源泉（余安邦，2008；Salili，1996b）。此外，在中国现代学校、教育教学体系中，对学生的评价次数频繁，存在较多的考试和竞争，并将此与学生能够获得的荣誉和机会绑定起来。这些社会性的规范，尽管没有如修身和兼济一般的自觉承诺程度高，但是都会转化为学生的学习动机，体现出中国人具有明显的社会取向成就动机。这与西方自我主义的成就动机相对应，受到他人、个人所属团体或社会期待和需要的较大影响（余安邦、杨国枢，1987）。

质性分析与文献分析结果相一致（见表5.4）。社会规范型动机包括“他人期待”“职业发展”“荣誉/竞争”三种主要类型。可见，共同体性的动机，即满足重要他人特别是父母和教师等的期待，依然存在于现代大学生的动机结构之中。社会竞争压力的不断增大，使得学生不得不考虑就业和职业生涯发展的现实需要，并将此作为维持和提升社会经济地位的途径。社会上的竞争压力也会传导到高校中来，带动学生之间的比较，推动学生为了各项荣誉、资源和机会而竞争。这也体现出现代大学生的学习动机特点的确超越了心理学视角，需要在社会情境、结合学生的全人生发展进行理解。

（四）不同动机的整合

《大学》提出："物格而后知至，知至而后意诚，意诚而后心正，心正而后身修，身修而后家齐，家齐而后国治，国治而后天下平。"这给中国古代的学习者指出了一条发展之路，蕴含了不同的学习动力源：从正心诚意，到格物致知修身，再到齐家治国平天下。其中既有个人主导性更强的，也有受到社会影响更大的。但是这在总体上是逐步递进和追求的目标，展现出不同类的学习动机有可能整合起来。李瑾（2015）在建构中国学习者美德取向的学习模式时，提出了中国学习者的五类学习目的，包括道德上完善自我、知识和能力获得、经济地位获得、社会地位和声誉以及贡献社会。这一方面表明中国学习者动机的多样化特点，另一方面也表现出动机之间可能存在的兼顾和整合状态。

中国台湾地区的学者李弘祺（2012）甚至直接提出，要建构一套中国教育理论，必须将个人功利或者知识效用的观点，与"学以为己"的动机结合起来。也就是说，动机可以划分为修身型和功用型两类。陆一等（2014）创造性地将兴趣和志向结合起来，提倡将此作为培养拔尖创新人才的核心，实际上是希望将中国的由外而内的正心诚意，和西方由内而外的好奇心驱使统合起来。

统合型动机不仅是对学习者的应然性期待，也是中国学生的实际状态。在西方的动机理论中，内外部动机是相互独立乃至对立的。但是，即使用此方式划分中国学生的动机，也会发现中国学生能够将所谓内外部动机进行整合。比如，西方学者 Kember 等（1999）通过访谈发现，香港地区大学生希望课程或专业既要有趣（内部动机），也要为未来就业做准备（外部动机）。大陆学者陆根书（2010）针对西安大学生的调查研究表明，中国学生学习动机的内外部结构之间差别不明显，外部和内部学习动机并非对立关系。于倩等（2018）针对天津大学本科生的调查分析也发现外部和内部学习动机呈显著正相关。与此类似，自尊和任务导向形式的动机在西方学生中并不共存，但是在中国学生中同时存在且呈正相关（Rao et al., 2000）。这表明中国学生在学习过程中以实用主义的态度看待各种动机，并将其整合起来服务自身学习。

经质性编码分析证实，中国学生的确能够将不同类型的动机整合起来。如表 5.5 所示，核心编码为学习动机“整合起来促进学习”，对应三个主轴编码：“社会规范激发个体生发型动机”“个体生发型动机推动达成社会规范”“不同类型动机呈正相关”。这表明中国学生的学习动机并没有想象中那样简单化、对立化，非此即彼，而是以不同的形式存在于个体的内部动力系统之中。

表 5.5　**不同类型动机之间关系的编码**

核心编码	主轴编码	开放编码	访谈原句示例
整合起来促进学习	社会规范激发个体生发型动机	竞争性项目要求我提升知识能力 就业促使我喜欢专业 父母期待让我愿意学习去提升自己	“学校有很好的项目，我想去的话，就要达到成绩点……就要好好学习提升自己。”（TUFH001） “我想要当数学老师，这是为了自己的发展，会‘逼着我’去学习。在这个过程中，又发现我喜欢这个专业，兴趣就产生了。”（LUMS002） “我的学习动机是父母引发出来的。如果父母没有期待，我可能觉得我怎么样都可以。”（EUFS003）
	个体生发型动机推动达成社会规范	好好学习—找到好工作—养家 好好学习—奖学金/荣誉—找到好工作 感兴趣—好好学习—提升能力—找到好工作	“我对学习感兴趣，就提升了自己的学习能力，后面对找工作有作用。”（LRFH006） “目标就是要一直进步，要比现在好，这是自然的。这样的话，以后在工作上会有更多的优势，可以找到高薪的工作。”（TRMS003）
	不同类型动机呈正相关	不同动机不是矛盾的 不同动机呈正相关 不同动机同时存在 不同动机混在一起 任何动机都让我学习	“不能从对立的视角理解动机。”（TRMS002） “这些动机混在了一起，只是强度不同。它们之间是正相关的关系。”（EUFS001） “任何一个动机都会让我好好学习。加在一起，就更会好好学习。”（EUFS001）

社会规范对个体生发型动机起到“激发”或“消退”作用，这是不同类型动机整合起来的表现之一。有学生以职业发展取向动机和兴趣取向动机为例进行阐述：“如果专业和就业联系紧密了，就业

动机会带动对专业学习的兴趣。首先我不排斥这个专业，然后看到专业和就业很匹配，自己在以后的学习过程中，兴趣是更强的。”（TRMS003）也就是说，职业发展取向的动机可以引发和增强学习兴趣。而职业发展取向动机较弱的话，则会影响自身兴趣取向的动机。这位学生继续说道：“生化环材，没有用。这个‘用’，就是和工作相关了……那个时候对专业不认可、不认同，因为觉得，即使学得再深，也不能帮助我们就业……这使我在一段时间里处于消极状态，就会影响自己的学习兴趣。”（TRMS003）可见，兴趣不是凭空产生的，是在一段时间的学习过程中逐渐产生的。而一段时间的学习，往往有社会对自身的期待和要求作为维持的动力。与此类似，有学生表示，父母经常对自己说“你要改变自己的家庭，全家人就指望你了……我知道，我好好学习，就能提升自己的能力，就能有好的生活，就能够改变我的家庭。长大让我明白这一点，就成为自己的动机。这就在为了家庭学习，和让自己变得优秀之间建立起了直接联系。”（TRMS002）对这一位学生而言，正是“改变家庭、利于家人、满足父母期待”这一社会规范，使得学生希望通过学习提升自己的知识和能力水平，从而激发和维持了自我提升取向的动机。

个体生发型动机推动着学生往前走，逐步满足社会对自身的要求、期待、需求，是不同类型动机整合起来的另一种体现。在访谈中，学生往往将自身学习动机“串起来”阐述：对专业感兴趣会促使自己好好学习，好好学习就可以获得奖学金/荣誉/好成绩，这会增加我在职业/升学过程中的竞争力，然后就可以满足家人/教师的期待，最后可以对国家和社会贡献力量。比如，有学生表示：“我选择了这个专业，我就去念。既然念了，我还是有攀比心理，就是要比别人好。带着攀比心理，还有父母的期望，我参加司法考试，成为自己想成为的人，才能去赚钱，才可能去做贡献。”（LUFH010）与此类似，还有学生表示：“提升自己，会觉得自己在大学不差，会增加自己的自信，觉得自己在职场上应该也比较厉害。这样就满足了父母的期望。”（LUMH003）很明显，社会规范型动机在中国大学生这里具体化为一种学习的目标和追求，个体生发型动机将驱动社会期待逐渐达成。

这在总体上呈现出一种递进性，即从个体生发型动机向社会规范型动机递进，从非功利性动机向功利性动机递进，从满足自己的需求向满足他人的需求递进。[①] 其中，社会贡献取向的动机是比较特殊的。这从内容上看似乎是“远景性”的动机，但却是体现自身价值的情感激发和自觉承诺，而且是超越功利的追求。特别是高校在这方面对大学生有各种引导，使得社会贡献取向的动机可以先于功利性的职业和重要他人取向的动机而出现，并激发学生向学。此外，不同类型的动机之所以能够以不同形式结合在一起，就是因为它们之间呈现出一种正相关关系。

（五）学习动机的本土特色与国际共通

比起内外部动机的划分方式，对中国大学生而言，社会规范型动机、个体生发型动机的划分方式和称谓可能更加合适。这种划分参考了现代文化心理学的研究成果，特别是对“自我”（self）概念的分析。20 世纪 90 年代初，密歇根大学的 Markus 和俄勒冈大学的 Kitayama（1991）认为，西方文化的意义体系是围绕着独立型自我构念（independent self-construal）发展起来的，即一个有边界的、独特的、自主和自足的实体，强调自我与他人和社会情境区隔之后才能彰显人生意义。相比之下，东方文化的意义体系是围绕互依型自我构念发展起来的，强调人类彼此之间的基本关系，指向自己对“人—我”关系的认识以及由此产生的情感与意向，不太关注对“自己身心状况的认识，情感以及由此产生的意向”（Markus & Kitayama，1991；汪凤炎，2019：293）。2010 年，Markus 和 Kitayama 进

---

① 刘智运及其所在的大学学习理论与方法课题组（1995）提出“动机的升华”，即“当一个学生的近景性学习动机已经在某种意义上得到满足时，这时近景性学习动机就可能升华为远景性学习动机”。但是，这更加适合用在社会规范型动机上。个人生发型动机不是阶段性的，而是持久性的。具体请参见大学学习理论与方法课题组、刘智运：《对 5641 名大学生学习情况的调查分析》，《高等教育研究》1995 年第 5 期。

一步完善了此观点，认为每一种文化环境中都包括独立型和互依型自我，他们并存且彼此互动。

如图5.2所示，社会规范型动机建立在互依型自我的基础上，具有高社会影响、低个体决定的特点，侧重学习间接的、社会功用性价值；个体生发型动机建立在独立型自我的基础上，具有低社会影响、高个体决定的特点，侧重学习本身的、非功利性意义。这两类动机尽管有差异，但是都体现出对学习动机的理解往往超出狭窄的心理学视角，和社会关系与全人生发展结合起来。而且，这两类动机分布在同一频谱上、存在于同一学生身上，相互关联并产生着影响。个体生发型动机和社会规范型动机分别促进学生的个性化和社会化发展，满足了学生的总体发展需求。此外，这两类学习动机呈现出"整合性"关系：（1）社会规范激发个体生发型动机；（2）个体生发型动机推动学生发展不断符合社会规范。

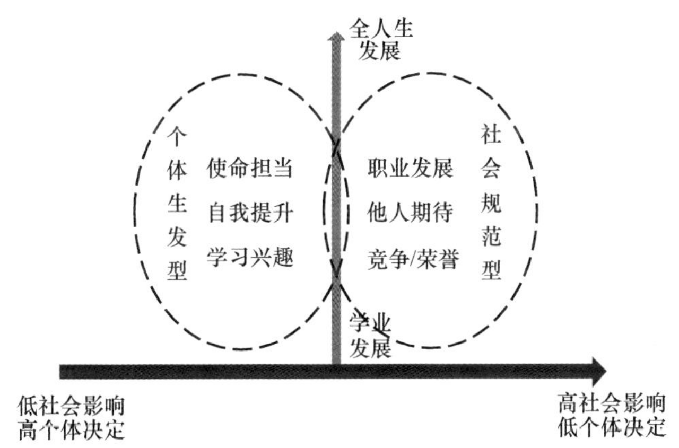

图5.2　"内圣外王"式的学习动机

本研究使用"内圣外王"式的学习动机来表征中国大学生在自我认知和激发方面的主体性。"内圣外王"指向儒家学习者对个人乃至社会的理想追求，和学习动机具有天然的联系。就其初始内涵而言，"内圣"指向个体的道德修养，"外王"指向入仕为官。"内圣"是"外王"的基础，"外王"是"内圣"的延伸性成就，反过来也会促进“内圣”。两者不可偏废，这样才能宣示个人的成功。“内圣外王”的框架化、抽象化同样体现出现代大学生动机的整合性特点。个体生发型动机偏向“内圣”[①]，内含着学生的主动认知、情感激发和自觉承诺，可以将自我提升、社会贡献、学习兴趣统合起来。社会规范型动机偏向“外王”，体现出个体需要通过学习达到社会的要求和期待，可以将竞争/荣誉、他人期待、职业发展等统合起来。

这种理解既有本土特色之处，也与西方学界的动机概念和理论具有共通之处。其本土特色表现在学习动机的目的性、社会性和全人发展性方面，本研究因此使用个体生发型和社会规范型取代了西方常用的内部和外部动机的分类，并且发现社会规范型动机对学生学习的积极作用。其共通之处表现为，随着时代的发展，中国教育教学中越来越强调基于个体好奇和选择所产生的兴趣。具体而言，西方学界对学习动机的研究成果丰硕，从经典的内外部动机划分到奥苏贝尔（Ausubel）提出的三种内驱力，从一系列自我理论到目标理论，从成就动机理论到近年来受到关注的自我决定理论等，为理解学习者的心理和行为机制做出了巨大贡献。不过，西方学界往往强调动机的内在性、心理性，单方面推崇内部动机，特别是专注于好奇心、兴趣和自主象征的主体性发挥。[②] 与此同时，认为外部动机（比如考试、父母和教师要求等）会在一些情况下削弱内部动机，是

---

① 为社会和国家做贡献而学习，起初笔者误认为指向“外王”，但是实际上，“外王”有着浓厚的功利导向和实用导向。而“入仕为官”与“为社会和国家做贡献”依然有着差别。前者体现出学习的工具性以及功利导向，也是传统外王的直接意涵。而后者则体现出个人“内部激发的情感”，同时符合道德的鼓励和要求，属于修养和提升自我的范畴。结合访谈内容，学生们均认为并没有人或者机构会强迫自己要为社会和国家做贡献，拥有此动机完全是自身认识提升和承诺的结果。因此，这实际上指向“内圣”。

② 西方学界对内外部动机之间的关系理解也发生着变化。如 20 世纪 80 年代中期，美国学者 Deci 和 Ryan 在有机整合理论（organismic integration theory，OIT）中提出，内部和外部动机并不一定是相互对立的，如果外部动机能整合到内部（integrated regulation），就体现出个体的主观能动性。但是从总体上看，二元划分和对立的理解方式在西方教育学研究中依然较多。

外界对自身独立性的消极干预（Lepper & Henderlong，2000），体现出个体学习的被动性，甚至会对成绩产生负面的影响（Pintrich et al.，1991）。而且，西方学界往往以一种对立而不兼容的视角看待内部和外部动机，自尊和任务导向形式的动机（ego and task-oriented forms of motivation）在西方学生中并不共存，表现型（performance learning goals）和掌握型学习目标（mastery learning goals）在白人学生群体中也呈现出对立关系（National Academies of Sciences，Engineering，and Medicine，2018）。若以此为标准评价中国学生，可能会发现他们有着较强的考试取向、父母取向、就业取向的学习动机，认为这种动机是缺乏主体性的，进而认为学生不能获得良好的学习成果，就形成“中国学习者悖论”现象中的相关内容。

中国学生学习动机的整合性、包容性和务实性，可以归结到中国的“中庸”思想，能够中和地看待矛盾并进行调和（Nisbett，2003：174）。其根本原因在于，中国大学生对于社会期待、需求和要求的价值判断比较积极。在此前的编码分析中，社会规范型动机能够激发个体生发型动机的产生和发展。除此之外，这还为学生整体的学习动力提供激发、维持和调节的作用。比如在访谈中，当学生学习状态好的时候，兴趣取向的动机占据主导地位，让自己感到放松和快乐的同时，促使学习更加深入。但是，兴趣是不稳定，不持久的，在遇到困难的时候，或者在感到枯燥的时候，学生很容易丧失兴趣。这个时候，外部动机“显性化”，让学生知道自己“必须做正确的事情”“为自己的学习负责”，进而“调节”了动机导向，激发了自身的主体性和学习动力。比如有受访者表示：“我大四写毕业论文，兴趣很足的时候，就一直写，兴趣完全可以支持自己做下去。但是当自己想玩的时候，不想写的时候，没太大兴趣的时候，想一想毕业就又有动力了。也就是说，在自己特别想学习的时候，外部的感受就不重要了。但是在自己不想学习的时候，毕业论文是必须要写的，这反而提升了自己的学习动力，也就是起到了调节的作用。”（TRMS003）与此类似，有学生认为，“如果说我学习的状态比较好的话，我就主要考虑前面的这个动机（兴趣）。如果比较倦怠，我就会想到敦促我的动机，比如我要对得起我已经付出的东西，学费、父母的付出等，这也是推动自己前行的力量。”（EUFS001）这个动态调整的过程，实际上体现出中国本土文化所强调的“自律”，促进自身将社会性的要求、压力转变成为自身动力、迅速变被动为主动状态。

三 “敬师乐群”的校园人际互动

校园人际互动反映出大学生与教师和同学在各方面的交往模式。如前所述，中国传统教育思想常常将“审问”作为认知策略的一环，并分为“自问”和“问人”两类。前者可以划归到深层思考的范畴，后者因为涉及与他人的关系，再考虑到关系建构和人际交往在中国文化中的重要性，因此将其独立出来作为中国大学生主体性学习的一个重要成分。“问人”对应了虚心好问的中国教育文化传统：古来就有“孔子问礼于老聃”之佳话。王夫之也认为：“问次于学者也。问之道尤重于学也。三代以下，于学者博，于问也寡。三代以上，于学也略，于问也详。故称舜之大智，好问其至也。”（《读通鉴论》卷十四《孝武帝》）而且，与教师和同学的交往，向他们求教、与他们讨论，不仅仅是为了促进学业和其他方面的发展，还在深层次上反映出中国社会文化对和谐人际关系的要求。通过对中国传统教育教学理念，以及中国学习者的相关研究进行分析，认为中国大学生在校园人际交往上体现出“两种模式”：与教师的互动正式而谨慎，聚焦发展性内容（学业、职业、人生发展），与同学的互动随意而直接，生活性更强。围绕教师互动的形式和内容、同学互动的形式和内容进行编码分析，也呈现出与文献分析同样的结果。

（一）生师互动的形式：正式而谨慎

从历史的线索来分析，古代教师是知识和道德的代言人，而且在精神层面代表了教化的力量，进而和国家兴盛联系在一起。这正如荀子所言，“国将兴，则贵师而重傅”（《荀子·大略》），因此，

“凡学之道，严师为难。师严然后道尊，道尊然后民知敬学”（《学记》）。学习者对教师的态度，如《吕氏春秋·尊师》所言，“听从不尽力，命之曰背，说义不称师，命之越叛。”或如清代诗人罗振玉所言，“弟子事师，敬同于父，习其道也，学其言语……一日为师，终身为父”（《鸣沙石室佚书——太公家教》）。再结合“子贡庐冢”“程门立雪”的故事，可知古代师生关系是家庭等级性关系的延伸，学习者需要尊敬和遵从教师。近代以来，伴随着西方教育思想的传入以及对传统文化的反思，不少学者对此进行了批判。温和一些的如张宗麟认为，“教师对于学生素来是师严道尊的……教师哪里是至尊呢？不过是学生的朋友罢了”（转引自张沪，1985：297），即提倡师生建构平等关系。激进一些的如陈独秀（1995）认为：“前代的教育是先生教学生，现代的教育是学生教先生。”陶行知（1991：135）也曾认为：“小孩不但教小孩，并且可以教成人。不愿拜小孩子做先生的人，不配做小孩子的先生。”新中国成立特别是改革开放以来，教育思想的解放、信息技术的革新、人民受教育水平的普遍提升，使得教师不再是知识和道德的代言人，但是全社会依然延续着尊师重道的传统：国家领导人在公开讲话中表示要推动教师职业成为最受尊重的职业，相关的法律文件也强调要不断提升教师的政治和社会地位。可以说，虽然有过波折，尊师重教的传统在中国教育系统中依旧保留和延续下来。

在李瑾（2015：153—154）看来，这种尊师重教的本质在于，中国学生与教师的交往超越了西方强调的道义式尊重（ought-respect），升级成爱慕式尊重（affect-respect）。前者是基于法律的、人与人之间平等而产生的基础性尊重；后者是学生意识到教师在知识、经验等方面的长处，并愿意以之为榜样去改善和提升自己。尊师重教的信念使得学生在与教师交往的过程中相对谨慎并充满敬仰。当然，这也被解释为基于专业和等级的权威性师生关系。无论如何，这使得生师互动并非完全的平等交流，而是学生向老师正式、谨慎地请教（如李瑾，2006；李星蕾、刘云生，2010；柴俊青，2004）。

质性分析的结果（见表5.6）支持了这一结论，在谨慎地与教师交往的同时，学生还要避免和教师发生冲突。这种“谨慎”具体体现为“对老师要使用敬语”“请教前要有准备”“实在解决不了才去问老师”“担心老师降低对自己的评价”。“敬语”的使用反映出交往双方的关系和态度。在访谈过程中，学生表示自己与教师交流的时候用词非常考究，频繁地使用“请问”“麻烦您”“请教”“咨询”等。其中还体现出学生的“谦虚”，希望拥有更多知识和经验的老师可以“指导”自己。比如，有学生回忆了和教师联系的过程，“和老师说话都要准备一下。老师您好，我是……上您课的学生。我有……问题，能麻烦您给我讲一下吗？总之客套话很多……才不会跟同学这样说话！”（EUMS002）换言之，和教师要说“客套话”，要“礼貌”“不能太随意/放开”，讨论问题是“请教”/“咨询”与“指导”甚至“拒绝”之间的对应关系。

在求助顺序上，学生们将老师作为最终而非首要的求助对象。在此之前，他们往往经过了自己思考解决，然后向同学求助解决的过程。如有学生表示，“先上网查，自己思考，和同学讨论解决掉，这些是第一选择。不会先想着找老师。实在解决不了再去找。但是之前也要思考清楚一些，只让老师帮着判断或者解释一下自己实在不懂的概念。”（TRMS003）在正式找老师之前，学生们往往要做好充分准备，如准备好几个有价值的问题，见面的时候说出自己的初步理解。这背后反映出学生的“担心”：如果没有准备就过去，老师可能会觉得自己“太傻”，而且会给老师留下不好的印象。比如，一位学生说道：“找老师需要谨慎。因为可能我想问的知识点，上课老师已经强调过了。如果自己再去问，老师就要质疑我上课有没有听讲。另外，问题可能过于简单，会觉得丢人……希望自己在老师心目中留下一个比较好的印象。”（TRMS003）也就是说，学生在请教老师之前需要反复“自问”和准备，希望自己在老师心目中留下好印象。从教师的视角来看，这似乎具有必要性，并与孔子所言“不愤不启、不悱不发”相呼应，也如《学记》所言，“君子之道，喻也。道而弗牵，强而弗抑，开而弗达。”意思是说，只有当学生冥思苦想，但是不能胜于言表或不能准确理解的时候，老师才会给予指导和启发。

“避免和教师产生冲突”的主轴编码包括大学期间已经“产生自己的观点”“避免当场反驳”“问题的冷处理”等。这表明，随着认知能力的提升和知识基础的丰富，大学生逐步产生了自己的观点，也逐渐意识到老师也存在认知局限性，并非完全盲从教师的见解和观点。但是，在与教师存在不同观点的时候，学生并不会当场反对或者置疑。这蕴含着对老师基本的尊重，“直接就说的话，感觉有些冒犯。”（EUFS001）即使学生坚信自己的正确性，也会顾及老师的情绪和面子，委婉地向老师表达。一个策略就是让老师对这个问题做出再次解释，或者评价自己的观点。比如，有学生表示，“我不会直接反驳，我都是说‘老师您听下我这么说对不对’。”（LUFH009）再比如，“即使我有不同的意见，我要想着用什么样的方法委婉地讲出来……我有一个观点，让他去批判我，就不会尴尬。直接提出来的话，会不会让老师对我印象不太好。”（LUMH011）除此之外，还有学生选择“冷处理”，包括自己查阅资料解决问题、寻求其他教师的解答或者各自保留自己的观点，总之避免与老师讨论这个问题。如有学生说道：“我在心里会有一个判断，但是不一定反驳，各有各的想法就行了吧，可能看问题的视角不同。”（LRFH006）

表 5.6　**生师互动形式的编码**

核心编码	主轴编码	开放编码	访谈原句示例
谨慎的生师互动	对老师要使用敬语	要说敬语/客套话 和老师是请教与指导关系 对老师毕恭毕敬	“在和老师联系的时候，一般用词是‘请教’，请老师‘指导’，不会是讨论商量。”（TRMS003） “绝大多数的聊天，限于问问题，咨询、请教、请求。老师会拒绝或者加以指导。”（EUFS001）

续表

核心编码	主轴编码	开放编码	访谈原句示例
谨慎的生师互动	提问题前要有准备	没想清楚所以不去问 去之前准备几个问题 去之前要有自己的理解 问题不要过于简单	“我开始问的时候，就觉得我应该先花时间想清楚，再去问老师。”（TUFS004） “好的学生会先说出自己的理解。只有能说出自己的理解，才是有价值的问题。”（EUFS001） “去找他们之前都会提前准备，想几个问题，比如专业方向什么的，到底我们毕业要干什么。”（TRMS002）
	实在解决不了才去问老师	可以自己解决就不找老师 实在解决不了才去找老师 有问题不优先找老师	“只有平时学习很困难的时候，才会去问。”（TRMS002） “我的话，第一看书，第二百度，第三和同学讨论。如果还搞不明白，就先搁着了。下周上课想起来就问一问老师。”（EUFS001）
	担心老师降低对自己的评价	担心老师觉得自己没认真听课 担心问题价值不大 担心老师觉得自己没有思考	“只有觉得问题有价值的时候，才会去问老师。很简单的话，老师会不会觉得自己弱智。”（EUFS001） “上课老师已经强调过了。如果自己再去问，老师就要质疑上课有没有听讲。”（TRMS003）
避免和教师的冲突	产生自己的观点	大学生不会完全遵从 有自己的思考和想法 老师说错的不会去做 老师自身也有疑惑	“老师会给指导，我会考虑，但是我不会完全按照这个道路去走。”（LRFH006） “当然会有自己的思考……如果老师有说错的的地方，自己也不会去做。”（LUFH007） “自己是有判断力的，也不会盲目听从。”（LUFH007）
	避免当场反驳	不表态/沉默 不能生硬反驳 没有激烈讨论 直接反驳是冒犯性的 要照顾老师的面子	“当然没有什么辩论啊，激烈的碰撞啊。”（LUFH010） “肯定不能生硬地反驳老师。”（LRFH006） “就是先不表态，不与老师争辩。”（LUFH007） “我会结束对话，避免过多的纠缠和走入极端。”（TUFS004）
	问题的冷处理	私下查阅资料和思考 各自保留观点 询问其他老师	“通过自己的思考或者阅读来加深了解这一讨论的问题……思考自己的观点为什么会和他的不同。”（TRMS003） “实在有相悖的地方我会问其他老师。”（LUMH011） “我在心里会有一个判断，但是不一定反驳，各有各的想法就行了吧，可能看问题的视角不同。”（LRFH006）

（二）生师互动的内容：注重全人生发展

生师互动的内容超越学业，扩展到全人生发展上。学生对教师的虔敬甚至遵从，对应教师对学生全面的教育和指导，反映出中国人际关系“互惠性”的伦理特点。中国教师往往超出“经师”而为“人师”，教育内容超出学业范畴。民国时期，教育主管部门为了“矫正教育只重知识传授而忽视德育指导”，避免师生关系日趋商业化，制定了《中等以上学校导师制纲要》，规定导师必须对学生的思想、行为、学业和身心进行全面指导。2018 年初，中共中央、国务院在《关于全面深化新时代教师队伍建设改革的意见》中提出，教师要“坚持教书与育人相统一……全心全意做学生锤炼品格、学习知识、创新思维、奉献祖国的引路人”。也有高校管理者（铁铮，2016）认为，在中国式师生关系下，“教师不但要教书还要育人，不但要管学生学业，还要管学生的思想品质；不但要在课堂上对学生负责，还要为学生的全面发展服务。”因此，国外研究者（如 Pratt，1992；Gao & Watkins，2001）认为，中国老师不仅仅是某个学问领域的专家，而且是道德品质上的榜样，在教育教学中体现出全人培养取向（cultivating-oriented）的观念和行为，强调对学生的行为引导，而不仅仅负起学业责任。这体现出随着社会的变迁，教师对学生全面指导的职责并没有发生转变，反而得到进一步加强。学生超出学业，就全面的人生发展问题向教师请教，具有合法性和合理性，也成为中国式生师互动的特色之一。

表 5.7 **生师互动的内容**

核心编码	主轴编码	开放编码	访谈原句示例
关注全人生发展	学业发展性互动	与任课教师讨论专业问题 与任课教师讨论学习状态	“和学校老师的话，就是讨论专业相关问题。”（LUMH011） “与老师在生活上的交流也有，但是很少，主要还是学术上的。”（LUFS004）

续表

核心编码	主轴编码	开放编码	访谈原句示例
关注全人生发展	生涯发展性互动	与任课教师讨论人生观价值观 和任课教师讨论就业问题 和辅导员讨论学生工作 问辅导员一些学生事务 和辅导员讨论人生发展问题	“与辅导员会聊职业发展、人生观、价值观。与任课老师聊得少。”（EUMS002） “辅导员给我们开会的时候，就让我们好好考虑以后要干什么，现在就得开始准备。”（LRFS001）

质性分析的结果（见表 5.7）支持了这一结论。不过在学生那里，与任课教师、辅导员和行政人员之间的交流也有区别。在访谈中，学生并没有提及行政管理人员，反映出学生和行政人员的交往和交流过少。从开放编码的内容来看，学生与任课教师讨论的内容主要是与学业相关的内容，如专业问题、近期的学习状态等，学术性强，也反映出专业教师的不可替代性。比如，有受访者表示：“我们所学的内容，都在老师的掌握之中，他们专业知识水平比较高。因此专业的交流肯定去找专业老师。”（LUMS002）不过，和任课教师熟悉之后，交往的内容就会超出专业学习领域，扩展到其他如职业发展等方面。有学生就表示，“（和专业教师）的交流主要还在学习上。但是如果觉得跟这个老师比较亲近了，我就会找他讨论方向（考研、工作）的问题。”（TUFH001）相比之下，和辅导员讨论的内容主要是学生事务，包括就业、价值观以及学业适应性等。比如，有学生表示，“辅导员从大一到大四一直带我们。问的事情很多，比如证丢了，要去哪里补办啊？学习上的困惑，生活上的困惑，保研出国的问题等。我们会更加主动找他们，辅导员也会主动了解我们，但是专业教师不太会。”（EUFS001）任课教师和辅导员在与学生互动内容上的不同，反映出这两类教师教育角色和职责分工的差异：任课教师更多地负责课内认知的部分，而辅导员更多地负责课外非认知的部分。这也是世界高等教育大发展之后，高校教师在人才培

养方面的职能分化表现。但是对于中国教师而言，不同之处在于，任课教师与学生交流的内容会随着熟悉程度的提升、关系逐渐亲近，从课程教学领域扩展到全人生发展方面的指导。

（三）同伴互动：非正式且生活性更强

中国传统教育思想对同伴之间的相互学习非常推崇，比如《论语》中的“三人行，必有我师焉”，《学记》强调的，“独学而无友，则孤陋而寡闻……相观而善之谓摩”。南宋哲学家陆九渊提出，“与众人焉共进乎仁，则其浸灌熏陶之厚，规切磨砺之益，吾知其与独为之大不侔矣。”（《陆九渊集》）北宋时期的张载写道：“学不长者无他术，惟是与朋友讲治。”（《经学理窟·学大原下》）此类阐述还有很多，不一而足。在内容上，尽管传统典籍并没有专门强调，但是中国高校集体住宿制度使得学生们生活在一起，凸显了交往内容的“生活性”，学业之外的思想交流、休闲娱乐等成为重要组成部分，从而促进了学生的社会性发展。相比之下，由于学生们在人生阅历上普遍较少，人生观/价值观尚处于发展之中，学生在这方面遇到的问题很难从同学处获得实质性的指导或建议，因此在这方面交往和交流的程度要低于“学业性”和“生活性”交往。

质性分析结果（见表 5.8）同样表明，同伴互动不会有很多的准备或担心，观点不同就直接讨论以解决问题。首先，因为同学之间身份一致，交谈讨论不会使用“敬语”，反而很“轻松”“随意”，可以随时“打断”，不用说“客套话”。如果用了的话，反而显得不正常和生疏了。其次，与同学之间的交流不会有很多准备或担心。比如，有学生表示：“和室友的话，天天在一起瞎扯淡，才没有什么思考和准备。”（TUFH001）在与同学产生观点差异的时候，往往直接进行表达和交流，不会拐弯抹角。最后，同学之间地位平等，拥有类似的知识储备，关系比较亲密，因此大家有不同的意见和观点就直说。比如有受访者表示：“同学的话，就会直说你是对的，还是错的。相处时间比较长，都没有什么顾虑，也知道同学会有什么样的反应……如果有观点差异的话，那就激烈讨论，不会特别在意什么。”（LUMH011）当然，同学们也不会为了讨论问题而吵架，进而破坏双方的和谐关系。“以和为贵”，不要因为讨论“伤了和气”，是比争论出个答案、辩出个是非更为重要的交往原则。此外，同学之间地位平等，讨论内容趋于广泛。正如有学生所言，“关系好了什么都说，吃喝玩乐。”（TRMS002）“同龄人之间什么都谈，八卦，吃喝玩乐。”（LRMH005）这种生活性、娱乐性的内容是学生交往中非常重要的组成部分。

表 5.8　　**同伴互动形式的编码**

核心编码	主轴编码	开放编码	访谈原句示例
随意且生活性强	内容更加广泛的同伴互动	吃喝玩乐比较多 交流课程学习 交流职业信息 较少聊人生观价值观	“情感上倾诉一下，没有什么帮助。”（TRMS003） “职业发展的话，大家都不太明白，就会微信问学长。”（TRMS002） “写作业的时候，大家会集中讨论一下，论文怎么写。”（LUFH009）
	和同学交流不会有准备和担心	比较随便 同学交流不需要准备 有问题会优先问同学 问同学不会担心对自己的评价	“同学之间比较随便，不需要考虑太多，想说什么就说什么。”（LUMS002） “总体上看，和同学之间的交往更加随意，是一种交流探讨。”（TRMS002） “看一下不会，查一下资料不会，就去找同学。不会做那么充分的准备。整体比较随意。不会觉得丢人。”（TRMS003）
	直接解决问题	直接表达自己的见解 不存在面子问题 和同学有激烈讨论 水平差不多，没有不平等想法	“同学的话，就会直说你是对的，还是错的。”（LUMH011） “和同学之间的交往更加随意，是一种交流探讨。”（TRMS002） “如果有观点差异的话，那就激烈讨论，不会特别在意什么。”（LUMH011）

（四）人际互动的本土特色与国际共通

综合文献和质性分析，笔者使用“敬师乐群”表征学生在校园人际互动方面所体现出的主体性。如图 5.3 所示，这表现为两种鲜明的互动模式：师生的互动没有局限在课程知识之中，进一步扩展到职业、价值观塑造等方面，强调通过交流促进学生更好的学习与未来发展质量，但是在形式上倾向于正式和谨慎（对应“敬”）。同学之间由于学识、见解和阅历的类似，关系更加平等，交往内容更加泛化，生活性、娱乐性的内容占据重要位置。在形式上，同学之间交往形式更加随意、解决观点冲突的方式更加直接（对应“乐”）。

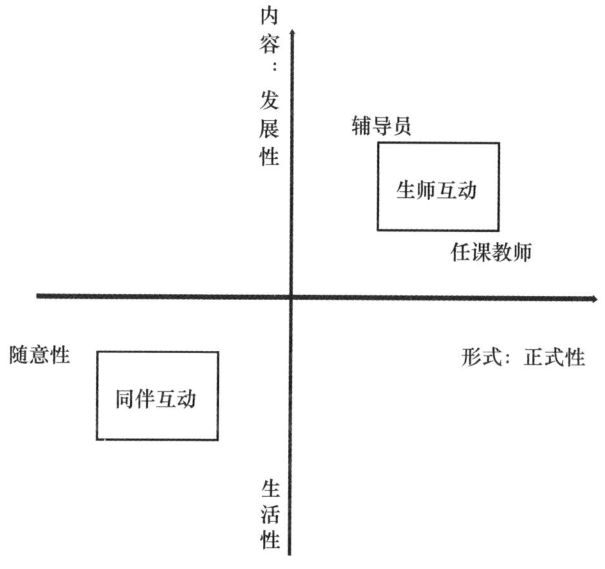

图 5.3　“敬师乐群”的校园人际互动

这种主体性表达的方式与西方存在共通和本土特色之处。共通表现为东西方均重视与同学和教师的交往互动，同伴互动的形式和内容均比较类似。本土特色表现为中国学生在面对教师的时候，会因为专业地位不平等和经验阅历的不同，而使得互动内容和形式有自身的特点。而且这种形式和内容会随着师生熟悉和关系亲密度的不同而发生转变。具体而言，在西方社会中，不论是生师互动还是同伴互动，都是基于法律意义上自由和平等的关系，两类互动特点差异不大。[①] 西方所有关于学习的概念中并没有体现出生师互动的特殊性，比如自我主导性等倡导学生要与教师建构完全平等、不被其权威影响的关系，鼓励较为直接的观点表达，这与中国的实际情况并不相符。而且西方高校的生师互动以学业为中心。学生在遇到其他方面的困难时，首先应该寻求专业机构如心理咨询中心、职业发展中心等的帮助，这并不是任课教师的固有职责。当然，由于西方高校师生关系趋向平等，如朋友般谈论各自人生及职业发展问题的现象也并不罕见。如果以基于完全平等关系之上的师生互动模式来评价中国学生，就会发现后者在表面上呈现出顺从教师的状态，甚至被认为是缺少批判性思维的表现（Keats，1982；Pratt et al.，1999；Tweed & Lehman，2002）。

中国学生在与教师、同学观点不同的时候，解决方式是不同的。这与 Hwang（1997）提出的华人社会中的冲突化解模式一致。他将人际交往对象划分为纵向内群体、横向内群体和横向外群体三类。当与纵向内群体发生冲突的时候，为保持和谐，个体必须顾及对方的面子，采取忍让的策略，即使要协调也采取迂回沟通（indirect communication）甚至阳奉阴违的策略，以达成自身目标。相比之下，对于横向内群体，对于冲突往往会采取直接沟通（direct communication）的方式解决，为了保持关系和谐会互相给对方面子，这样就达成了相互让步和妥协。对于学生而言，教师是纵向内群体，同学是横向内群体，与前者交往要忍让、迂回，与后者交流则更为直接，会相互让步和给面子。这种互动的形式是学生在中国社会和文化环

---

① 不过，从西方对人际交往的理解来看，经过了从主体性（强调的是主体单方面的主导性）到主体间性（主体之间平等与交互的关系）。但是，立陶宛哲学家列维纳斯（Levinas）提出的他者性理论（otherness），在西方文化和情境中更具有颠覆性。在他者性理论中，自我是为他者的存在者，是对他者承担责任的伦理主体。个体承认他者的他性（差异性），愿意倾听他者的声音并愿意为他者负责。这样，双方就是基于伦理角色的自我，积极对他者的期待进行负责和回应的关系。详细内容请参见刘要悟、柴楠《从主体性、主体间性到他者性——教学交往的范式转型》，《教育研究》2015 年第 2 期。

境中，对师生、生生关系的特点进行判断之后做出的自主选择和采取的相应行动，是中国大学生体现主体性的重要方式。

中国传承至今的“尊师重教”传统对此具有重要影响。根据对访谈资料的分析，学生对教师的尊重主要来自以下四个方面：(1) 老师年龄大，是长辈；(2) 老师拥有更多的知识、能力和人生阅历，具有专业性和权威性；(3) 老师拥有管教学生、惩戒学生的权利；(4) 教师职业就是为了学生好，具有“奉献性”。其中，第一点和第三点比较容易理解，而第二点和第四点被受访者更多地提及。有学生表示：“老师知识能力强、阅历多，小时候觉得老师什么都知道。对这样的人，我是崇拜的、尊重的，愿意以其为榜样。”(TRMS003) 关于教师职业的“奉献性”，有学生表示：“老师这个职业角色吧，是人类灵魂的工程师，我相信老师们都有责任感和良好的道德。”(LUFH007) 因此，即使是在现代中国文化情境下，不尊重老师依然会招致反对甚至批评。有学生举了一个例子：“前段时间我跟导师关于一点事情展开辩论。但是我爸知道了之后，还是先训斥了我：即使他做得不对，也是你的老师，你不能对老师发火，要压抑。不能以对待同学的态度来对待老师。”(EUFS001) 除了第一点外，后面三点都体现出学生对中国教师职业的特定认知，这也是教师职业在社会上拥有较高声誉的重要原因。

第六章

传统与现代：中国大学生主体性学习的特点分析

一些研究者借助西方学界提出的深层学习、自我调节性学习等概念和测量工具，分析中国大学生的学习表现。这就将“学习”这一扎根于特定文化情境的社会现象“去情境化”了，过于强调西方概念和标准的“普世性”和“优越性”。基于此提出的改进建议偏向西方教与学的实践，容易因为文化和制度土壤的不契合和不支持而无法施行，还潜在地抛弃了中国文化情境中学习者的优势和特色。第五章提出中国大学生主体性学习的概念框架，既蕴含了本土情境赋予学生的独特心智模式，同时也可以融入关于教与学的国际学术体系之中，从而为理解中国大学生主体性学习的现状和特点提供新的视角。在这一视角下看待大学生的学习过程，可能会看到以往研究相对忽视的内容，也能够结合本土文化和制度以及教育发展特点进行更加合理的解释。

第一节　数据准备：测量指标和计量模型

Morrison（2006）曾经批评多数关于中国学习者的研究样本并

不完善，有的使用在外国读书的华人学生样本，有的仅仅将样本局限在中国香港或台北地区，均没有使用样本量较大的、有代表性的中国学生样本。CCSS（2014—2017）问卷和数据，为建构中国大学生主体性学习的测量指标和数理计量模型提供了良好基础。一方面，这可以更好地展现中国大学生普遍性、群体性和稳定性的特征；另一方面，使用多年数据可以探讨学生主体性学习的逐年变化趋势。

一　指标建构和信效度检验

中国大学生主体性学习指标的构建思路为：第一，问卷题目筛选。根据中国大学生主体性学习的内涵框架，对 CCSS 问卷中的相关题目进行筛选。第二，题目质量检验。从总题库中随机抽取 50% 的样本，检验题项的测量学特征，将区分度（判别系数）小于 0.3（将每一个题目的观察值按照得分进行高低排序，选择出前 27% 和后 27% 得分的观察值均值做差，除以题目选项的极差，得到判别系数）、题总相关系数小于 0.4 的题项删除。第三，探索性因子分析。首先进行 KMO（Kaiser-Meyer-Olkin）和 Bartlett 球形检验（Battlett Test of Sphericity）。前者用于比较变量间简单相关系数和偏相关系数。在一般情况下，当 KMO 值小于 0.5 时，表示题项变量不适合进行因子分析；当 KMO 值大于 0.8 时，表示题项变量可以进行因子分析；若 KMO 值大于 0.9，表示题项变量间的关系是极佳的，非常适合进行因子分析（Spicer，2005）。后者用于检验相关阵中各变量间是否为单位阵，即检验各个变量是否相互独立。若拒绝原假设（$p < 0.001$），则说明可以做因子分析，否则说明这些变量可能会独立提供一些信息，不适合做因子分析。在满足标准之后，选择主成分因子分析方法和斜交旋转方式（假设因子之间存在相关性），检验每一个维度下面是否具有二级指标，并结合理论分析结果确定最终因子。第四，使用另外 50% 的数据对

探索出的指标结构进行验证性因子分析，检验假设结构能否得到数据的支持。

（一）主体性认知策略的指标建构

第一步，问卷题目筛选。根据“学思用结合”的认知策略内涵框架进行题目筛选，得到 12 道题目。这些题目主要涉及基础性的、表面上的接受策略（如课堂上有侧重地做笔记），深层次的、注重内化的深层思考策略（如将自己的学习与社会问题相联系）。因为问卷中关于知识应用策略的题目不够完善，并不能构成一个统计意义上的独立性指标，因此没有纳入因子分析。第二步，题目质量检验。首先，使用题总相关方法进行题目筛查，删除那些题总相关系数小于0.4 的题目。在实际检验过程中，发现“课前没有完成规定阅读或作业”这一道反向题目的题总相关系数为 0.25，暂时予以删除。然后，进行区分度检验。发现所有题目的判别系数均在 0.38—0.66，这说明选择出来的题目具有较好的区分度。第三步，探索性因子分析。利用剩余的 11 道题目，通过斜交旋转的方式进行探索性因子分析。KMO 的值为 0.94，并通过 Bartlett 球形检验（$p<0.001$），表明非常适合进行因子分析。将出现双载荷（cross-loading）（载荷相差小于 0.3）和低载荷（载荷小于 0.3）的题目删除。其中，“从大量信息中迅速获取关键信息”“作业/讨论融合不同课程观点”两道题目因存在双载荷的问题而给予删除。最后分析得出两个因子（如表 6.1 所示）。

表 6.1　**主体性认知策略因子分析结果**

指标名称	具体题项	因子 1	因子 2	鉴别度	题总相关	独特性*
表层接受策略	课上有侧重地记笔记	-0.06	0.81	0.66	0.56	0.39
	课上专心听讲	-0.03	0.81	0.57	0.57	0.39
	课后复习课堂笔记	0.03	0.79	0.57	0.62	0.38

续表

指标名称	具体题项	因子1	因子2	鉴别度	题总相关	独特性*
深层思考策略	通过学习改变对某个问题/概念的理解	0.74	0.11	0.55	0.68	0.42
	通过换位思考更好地理解他人观点	0.78	0.04	0.61	0.61	0.43
	讨论/作业时候从不同的视角考虑问题	0.77	0.02	0.54	0.71	0.42
	反思/检查自己的观点有何优点和不足	0.80	0.02	0.58	0.67	0.38
	将自己的学习与社会问题相联系	0.75	-0.16	0.59	0.64	0.43
	将课程观点与先前经验和知识联系起来	0.75	0.02	0.58	0.68	0.41

*　独特性（uniqueness）代表测量误差和未能被因子所解释的那部分的大小。一般情况下，值大于0.6，说明这些题目/因子未能很好地解释各个原始变量。

结合理论分析结果，大学生主体性认知策略在表层接受和深层思考策略上包括9道题目。其中，表层接受策略涉及3道题目，内部一致性系数为0.78。深层思考策略涉及6道题目，内部一致性系数为0.88。整体的内部一致性系数为0.89，方差贡献率为62.3%。此外，知识应用策略体现在两个层次：课内抽象性作业、课外情境性实践。问卷中用以表征前者的题目为：学年长篇论文/报告作业量、学年中篇论文/报告作业量、学年短篇论文/报告作业量；表征后者的题目是：参与过实习、参与过田野调查/社会实践。

（二）主体性学习动机的指标建构

第一步，问卷题目筛选。根据“内圣外王”式学习动机的内涵框架，纳入反映个体学习动机的10道题目，既涉及个体生发型动机如纯粹的学习兴趣，为提升和完善自我而学习，也涉及社会规范型动机如为考试、升学/就业、满足父母/教师期望而学习等，体现出中国大学生动机的多样化特点。第二步，题目质量检验。首先，进行题总相关检验。“我不知道大学生学的东西有什么用”的题总相关系数为0.37，小于0.4，因此给予删除。① 其次，进行题目在个体层面的区分度检验，得到判定系数的得分值为0.46—0.71，反映出这些题目的区分度较好。第三步，探索性因子分析。计算出 KMO 检验统计量的值为0.82，并通过 Bartlett 球形检验（$p<0.001$），表明比较适合进行因子分析。基于剩余的9道题目，通过斜交旋转方式进行因子分析，结果呈现出两个子维度（如表6.2所示）。

表6.2　**主体性学习动机的因子分析结果***

指标名称	动机类型	具体题项	因子1	因子2	鉴别度	题总相关	独特性
个体生发型动机	学习兴趣	我专心致志学习时内心充满了快乐	0.73	0.04	0.59	0.67	0.46
		我对所学内容感兴趣	0.76	0.13	0.61	0.65	0.45
		我对所读专业感兴趣	0.66	0.14	0.58	0.58	0.58
	自我提升	学习能够让我不断成长	0.72	0.09	0.51	0.67	0.44
		学习是为了不断提升和挑战自我	0.66	0.18	0.58	0.70	0.47
	使命担当	学习是为了国家和社会责任感	0.57	0.28	0.53	0.63	0.59

① “我不知道大学里学的东西有什么用”，这道题目存在歧义。一方面，这可以认为学生不理解学习的深层意义，即学生的学习意义感较差。另一方面，这可以理解为学生不认为当下所学知识对自身的成长和未来发展有用处，反映出学生对可能存在的知识陈旧、所学内容脱离实践等问题的不满态度。因此给予删除。

续表

指标名称	动机类型	具体题项	因子 1	因子 2	鉴别度	题总相关	独特性
社会规范型动机	职业发展	学习是为了就业/升学	0.07	0.80	0.49	0.51	0.33
	他人期待	学习是为了满足父母/教师的期望	0.05	0.83	0.65	0.46	0.33
	竞争/荣誉	学习是为了在考试中获得好成绩	0.07	0.81	0.63	0.62	0.34

* 由于 CCSS 问卷的持续修正，“学习是为了在考试中获得好成绩”“学习是为了国家和社会责任感”并没有在 2014—2017 年的问卷中出现，分别只在 2011 年和 2012 年的问卷中出现，因此利用这两年的数据进行了探索性因子分析。使用 CCSS 2011 年的数据进行因子分析，结果表明，“学习是为了在考试中获得好成绩”这一注重同伴比较的学习动机和职业发展、他人期待取向的动机处在同一个成分之中。使用 CCSS 2012 年的数据进行分析，发现“学习是为了国家和社会责任感”与“我对所学内容感兴趣”等兴趣取向动机、“学习是为了不断提升和挑战自我”等自我提升取向的动机处于同一个成分之中。这也支持了此前认为贡献社会为个体生发型动机的观点。另外，主体性学习动机的方差贡献率尽管达到基本要求，但是还不够高，这很可能是因为在计算方差贡献率的时候，并没有纳入这两道题目所致。

中国大学生主体性学习动机 9 道题目的内部一致性系数为 0.75。其中共有两个子维度，分别将之命名为个体生发型动机和社会规范型动机，方差贡献率为 54.47%。其中，个体生发型动机共有 6 道题目，内部一致性系数为 0.72。社会规范型动机共有 3 道题目，内部一致性系数为 0.62。

（三）主体性人际互动的指标建构

第一步，问卷题目筛选。结合“敬师乐群”的人际互动内涵框架选择出符合条件的 10 道题目。其中涉及大学生与不同类型教师之间的交往（如和任课教师讨论未来发展规划），以及与同学的互动（如就课程内容向其他同学请教）。第二步，题目质量检验。首先，进行题总相关系数计算，总的内部一致性系数为 0.89，每一道题目的题总相关系数在 0.46 和 0.80。其次，判别系数均在 0.51—0.74

之间，表明题目的区分度较好。第三步，探索性因子分析。使用剩余的 11 道题目进行主成分因子分析。KMO 的值为 0.93，并通过 Bartlett 球形检验（$p < 0.001$），表明适合进行因子分析。结果呈现出两个因子（如表 6.3 所示）。

表 6.3　**主体性人际互动的因子分析结果**

<table>
<tr><th>指标名称</th><th colspan="2">题 项</th><th>因子 1</th><th>因子 2</th><th>鉴别度</th><th>题总相关</th><th>独特性</th></tr>
<tr><td rowspan="4">同伴学习</td><td colspan="2">与同学合作完成课程作业或相关任务</td><td>-0.10</td><td>0.75</td><td>0.62</td><td>0.48</td><td>0.49</td></tr>
<tr><td colspan="2">就课程内容向其他同学请教</td><td>-0.14</td><td>0.87</td><td>0.61</td><td>0.51</td><td>0.33</td></tr>
<tr><td colspan="2">帮助其他同学理解课程内容</td><td>0.05</td><td>0.76</td><td>0.54</td><td>0.60</td><td>0.38</td></tr>
<tr><td colspan="2">课后和同学讨论课程内容</td><td>0.15</td><td>0.68</td><td>0.53</td><td>0.62</td><td>0.44</td></tr>
<tr><td rowspan="6">发展性生师互动</td><td rowspan="2">学业发展性互动</td><td>课外和任课教师讨论课程相关内容</td><td>0.59</td><td>0.25</td><td>0.67</td><td>0.73</td><td>0.46</td></tr>
<tr><td>和任课老师讨论作业</td><td>0.57</td><td>0.23</td><td>0.73</td><td>0.70</td><td>0.50</td></tr>
<tr><td rowspan="4">生涯发展性互动</td><td>和任课教师讨论自己的职业计划和想法</td><td>0.87</td><td>-0.01</td><td>0.76</td><td>0.80</td><td>0.25</td></tr>
<tr><td>和辅导员/班主任讨论职业计划和想法</td><td>0.88</td><td>-0.06</td><td>0.75</td><td>0.78</td><td>0.27</td></tr>
<tr><td>和任课教师讨论人生观价值观等问题</td><td>0.90</td><td>-0.05</td><td>0.71</td><td>0.80</td><td>0.23</td></tr>
<tr><td>和辅导员/班主任讨论人生观价值观等问题</td><td>0.90</td><td>-0.07</td><td>0.71</td><td>0.79</td><td>0.24</td></tr>
</table>

中国大学生主体性人际互动共包括 10 道题目，内部一致性系数为 0.89。其中包括两个子维度，累计方差贡献率为 63.89%。将第一个因子命名为同伴学习，指的是个体就课程内容与同学进行讨论和合作，包括 4 道题目，内部一致性系数为 0.77。将第二个因子命名为发展性生师互动，其中既包括学业发展性互动，也包括生涯发

展性互动，内容涉及职业发展、人生观、价值观塑造等。此子维度包括6道题目，内部一致性系数为0.91。

（四）验证性因子分析

使用另外50%的样本数据，进行验证性因子分析，检验探索性因子得出的结构和数据之间的拟合程度。需要说明的是，验证性因子分析一般用来判断一个因素与其测量项之间的关系是否符合假设。在本研究中，主体性学习是一个相对复杂的概念，从理论上看拥有三维二阶次的结构。但是因为其三个方面——主体性认知策略、主体性学习动机、主体性人际互动存在着交叉和关联性，因此重点验证一阶结构，即三个维度与其测量题项之间的结构关联性。本研究假设三个方面及其因子之间具有两两相关性，因此在建构验证性因子分析模型的时候，将六个因子（表层接受、深层思考、社会规范型动机、个体生发型动机、发展性生师互动、同伴学习）均设定为相关。有研究者认为，“在假设模型的检验上，没有单一指标值可以作为唯一明确的标准，一个理想化的适配指标值是不存在的。”（Schumacker et al.，1996）因此，只有多数适配度/拟合度指标达到标准，才能对模型做出拟合较好的结论（Hair et al.，1998）。

表6.4 **验证性分析结果**

模型	RMR	GFI	AGFI	CFI	NFI	NNFI
M	0.03	0.91	0.89	0.90	0.90	0.90
拟合标准	<0.10	>0.90	>0.90	>0.90	>0.90	>0.90
模型	RMSEA	PGFI	PNFI	PCFI	CN	χ^2/df
M	0.06	0.74	0.79	0.79	293（0.05） 310（0.01）	408.52
拟合标准	<0.08	>0.50	>0.50	>0.50	>200	受样本量影响大，不作要求

判断模型拟合情况具有以下标准：（1）RMSEA（渐进残差均方

和平方根）值越小，表示模型拟合度越好。当 RMSEA 值大于 0.1 时，模型则会呈现出不良适配（MacCallum et al.，1996）。（2）RMR（残差均方和平方根）反映假设模型与样本数据的差异，值越小意味着理论模型与样本数据越契合，0.1 以下即可接受。（3）卡方自由度比（即 X^2/df）表示假设模型的协方差矩阵与观察数据的适配度，一般情况下其数值越小（经验值小于 5），拟合越好。但是，卡方自由度比受样本量的影响很大，特别是在大样本中一般不作为判断依据（侯杰泰等，2004）。（4）PNFI、PGFI 分别是简约调整后的标准适配指标（NFI）、适配度指标（GFI），数值大于 0.5 即表示模型可接受。CN 值（临界样本数）表示产生一个适配度符合的假设模型所需要的样本量，大于或等于 200 表示理论模型可以适当反映实际样本的性质。BIC、CAIC 值比独立模型小表明模型可以接受。从研究结果（见表 6.4）来看，不同因子之间显著正相关，相关系数在 0.19—0.76。卡方（Chi-square）为 116020，自由度（Degrees of freedom）为 284。因为用于验证性因子分析的样本量超过 10 万份，使得卡方自由度的比值较大，因此不再以此作为判断标准，而是综合其他指标来进行评价。其他结果表明，RMR = 0.03，AGFI = 0.89，CFI = 0.90，NFI = 0.90，NNFI = 0.90，RMSEA = 0.06，PGFI = 0.74，PNFI = 0.79，PCFI = 0.79。绝大多数指标满足判断标准，总体上表明模型拟合较好。

上述分析结果表明，本研究提出的中国大学生主体性学习的内涵框架，可以在较大程度上通过 CCSS 数据进行表征和反映出来。当然，利用现有问卷在少数指标上的建构存在不足之处，比如在知识应用策略、同伴生活性互动上的题目不够充分，还不能很好地反映出学生对教师的尊敬程度等。对此，笔者借助 SUPERtest 2015 等数据分析结果进行了弥补。

此外，因为学习行为背后的认知和心智模式不能通过数据直接反映出来，因此借助大学生的访谈内容对此进行解读，并探讨其中所体现出来的中国传统文化和教育理念，以及时代和中国高等教育发展阶段所带来的影响。正如谢宇（2018）所言："不可认为单凭数据就能研究中国，而不需要深入了解中国的文化、制度、历史与现实在数据背后的潜在意义……需要在解读数据时挖掘每个社会现象背后看不见却有意义的背景知识和文化内涵。"

二　计量模型

根据第三章建构的主体性学习影响因素框架，将学习成果划分成为三类：通专知识积累、通识能力提升、自我概念明晰。上述学习成果类型的划分，不仅符合现代高等教育关于学生学习成果的普遍性认知，而且反映出中国传统教育思想对学习意义的理解。以三类学习成果为因变量，以大学生基本特征和大学生主体性学习各指标为自变量，构建多元线性回归模型如下：①

$$SLO_i = \beta_0 + \beta_1 SLS_i + \beta_2 SLM_i + \beta_3 SLI_i + \beta_4 SBC_i + \beta_5 SD_i + \varepsilon_i \qquad (6-1)$$

在上述模型中，因变量 SLO_i 指代学生学习成果。其中，通专知识积累由两道题目构成：广泛涉猎各个知识领域和深厚的专业知识。这既考虑了通识性知识的广度，也考虑到专业知识学习的深度。通识能力提升由 7 道题目构成：运用信息技术、批判性思维、解决现实复杂问题、创新性问题解决、口头表达、书面表达、数字和统计信息分析的能力。人们一般认为，中国学生并不擅长此类通识能力，特别是创新思维和问题解决能力不足。自我概念明晰主要由两道题目构成：确立、明晰人生观和价值观、明确自身未来发展规划。

解释变量涉及大学生主体性学习表现、学校支持和课程教学质量、大学生背景特征。其中，SLS_i，SLM_i，SLI_i 分别表征主体性认知策略、主体性学习动机、主体性人际互动。SBC_i 表征大学生的背景

① 这里和第七章课堂主动表达影响学习收获的分析，以及对课堂主动表达影响因素的分析，尽管意欲探讨因果关系，但是并没有使用严格的因果推断（casual inference）方法，因此在本质上依然属于相关关系。这在未来的研究中应该加以改进。

特征，主要包括三个部分，第一是人口学特征变量，使用性别、父母最高职业地位、是否第一代大学生（父母受教育程度）、是否少数民族、是不是农村生源来表征；第二是高中和高考表现，使用是否就读于地市级以上重点中学、高考成绩来表征；第三是大学基本特征，使用年级、专业类型来表征。自我汇报的数据容易受到个人社会称许性（social desiability）的影响，因此控制了社会称许性水平 SD_i。各变量具体的测量方式和描述性统计如表 6.5 所示。

表 6.5　　**回归分析的变量及描述性统计**

变量名	变量定义和测量方式	描述性统计（加权后）	
		均值（标准差）/分类变量分布	缺失率（%）
因变量			
通专知识积累	大学生自我汇报的知识提升和扩展水平，由 2 道题目组成，Cronbach's α =0.73	62.32（21.86）	0
通识能力提升	大学生自我汇报的可迁移性能力增长水平，由 7 道题目组成，Cronbach's α =0.73	62.32（21.86）	0
自我概念明晰	自我汇报的人生观、价值观塑造和未来发展清晰程度，由 2 道题目组成，Cronbach's α = 0.80	64.24（23.42）	0
自变量（大学生主体性学习）			
主体性认知策略	大学生对信息和知识的处理方式，由 9 道题目构成，Cronbach's α =0.89	59.81（16.06）	0
主体性学习动机	大学生意识、激发和维持不同来源动机的情况，由 9 道题目构成，Cronbach's α =0.75 *	67.88（14.53）	0
主体性人际互动	大学生根据自身需求与教师和同学互动的情况，涉及生师发展性互动和同伴学习，由 10 道题目组成，Cronbach's α =0.89	45.25（19.78）	0
自变量（学校支持和教学质量）			
校园支持	学校在学业、职业、心理、经济等方面提供的总体支持，由 8 道题目组成，Cronbach's α =0.90	68.86（18.90）	0
基础教学	教师在课程讲授上的表现，由 4 道题目构成，Cronbach's α =0.85	72.72（17.45）	0

续表

变量名	变量定义和测量方式	描述性统计（加权后）	
		均值（标准差）/分类变量分布	缺失率（%）
自变量（学校支持和教学质量）			
深度教学	教师在推动学生探究式学习、激发学生高阶思维参与方面的表现，由8道题目组成，Cronbach's $\alpha=0.85$	60.93 (18.74)	0
自变量（学生背景特征）			
女生	学生为女生。虚拟变量，1=是，0=否（对照组）	1=47.62% 0=52.38%	0
少数民族	学生为少数民族学生。虚拟变量，1=是，0=否（对照组）	1=7.38% 0=91.43%	1.19
独生子女	学生是独生子女。虚拟变量，1=独生子女，0=非独生子女（对照组）	1=45.30% 0=53.53%	1.17
父母最高职业地位	父亲和母亲两人中最高的职业地位。类别变量，1=农业生产人员（对照组），2=非技术劳动者（体力工人/商业服务人员），3=技术工人/个体商户，4=专业技术人员（初级/中级/高级专业技术人员），5=机关企事业单位中高层管理者，6=其他人员（自由职业者、流动摊贩、村主任/书记、军人/警察、去世/无业以及其他难以分类的职业）	1=14.37% 2=14.22% 3=29.66% 4=12.62% 5=17.78% 6=7.99%	3.37
家庭第一代大学生	父母的受教育水平均在高中及以下水平。虚拟变量，1=第一代大学生，0=非第一代大学生	1=71.00% 0=27.74%	1.27
农村生源	学生在读大学之前居住在农村。虚拟变量，1=是，0=否（对照组）	1=29.30% 0=69.50%	1.20
高校类型	学生目前就读学校的类型。类别变量，1="985工程"建设院校（对照组），2="211工程"建设院校，3=地方本科大学，4=地方本科学院	1=4.05% 2=8.56% 3=38.81% 4=48.58%	0
专业类型	学生目前就读专业所属的学科领域。类别变量，1=人文学科（对照组），2=社会科学，3=自然科学，4=工程类学科	1=15.56% 2=28.57% 3=11.69% 4=44.18%	0.01

续表

变量名	变量定义和测量方式	描述性统计（加权后）	
		均值（标准差）/分类变量分布	缺失率（%）
自变量（学生背景特征）			
年级	学生目前就读的年级。类别变量，1 =1 年级（对照组），2 =2 年级，3 =3 年级，4 =4 年级	1 =25. 25% 2 =25. 02% 3 =26. 44% 4 =23. 29%	0
社会称许性水平	个体受到社会期许影响而在自我陈述型题目上回答偏高的情况，连续变量	58. 147 （22. 49）	0
数据年份	学生参与调查年份。类别变量，1 =2014 年（对照组），2 =2015 年，3 =2016 年，4 =2017 年	1 =21. 62% 2 =20. 83% 3 =26. 73% 4 =30. 81%	0
大学前学业表现			
高考分数	学生在本次高考中取得的成绩。连续变量，根据生源地、入学年份、高考类型（文、理科）进行了标准化处理。	484. 06 （107. 22）	9. 27 **
重点高中	学生就读高中为地市级以上的重点高中。虚拟变量，1 = 地市级以上重点高中，0 = 一般高中（对照组）	1 =69. 15% 0 =29. 65%	1. 20

*　由于“为了在考试中获得好成绩”“国家和社会责任感”两道题目并没有在 2014—2017 年问卷中出现，因此在计算此指标的内部一致性系数时，实际上使用了 7 道题目。

**　数据中高考成绩缺失较多，如删除有缺失值的观测点就会损失较大比例的样本，因此本研究采用“缺失标注法”（Missing Flag）处理了高考成绩的缺失值。对于其他变量，因缺失比例较小，采用了成对剔除法（Pair-wise deletion）的方式进行处理。

各变量构建时为百分制计分，再将得分标准化后进入模型。为纠正同一学校内个体样本残差不独立的问题，在回归估计时以学校为单位进行了聚类（cluster）。同时，为纠正样本结构与总体的差异，所有描述性统计和回归分析均使用了样本权重。所有计量分析均使用 Stata 13.0 软件进行。

第二节　主体性认知策略的表现和特点

在中国大学生主体性学习的概念框架下，借助基于 CCSS 数据构建的指标体系，在和美国大学生学习表现加以比较的过程中，分析在传统治学理念和时代发展双重作用下，中国大学生主体性学习在各指标上的表现水平和特点。认知策略体现出学生选择何种策略处理知识，并成为现代高校、教师和学生最为重视的部分。分析得出其具有三个特点：第一，课堂接受表现较好，课外接受较为随意；第二，深层思考总体较好，“关联性思考”一般；第三，课内作业由多转难，课外实践参与积极。第四，不同策略共推学习，深层思考作用更大。

一　课堂接受表现较好，课外接受较为随意

如表 6.6 所示，以百分制计分的方式进行计算，中国大学生在表层接受策略上总体处于中等偏上水平（M = 60.49，SD = 20.25）。而且，2014—2017 年，学生表层接受策略总体上呈现出缓慢提升的状态（见图 6.1），2017 年得分比 2014 年高出 0.07 个标准差。[①]

从题项来看（见表 6.6），表现最好的是课上专心听讲：大一

---

① 首先将相关题目在 2014—2017 年的所有得分标准化，然后计算得出每一年表层接受策略的均值。在图 6.1 中仅能比较不同类型策略的逐年变化趋势，并以标准差为单位。但是，此图并不能比较表层接受策略与深层思考策略的得分大小。

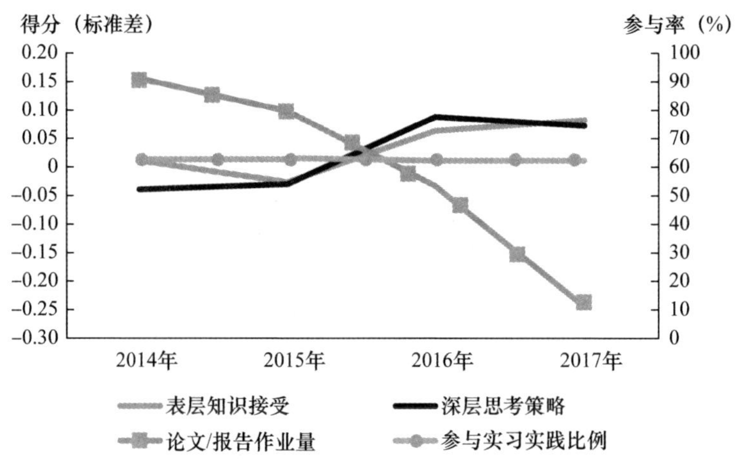

图 6.1 不同类型认知策略的逐年变化趋势

新生能够经常做到（选择了“经常”或“很经常”，下同）的为 80.32%，大四学生为 79.55%。其次是课上有侧重地记笔记，经常做到的大一学生占比为 67.72%，大四学生占比为 71.01%。这两道题目尽管在美国 NSSE 数据中找不到对应项，但是被普遍认为是中国学生擅长的认知策略。相比之下，尽管学生在课后及时复习笔记内容的表现尚可，能够经常做到的大一和大四学生占比为 50.75% 和 53.52%，但是已经低出美国同年级大学生十几个百分点。反向题目“没有完成阅读或者作业就来上课”并没有被纳入表层接受策略指标中，但体现出中国大学生在知识预习策略上的表现。结果发现，有 30.74% 的大一学生和 36.28% 的大四学生经常不完成阅读或者作业就来上课。这一比例在美国大学生群体中分别为 18% 和 20%，低出中国学生十几个百分点。这表明，接受策略一旦超出课堂，其非强制性和自主选择性增强，中国学生的表现就不尽如人意了。

表 6.6　　表层接受策略的基本表现　　（%）

变量（均值 & 标准差）	具体题项	中国（2014—2017）		美国（2017）	
		大一	大四	大一	大四
表层接受策略（M = 60.49，SD = 20.25）	课上有侧重地记笔记	67.72	71.01	—	—
	课上专心听讲	80.32	79.55	—	—
	课后及时复习笔记	50.75	53.52	65.00	61.00
	没有完成阅读或者作业就来上课	30.74	36.28	18.00	20.00

注：表中数据代表能够经常做到（选择“经常”或“很经常”）的学生占比。

中国学生对上课听讲和记笔记有着普遍的积极认可。学生认为，上课听讲是学习的必备环节，也是深入理解的基础。“这是接受新知识的过程，绝大多数是在上课的时候获得的，是对知识最基础的认识。之后所有的步骤和环节，都建立在上课认真听讲、接受知识的基础之上。”（LUMS002）在这种意识下，学生们的表现普遍较好。与此类似，记笔记是一个“好习惯”：“从小老师就说，好记性不如烂笔头……我特别喜欢记笔记。现在多用 PPT，板书少了，所以我觉得只要是老师愿意写的，肯定都是重要的。”（LUFH007）而且，笔记已经成为复习迎考、学生们互相传阅交流的重要参考资料。

相比之下，学生对课堂之外的预习和及时复习并不重视，“随意性预习”（预习时间短、质量低）、“突击性复习”（不及时复习、临近考试才复习）的现象相当普遍。一位就读于中国顶尖大学的四年级学生认为，“我从小就有预习的习惯。但是到大学之后就懒散了，一般不提前看书，或者就简单翻一翻，知道要讲什么就行。”（TRMS003）在课后复习笔记问题上，也有学生表示：“下课比较少复习笔记，会放到期末的时候进行。”（LUMH008）“在期末考试的时候复习，印象更加深刻。”（LUMH003）尽管“临时抱佛脚”可以帮助学生通过考试，但是却将小步子、持续性、规律性的复习节奏打乱了，势必会影响知识思考的细致和深刻程度。其原因在于，第一，大学教师在学生预习和复习上普遍采取鼓励态度，缺少强制要求。有学生表示，“老师不会要求我们课下复习……他主要还是让我们好好听讲。”（LUMH008）但是在中学阶段，预习和复习是必备环节。笔者在高中学习时，预习往往需要投入大量的时间和精力，而且需要做纸质版本的“导学案”，反馈给任课教师。任课教师课前通过批改“导学案”，了解学生的学习情况，并在课上进行针对性的讲解。第二，学生发现即使不预习或进行突击性复习，依然能够通过考试。第三，大学期间课外活动更加丰富、更有吸引力，占用了预习和复习的时间。有学生认为：“平时其他的事情比较多。下课之后没有老师监督，会玩游戏，打篮球，不会去复习。”（LUMH008）。

可见，中国大学生在表层接受策略上总体表现较好，但是并不均衡，特别是在课外非强制的预习和复习上，和美国学生相比还有差距。中国高校处于由规模扩张向内涵式发展的转型时期，过程性的教学规定和要求不够严格，加上学生基础教育阶段的“透支”在大学期间得到释放，滋生了总体懒散的学习氛围和学生较为松懈的学习习惯。此外，大学和基础教育阶段在学习目标和方式上存在差异，使得基础教育阶段作为强制性、制度性的认知策略如预习和复习策略等，在大学期间转变成为鼓励性的、可选择的策略。考试评价的低要求，使得其重要性不能得到学生的普遍认可，自然会表现出不足和随意。

二　深层思考总体较好，“关联性思考”一般

如表6.7所示，中国大学生在深层思考策略上总体表现较好（M=60.79，SD=18.67），能够经常做到这一点的在55%以上。结合图6.1可知，与表层接受策略类似，深层思考策略在总体上呈现出提升态势：2017年得分比2014年得分增加了0.11个标准差。

具体而言，表现最好的是“通过换位思考更好地理解他人观

点”，经常做到这一点的大一和大四学生占比分别为75.83%和77.46%。水平较低的是“将自己的学习与社会问题相联系”，大一和大四学生中经常做到的占比在55%左右。和美国大学生相比，中国大学生在各种深层思考策略上表现相当，在“反思/检查自己的观点有何优点和不足”“通过换位思考更好地理解他人的观点”“讨论/作业时候从不同的视角考虑问题”上，中国学生表现出明显的优势。只不过，在“将课程观点与先前经验和知识联系起来”这道题目上，中国学生尽管表现较好，但是依然低出美国大学生约10个百分点。加上学生在“将自己的学习与社会问题相联系”上表现一般，反映出和美国学生相比，中国学生在思考的过程中存在一定的“孤立性”，即没有更好地将新知识与旧有知识、与自身经验，甚至与现实问题有效联系与整合起来。

表6.7　**大学生在深层思考策略上的表现**　（%）

变量（均值＆标准差）	具体题项	中国（2014—2017）		美国（2017）	
		大一	大四	大一	大四
深层思考策略（M＝60.79 SD＝18.67）	通过学习改变对某个问题/概念的理解	66.86	72.45	67.00	71.00
	通过换位思考更好地理解他人的观点	75.83	77.46	70.00	72.00
	讨论/作业时候从不同的视角考虑问题	55.11	63.72	50.00	52.00
	反思/检查自己的观点有何优点和不足	67.62	73.00	63.00	66.00
	将自己的学习与社会问题相联系	55.04	56.95	51	60.00
	将课程观点与先前经验和知识联系起来	64.62	71.35	77.00	84.00

注：表中数据代表能够经常做到（选择“经常”或“很经常”）的学生占比。

学生们普遍认为大学期间更加重视思考，自己在这方面的表现也更好。第一，随着年龄和年级的升高，自身抽象思维能力增强，对待新知识逐渐从记忆和接受升级到深层思考。有学生结合自身经历说道："小学到初中，就是记住，也不会思考。到了高中之后，体现思维和思考的内容开始增多。大学就绝对不是死记硬背了，绝大部分都要进行思考。"（TRMS002）第二，深层思考策略对学习成果的提升具有更大作用，这一点在本章定量分析的结果中也有体现。有学生表示："大家都是在听课，为什么后面有人考得高，有人考得低，那是因为有的人思考深入，有的人就没有怎么思考。"（LUFH007）第三，大学期间学习内容从基础和经典知识转变为高深和前沿知识，促使教师或课程不断提升认知要求。借助 CCSS 数据进行分析表明，多数大学生认为课程或者教师在高阶认知目标上有较高程度的强调和要求，对高年级学生的认知要求，甚至高于美国高校（见表 6.8）。

表 6.8　**中美大学生在认知目标上的比较**　（%）

教师/课程要求的认知目标	中国（2014—2017）		美国（2017）	
	大一	大四	大一	大四
记忆	79.82	76.86	70.00	60.00
运用	74.20	80.10	78.00	78.00
分析	72.89	78.54	75.00	75.00
综合	71.11	76.63	70.00	69.00
评价	67.10	73.76	71.00	71.00

注：表中数据的含义为，认为教师或课程较为强调此认知目标的学生占比。

可见，深层思考策略一直为中国传统治学经验所重视和强调，高校情境甚至对此起到了强化和促进作用。但是，中国强调"不悱不启""道而弗牵"的教学方法，以及学生一贯含蓄和内敛的个性，使得学生倾向于自问和领悟，而不是让思维过程和结果外显。

这种内敛的、沉默的思维方式容易被误认为缺乏思考、不会思考。当然，深层思考所涉及的内容比较广泛，上述结果表明中国学生思维的多视角、反省性和可塑性较强，不过思维的联系性、审辩性乃至批判性可能需要加强。

三　课内作业从多转难，课外实践参与积极

笔者通过质性编码分析发现，知识的应用策略表现为课内作业和课外实践两个层次。前者偏向知识的抽象应用，后者则是在真实情境中运用和检验知识。课内作业涉及做题、做实验、写长短论文等形式。由于问卷中没有涉及做题/做实验的题目，因此只对长短论文写作进行分析。后者则包括参与实习、社会实践、田野调查等。

表 6.9　**大学生在知识应用策略上的表现**　（%）

知识应用策略	中国（2014—2017）		美国（2017）	
	大一	大四	大一	大四
学年长篇论文/报告作业量超 6 篇	4.05	4.32	4.00	48.00
学年中篇论文/报告作业量超 6 篇	6.96	7.32	10.00	19.00
学年短篇论文/报告作业量超 6 篇	12.72	12.81	42.00	8.00
参与过实习（2015—2017）	14.10	84.35	7.00	48.00
参与过田野调查/社会实践（2015—2017）	34.52	71.56		

注：表中数据代表符合条件的学生占比。

不同长度的论文/报告写作，就是利用所学知识去分析一个理论性或现实性的问题。中国大学生学年平均写作/报告作业量多于 6 篇的占比较少，低于 10%。不仅如此，近几年来学生的论文/报告写作量总体上呈现出下降趋势，2017 年的表现比 2014 年下降了约 0.4 个标准差（见图 6.1），需要给予充分关注。相比之下，美国大学生年均写作量较大，而且随着年级的提升，短篇写作量不

断减少，代之以数量不断增多的长篇写作。不仅仅是写作量，受访理工科学生认为自己在大学期间的做题数量也在减少，仅有 23.42% 的中国工科学生认为课程作业量很重（根据 SUPERtest 2015 年数据计算得出）。这在基础教育阶段是不可想象的：我国基础教育阶段作业负担重已成社会共识，PISA 测试也表明上海中学生课业量几乎是 OECD 国家均值的 2 倍（上海教育，2013）。

基础教育阶段课业量尽管数量多，但是挑战度低：在上海学校参与 PISA 测试的结果中，仅有 31.1% 的学生认为"老师经常布置需要我们花很长时间思考的问题"，低出 OECD 国家均值（53.3%）20 多个百分点（上海教育，2013）。而在大学阶段，课内作业包括理工科学生的"做题"正在从基础教育阶段强调"数量"转变到提高"难度"上来，认知要求和挑战度大幅提升，需要投入更多的"思维量"：

> 高中如果一个星期做了 10 道题，会觉得好少。但是大学期间的习题很少，难度很高，盯着看了一个小时，都不知道怎么做……高中的知识点很少，来来回回就这些。大学看到一道题，好像考的是个函数，然后又带了一个极限，你根本不知道到底考的哪里的内容。它有可能还带着导数，有可能带着它的展开，有可能是数列，就是你没有办法从一道题目的题干去确定它的考察范围。"（TUFS004）

在课外实践上，中国大学生参与率较高。特别是对于四年级学生而言，田野调查、社会实践活动的参与水平已经超过 50%，专业实习的参与率更是超过了 80%。这从 2014 年到 2017 年表现一直平稳（见图 6.1）。相比之下，美国大学生的表现要差于中国大学生，即使到了四年级，参与过实习或者社会调查的比例还没有超过 50%，一年级学生参与率更低。这可能源自两个原因。第一，存在"补偿性参与"现象。中小学生由于高考压力，多在课内进行抽象性练习

（即各类作业），较少在真实情景中应用知识。进入大学，新的人生发展阶段赋予学习者新的任务如就业、考研等。全面提升自身能力、为生涯选择和发展做准备的需求，促使学生主动参与实习、田野调查等社会实践活动，学以致用。比如有学生表示："中小学都是看看书，做做题，可能还看看视频，但是都很少出校门真正把知识试一下。但是大学还不去实践，去提升自己的能力，整天待在学校里，就是纸上谈兵，就是死学。"（EUMS004）第二，高校给予了"制度性支持"。和课内各类型作业相比，课外实习和实践活动需要更多的时间投入、机会提供、环境创设和资金保障等，属于成本较高的活动。中国高校将其纳入制度化的教育体系之中，成为必不可少的人才培养环节。这对学生参与有了强制要求的同时，也提供了大量的资源给予保障。

可见，强调"习行"即知识应用策略是中国学习者的重要认知策略。从基础教育到高等教育阶段转变的过程中，课内作业这种最常见的抽象性练习，从重视"数量"向强调"挑战度"转变。与此同时，处于现实情境中的"行"受到大学生更高程度的青睐。这表明，对知识应用策略的重视，在不同教育阶段有着不同的关注点。这种转变主要受到高等教育特点的影响：高等教育的逻辑起点是高深和前沿知识，必须用认知的深度提升取代简单的数量增加；高校与社会的强联系、学生面临职业生涯发展的选择，也会使得学生更积极地参与各类实践活动，在其中应用所学。

四　不同策略共推学习，深层思考作用更大

借助 CCSS 数据，可以分析不同类型认知策略之间的关系，以及不同类型认知策略整合起来与大学生学习成果的关系。结果表明：（1）表层接受策略、深层思考策略和知识应用策略之间呈现出显著的正相关性，并非相互独立，更不是对立关系。（2）不同类型认知策略共存、互补，正相关于学生学习成果。（3）表层接受策略应用过多，可能会抑制深层思考策略对学生知识积累的影响效应；论文/

写作作业量过多，可能会抑制深层思考策略对学生通识能力提升的影响效应；而实习实践活动参与的增多，将增强深层思考策略对学生通识能力提升的影响效应。

表 6.10　**不同类型认知策略之间的皮尔逊相关系数**

	表层接受策略	深层思考策略	论文/报告作业量
表层接受策略	1		
深层思考策略	0.50 ***	1	
论文/报告作业量	0.11 ***	0.15 ***	1

注：*** $p<0.001$。

不同类型认知策略之间的相关性分析如表 6.10 所示。其中，表层接受策略和深层思考策略之间呈现出中等程度的相关性（$r=0.50$，$p<0.001$）。尽管知识应用策略的指标建构不够严谨，但是依然可以发现论文/报告作业量与表层接受策略、深层思考策略之间的显著相关性（$0.11<r<0.15$，$p<0.001$）。由于参与课外实践活动（包括专业实习、社会实践、田野调查）是二元变量，因此通过独立样本 t 检验的方式，判断参与活动与其他类型策略表现之间的关联性。结果表明，和没有参与课外实践活动的学生相比，参与了课外实践的学生在表层接受和深层思考策略上的表现更好：在表层接受策略上，参与社会实践的学生的得分（$M=0.12$，$SD=0.999$）显著高于没有参与过的学生（$M=-0.13$，$SD=0.98$），效应量为 0.25。与此类似，在深层思考策略上，参与社会实践活动的学生得分（$M=0.17$，$SD=0.999$）显著高于没有参与过的学生（$M=-0.18$，$SD=0.97$），效应量为 0.34。这体现出不同类型的认知策略之间并不矛盾，而是呈现出显著的正相关作用，很可能是相互促进的。

进一步来讲，利用式（6-1）的多元线性回归模型去检验不同类型的认知策略对学习成果的影响，以及不同认知策略的交互影响①，结果如表6.11所示。在控制了学生背景特征、大学前学业表现、学校支持和教学质量、主体性学习动机和人际互动之后，无论是表层知识接受还是深层知识思考，抑或是不同类型知识应用策略，与不同类型学习成果之间均呈现出显著正向相关性。其中，表层接受策略得分每增加一个标准差，通专知识积累和自我概念明晰的得分就增加0.01个和0.06个标准差；深层思考策略的得分每增加一个标准差，不同类型学习收获得分就增加0.12—0.19个标准差；论文/报告作业数量与各类型学习成果之间呈显著正相关，前者得分每提升1个标准差，后者得分就会提升0.08—0.12个标准差。和没有参与过社会实践活动的学生相比，参与过的学生在通识能力提升的得分上要高出0.02个标准差。这已经表明，不同认知策略可以同时存在，起到互补作用，能够整合起来对各类学习成果产生更大的正向影响。深层思考策略对学生学习收获的影响更大。

上述分析证实了表层接受策略、知识应用策略的积极性，但是其得分是不是越高就越好呢？笔者在多元线性回归模型中加入不同策略交互项，通过计算交互项系数，展现各类型认知策略得分的提升，对深层思考策略影响效应所带来的调节作用。

结果表明，表层接受策略和深层思考策略的交互项系数为负，意味着随着表层接受策略得分的不断提升，深层思考策略对知识积累的正向影响会减小。这具有合理性，假如学生非常擅长表层接受策略，在这方面的表现太强，深层思考策略对学生知识积累的积极作用就没有机会体现出来。这提示我们，尽管表层接受策略、深层

① 在社会科学研究中，将连续变量交互项放入回归模型之中的情况比较少。其原因是，第一，在统计学意义上，只是看系数绝对值的意义不大。整合效应是交互项与交互变量之间的函数，交互变量水平越高，交互效应即整合效应就越明显；第二，在现实意义上，在缺少理论或文献支持的情况下也不容易解释。但是本研究重视的是交互项系数是正还是负，是显著还是不显著，并不需要对这种“整合效应”进行准确估计。

思考策略可以同时对学习成果产生积极影响，但是两者的积极影响不会同时增大，影响效应可能出现此消彼长的现象。由于深层思考对学生学习收获的整体正向作用更大，因此不能过于强调提升其他认知策略，特别是表层接受的表现水平。这可能会抑制深层思考的积极作用。

在知识应用策略中，论文/报告作业量和学生深层思考策略交互项系数为负，意味着论文/报告作业量如果太多，就会影响学生深层思考策略对通识能力提升的积极作用。这表明作业的“质”比“量”更重要。课外社会实践和深层思考策略的交互项系数为正。这意味着与没有参与过社会实践活动的学生相比，对于参与了社会实践活动的学生而言，深层思考策略与通识能力提升和自我概念明晰的相关性会显著提升（$r>0$，$p<0.001$）。结合访谈内容更容易理解这一点：参与情境性的实习实践活动如同催化剂一般，会让学生思考得更加深刻，促进学生不论是在知识，还是在综合能力，抑或是在自身的价值清晰上都获得更高水平的提升。

表 6.11　　**不同认知策略影响学习收获的回归分析结果**

	通专知识积累 (b/se)	通识能力提升 (b/se)	自我概念明晰 (b/se)
表层接受策略	0.01*	0.00	0.06**
	(0.01)	(0.01)	(0.02)
深层思考策略	0.12***	0.19***	0.18***
	(0.01)	(0.01)	(0.01)
论文/报告作业	0.08***	0.12***	0.08***
	(0.01)	(0.01)	(0.01)
课外社会实践	0.01	0.02***	-0.01
	(0.01)	(0.01)	(0.00)
表层接受策略 * 深层思考策略	-0.02**	-0.01	-0.01
	(0.01)	(0.01)	(0.01)
课外社会实践 * 深层思考策略	-0.00	0.02*	0.01
	(0.01)	(0.01)	(0.01)

续表

	通专知识积累 (b/se)	通识能力提升 (b/se)	自我概念明晰 (b/se)
课外社会实践 * 表层接受策略	0.01	-0.01	-0.03
	(0.02)	(0.01)	(0.01)
论文/报告作业 * 表层接受策略	-0.01	-0.01	-0.00
	(0.00)	(0.01)	(0.00)
论文/报告作业 * 深层思考策略	-0.01	-0.01*	0.00
	(0.01)	(0.00)	(0.01)
常数项	-0.68***	-0.88***	-0.71***
样本量	148830.00	148831.00	148813.00
R^2	0.40	0.47	0.34
控制变量：主体性学习动机、主体性人际互动、学生背景特征、大学前学业表现、填答年份、社会称许性水平			

注：所有变量标准化之后进入回归方程；回归中使用了样本权重，标准误以学校为单位聚类。* 表示 $p<0.05$，** 表示 $p<0.01$，*** 表示 $p<0.001$。

第三节　主体性学习动机的表现和特点

学习动机的选择、激发和维持反映出学习者对自身学习与发展需求的认知，以及自身学习动力的来源。经定量数据分析表明，主体性学习动机体现出三方面的特点：第一，学习动力水平高，表现类型多样化；第二，体现出立足自我、兼顾他人和社会的动机特点；第三，个体生发和社会规范型动机同时对学生学习收获产生正向作用，前者的积极作用更大。

一　学习动力水平高，表现类型多样化

CCSS 数据分析结果表明（见表 6.12），有 70% 左右的大学生认为自己本学年的学习动力很强。而且，大学生的总体动力水平呈现

出逐年提升状态（见图 6.2），2017 年动力水平比 2014 年高出 0.13 个标准差。学习动力是不同类型学习动机的整合体，后者在本研究中被划分为个体生发型动机（M = 66.82，SD = 16.72）和社会规范型动机（M = 61.48，SD = 18.40）。两者的得分表现均处于中等偏上水平，体现出中国大学生高水平的动力状态。有研究者（张红霞、吕林海，2015）认为，中国大学生往往认知水平高但情意发展低。其中“认知”表示人认识世界过程的心理学概念，通常以考试成绩来反映；“情意”反映人的情感表达特点，包括动机、态度、自我认同、自信、焦虑等。但是，至少在本研究中，中国大学生的学习动力是较高的，反映出较强的向学状态。这也容易理解，在社会发展稳定、就业竞争加剧的时代，在拥有“教育改变命运”信念的中国文化环境中，对于家庭第一代大学生占比超过 70% 的中国高校学生群体而言，学习是他们找到理想工作、促进家庭社会经济地位提升的重要途径。有 90.07% 的大学生认为，自己在职业发展取向的动机上较强（选择“强”或“很强”，下同），在一定程度上证实了这一点。除了社会规范型动机，个体生发型动机水平也较高。其中，表现水平最低的是使命担当取向的动机，仅有约 54.21% 的大学生认为自己的学习来自于对社会和国家发展的使命。这在总体上反映出学生学习动机的多样化状态。

表 6.12 **中国大学生学习动机表现水平** （%）

动机类型	具体动机取向	题项	很强	强	弱	很弱
个体生发型动机	学习兴趣	专心致志学习时内心充满了快乐	25.30	56.60	16.24	1.85
		对所学内容感兴趣	19.30	51.49	25.56	3.66
		对所读专业感兴趣	19.24	56.81	20.80	3.15
	自我提升	我愿意学习因为它使自己不断成长	29.86	58.67	10.35	1.11
		学习是为了挑战和提升自我	23.00	56.77	18.33	1.90
	使命担当	国家和社会责任感	13.89	40.32	36.26	9.53

续表

动机类型	具体动机取向	题项	很强	强	弱	很弱
社会规范型动机	竞争/荣誉	考试获得高分	20.94	47.15	26.57	5.34
	职业发展	升学/就业	38.63	51.44	8.83	1.10
	他人期待	满足父母/教师期望	22.74	54.08	19.26	3.92
总体学习动力		本学年总体学习动力	19.42	50.62	24.95	5.00

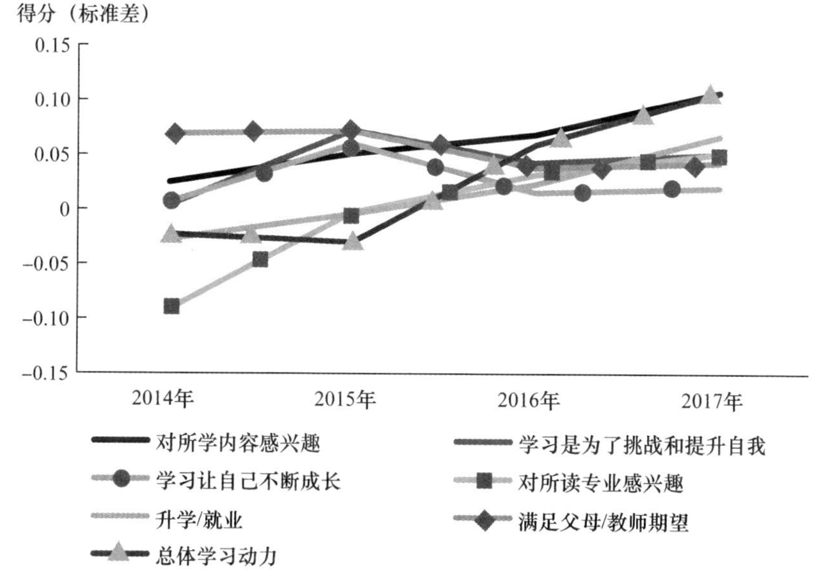

图 6.2 不同类型学习动机的逐年变化趋势

近代以来，中国经历了跌宕起伏的社会变革，特别是改革开放以来的经济发展、技术进步和西方文化的冲击，带来了价值理念的多元化。和中国古代相比，如今高等教育的普及率已不可同日而语，2017 年，中国高等教育毛入学率达到 45.7%，进入大众化后期；2020 年，中国高等教育毛入学率已经达到 54.4%，进入普及化发展阶段。高等教育的普及化，使得大学对于适龄青年而言不再是享有社会上的某种特权，而是适应社会发展的基础和自然选择。在高等教育精英化和大众化前期难以进入高校的大量学习者进入了大学，重塑了学生群体的结构和特征，学习动机的多样化是其中最为基础和根本的表现。而且，大学生动机的多样化和基础教育阶段学生动机的相对单一形成对比。中国基础教育阶段的评价体系比较单一，大多数学生以高考/考大学的学习动机为主，其他类型动机即使存在，也处于绝对的从属地位。但是进入高等教育阶段，学习者背景、生涯发展任务以及评价方式多样化促进学习动机的差异化。正如有学生所言："现在（大学）不一样，想的是全方面提升自己，不是仅仅在一个评价体系（高考）中变得更好。大学评价更加丰富多样，成绩只是其中一个部分。读完大学要找工作，他们看到的是整个人表现出来什么，而不仅仅是自己的成绩。"（EUFS001）

二 立足自我发展，兼顾他人与社会需要

经 CCSS 2012 年数据分析可知，占比最多的学生（90% 左右）认为，学习动力来自职业生涯发展，其次是自我提升、满足他人期待、学习兴趣、荣誉/竞争和为社会做出贡献。如果要学生从中选择最强的一个，有 42.63% 的学生选择了职业生涯发展（升学/就业），有 21.73% 的学生选择了自我提升（挑战和提升自我），有 15.43% 的学生选择了满足他人期待（满足父母和教师的期望），有 10% 的学生选择了学习兴趣（探索事物/知识的兴趣），仅有 2.23% 的大学生选择使命担当取向的动机（国家和社会的使命感）。职业发展、自我提升取向动机，关系到自身的生存、成才和发展，认为此二者动机最强的学生占比超过 60%，在学生的动机结构中具有主导性。这使得学生在整体上呈现出"立足自我，兼顾他人与社会"的动机特点。

职业发展取向的动机包括就业和考研两类，是大学生需要面对的现实问题。在学生眼里，为此学习天经地义、无可厚非。比如有学生认为："不论是老师还是家长，他们都会说，好好学习，考大学，找一个好的工作。"（LUMH003）"如果不学习，推研就不行。"（TRMS003）特别是在"新常态"下中等水平的经济增速和连年攀

升的大学毕业生数量，带来了严峻的就业挑战，学生不得不将自身的职业发展放在首位，以满足“基本生存需要”。而且，这一动机出现逐年上升的态势，2017 年这一动机的得分比 2014 年高出约 0.10 个标准差。自我提升是获得良好职业发展的基础，因为“只有优秀了才能找到好工作，过上好生活”（LUMS002）。自我提升取向的动机和职业发展取向的动机之间具有显著正相关性（$r = 0.31$，$p < 0.001$），也反映了这一点。而且，自我提升是修身的现代化表达，蕴含着中国读书人对知识和学习本身的内在承诺。“就是为自我完善而追求知识，我信仰这个。我想要学一样东西，是想学，不是想混。这就是追求成长吧。”（TUFS004）在大学阶段，其提升既超出了传统道德，也超出基础教育阶段关注的知识，涉及道德、知识、技能等更加全面的成长。

其次是满足重要他人的期待。在进入大学之后，教师对学生的直接要求减少，父母的期待、干预和指导也大幅减少。这一动机较强再次证明，中国学生在满足自身生存与发展的需求之后，开始考虑与自身学业关系密切的重要他人利益，回报“学习利益共同体”其他成员的付出（精神上的期待、物质上的支持等）。相比于满足教师期待，学生在满足父母期待的学习动机上表现得更为明显，并认为这是中国文化非常推崇的优秀品质——孝顺。比如，“每次想着他们（父母）咬着牙给我支持的时候，都是我学习动力最强的时候。我觉得自己要感恩。爸妈在自己身上花了很多时间和精力，我肯定衷心地想让他们高兴，回报他们。百善孝为先，我希望他们会因为我的学业优秀而开心。”（EUFS003）一位家庭经济条件不是很好的受访者更是赞同此：“家长从小就教育自己要好好上学，父母受多少苦都没事，将来享福是你啊”“全家人的命运都托在你身上了”，这使得他“有一种很强的责任感，去改变家族命运，改变自己家庭……学好了，如果不考虑家庭，就是不孝顺”（TRMS002）。这充分体现出，中国学生将学业的成功作为对其父母的责任，满足他们的期待非常重要（翟学伟，2011；Salılı，1999）。不过，学生这一动机有缓慢降低的态势，2017 年这一动机水平比 2014 年降低约 0.03 个标准差。这反映出随着现代化进程的推进，学生的独立性和自主性不断增强，具有中国特色的“共同体性”动机有可能会逐渐弱化。

相比之下，真正超脱出自身和家庭利益，愿意为承担国家和社会责任而学习的占比并不高。这反映出“兼济天下”这一动机的重要性对于现代大学生而言处于“兼顾”和“顺便”的位置。即使是致力于培养社会精英的“985 工程”建设高校，和其他类型高校相比，学生在使命担当取向的动机水平上并没有体现出优势。这种现象主要是因为学生认为自己的知识、能力和影响力有限，没有办法为社会做贡献，甚至改变社会。比如有学生表示：“我还没有想到为社会做贡献的问题。感觉这件事情太远了。如果我是出名的社会企业家，我就可以（笑）。现在还是学习阶段，没有达到一个可以影响外部社会的阶段和能力。”（EUFS001）另外，大学生就业就会创造价值，就是在为社会做出贡献。比如有学生认为：“我想当老师，希望培养好下一代。工作有意义，努力工作就是贡献社会了。但很少想着为了这个学习。”（LUMS002）

上述表现符合“穷则独善其身，达则兼济天下”的传统理念，即在没有能力贡献社会的时候，就专注于提升自己；在有能力和影响力之后就可以尝试为国家和社会造福。上述表现还与现代心理学的研究和理论观点相一致。如马斯洛的需求层次模型认为，在一般情况下，个体需要先满足自身生理和安全的需要（对应本研究中的职业生涯取向动机），再满足自身情感和归属的需求（对应他人期待取向动机），最后追求尊重和自我实现（对应社会贡献取向动机）。但是要注意，这种一般性规律会受到社会情境和评价体制的影响。比如，从中国历史上看，“家国情怀”“报效祖国”始终是作为“读书人”“士大夫”的重要学习动机。近代以来，以周恩来、钱学森为代表的老一辈政治家和科学家，依然有着“为中华之崛起而读书”“学成归国”的理想和志向，甚至主导了学习者的学习动机。1995

年，刘智运及其所在的大学学习理论与方法课题组对湖北 5641 名大学生的学习情况进行了调查分析，发现有 43% 的大学生认为自己社会贡献取向的动机最强（包括“做一个有用的人，为社会做贡献”“青年人的责任感、使命感”“探索尖端科学技术，填补我国科技空白”），仅仅有 13% 的学生认为自己职业发展取向的动机最强（“学习和就业的压力”）。这些都表明，学习动机特点与学生所处的时代背景分不开。在战争年代或者国家积贫积弱的年代，学生很容易被激发为国家和社会做贡献而学习。而在时局稳定、社会发展、国家富强的年代，学生更加关注自身利益，对贡献社会的认可度和内化程度降低。

学生学习兴趣水平并不高，但是出现逐年缓慢升高趋势，2017 年得分高出 2014 年约 0.08 个标准差。尽管学生在访谈中认为兴趣是不稳定、不可靠的，但同时也认为兴趣可以让学习过程变得快乐：“如果没有兴趣，可能会学得痛苦。比如我刚进来的时候，对材料专业的兴趣还不够，大一学得就不太顺利。大二大三兴趣就比较高了，很多东西学着学着不排斥了，就很有乐趣。”（TRMS003）而且，有调查研究（陈永华，2016）发现，学习兴趣在报考志愿过程中的重要性也越来越强，仅次于专业前景和区域位置，并高于父母意愿的影响。这与中国教育教学改革不断重视和推崇学习兴趣的总体趋势是一致的。

三　两类动机共助学习，个体生发作用更大

借助数据分析不同类型学习动机的关系，以及不同类型学习动机交互起来与学习成果的关系。定量数据分析的结果表明：（1）个体生发型动机和社会规范型动机呈现出显著的正相关关系。（2）两类学习动机同时存在，与学生学习成果呈正相关；（3）一种学习动机水平的提升，并没有抑制另一种学习动机对学生学习成果的影响。

如表6.13所示，对于中国学习者而言，个体生发型动机和社会规范型动机显著正相关（$0.20 < r < 0.40$，$p < 0.001$）。[①] 从六种具体动机取向来看，尽管有几对具体动机间的相关性系数比较小[②]，但是总体上依然呈现出显著的正相关性（$0.15 < r < 0.62$，$p < 0.001$）。这表明，这两类动机并非此消彼长，学生能够将自身兴趣与同伴的比较结合起来，将自我成长与集体（父母、教师）的期待结合起来，将实现价值的理想与职业发展的现实要求结合起来，也就是将个人的发展和需求，同集体、社会的发展和需求结合起来，支持了中国大学生不同动机是一个统合体的观点。

此外，笔者根据式（6－1）的多元线性回归模型，探讨了不同类型学习动机以及两者交互项对学习成果的影响。回归分析的结果（见表6.14）表明，两类学习动机均与不同类型学习成果之间显著正相关。其中，对于知识收获而言，个体生发型和社会规范型动机与之的相关系数为0.25和0.03；对于通识能力提升而言，个体生发型和社会规范型动机与之相关系数分别为0.15和0.06；对于自我概念明晰而言，个体生发型和社会规范型动机与之相关系数分别为0.20和0.07。这也表明，相比于社会规范型动机，个体生发型动机与不同类型学习成果之间具有更大的相关性。交互项系数不显著，表明一种类型动机水平的提升，并不会影响另一种类型动机对学习成果的影响（$p < 0.05$）。当然，这需要基于其他样本数据的研究对此做出检验。

---

① 使用2012年CCSS数据，将国家和社会责任感动机纳入内部动机，计算相关系数 $r = 0.33$；使用2013年数据，将为考试得高分纳入外部动机，计算相关系数 $r = 0.20$。

② 其中，学习兴趣取向动机和荣誉/竞争取向动机（在考试中获得高分）、学习兴趣取向动机与重要关系取向动机、社会贡献取向动机与职业发展取向动机之间的相关性均小于0.20。前两者均比较容易理解，至于第三者的结果，一方面表明中国大学生似乎并没有更好地将自身的职业发展与对国家/社会做贡献统合起来，另一方面反映出社会贡献取向的动机偏向个体无功利的内部情感和承诺，与功利性的职业发展动机有着较大差别。

表 6.13　**不同类型动机之间的皮尔逊相关系数**

动机类型	具体动机取向	对应题项	学习兴趣	自我提升	使命担当	竞争/荣誉	职业发展	他人期待
个体生发型动机	学习兴趣	专心致志学习使内心充满了快乐；对所学内容感兴趣；对所读专业感兴趣	1					
	自我提升	我愿意学习因为它使我不断成长；学习是为了挑战和提升自我	0.62***	1				
	使命担当	为了国家和社会责任感而学习	0.39***	0.43***	1			
社会规范型动机	竞争/荣誉	在考试中得到高分	0.19***	0.25***	—	1		
	职业发展	升学/就业	0.20***	0.32***	0.17***	0.44***	1	
	他人期待	满足父母/教师期望	0.15***	0.20***	0.25***	0.48***	0.37***	1

注：*** 表示 $p < 0.001$。

表 6.14　**不同学习动机影响学习收获的回归分析结果**

	通专知识积累 (b/se)	通识能力提升 (b/se)	自我概念明晰 (b/se)
社会规范型动机	0.03***	0.06***	0.07***
	(0.01)	(0.00)	(0.00)
个体生发型动机	0.25***	0.15***	0.20***
	(0.01)	(0.01)	(0.01)
社会规范型动机 * 个体生发型动机	-0.01	0.00	-0.01
	(0.00)	(0.00)	(0.00)
常数项	-0.68***	-0.88***	-0.71***
	(0.05)	(0.04)	(0.08)
样本量	148830	148831	148813
R^2	0.39	0.47	0.34
控制变量：主体性认知策略、主体性人际互动、学生背景特征、大学前学业表现、填答年份、社会称许性水平			

注：所有变量标准化之后进入回归方程；回归中使用了样本权重，标准误以学校为单位聚类。* 表示 $p < 0.05$，** 表示 $p < 0.01$，*** 表示 $p < 0.001$。

尽管在认知策略和学习动机中，始终是深层思考策略、个体生发型动机与不同类型学习成果之间有着更大的相关性，但是并不能因此轻视表层接受策略、社会规范型动机在学生学习过程中的作用。结合访谈材料可知，表层接受策略不仅仅直接促进学习成果的提高，也是深层思考策略发挥的基础和前提；社会规范型动机不仅直接促进学习成果，还可以激发个体生发型动机的产生。

第四节　主体性人际互动的表现和特点

主体性人际互动反映出学生和教师、学生互动的形式、表现水平及其背后所蕴含的校园人际关系。根据校园人际互动的指标进行分析，并结合 SUPERtest 2015 年数据等进行佐证，结果呈现出三个特点。第一，“敬师乐群”两种互动模式在一定程度上得到验证。第二，“敬师”之外，师生交往有所疏远。第三，互动内容重学业、轻人生发展，但有了缓慢的好转。

一　两种校园互动模式得到一定验证

定量分析结果表明，（1）中国大学生与同学关系的亲密度和支持度明显优于师生关系。（2）学生与同学讨论学业问题的频次、与同学一起参与各项文体娱乐活动的频次都高于教师。尽管这不能直接体现学生对教师的“尊敬”程度或与同学相处的“随意”程度，但是已经体现出师生、生生之间的不同互动模式。

从人际关系的视角看（见表 6.15），中国大一学生认为，和任课教师或者学生工作人员（主要是辅导员/班主任）关系较好，遇到困难能够找他们提供帮助的占比达 60% 左右，这一比例在四年级学生中为 70% 左右。但是，大一学生和大四学生认为，和同学之间关系较好的占比始终接近 90%。这反映出大一学生和其任课教师或学生工作人员的关系并不亲密，但是都会随着年级的提升、熟悉程度的加深而改善。而同学关系无论在几年级都始终处于十分亲密的状态。这与美国学生的校园人际关系很不一样：认为和任课教师关系较好的学生占比，与认为和同学关系较好的学生占比始终达75%左右，反映出师生关系和同学关系并没有本质差异。师生关系的亲密度和支持度，尽管随着年级的提高有较小的提升，但是并不明显。换言之，这并不会因为熟悉程度的提升而有所变化。

从人际互动的视角上看（见表6.16），同伴学习的表现处于中等偏上水平（M=58.42，SD=19.21），表现最好的是与同学合作完成课程作业或相关任务，经常可以做到的大一和大四学生分别为70.4%和74.26%，其次是就课程内容向同学请教，中国学生经常做到此的比例分别为68.08%（大一）和71.74%（大四）。即使是在表现最低的课后和同学讨论课程内容上，经常能做到的比例分别为45.96%（大一）和54.11%（大四）。然而，与教师讨论学业内容处于中等偏下水平（M=39.49，SD=24.98），经常与教师讨论的占比在25%左右（大一）和40%左右（大四）。此外，中国学生每天和同学一起参与各项文体娱乐活动的时间高达5个小时左右（M=5.01，SD=2.77），学生规律性地参与学生社团的占比为67.36%（根据SUPERtest 2015年数据计算）。相比之下，经常与教师参加课外活动（社团活动、学生会）的学生占比仅为30.96%，低出30多个百分点。由于亲密关系往往是在非正式活动中建立起来的，因此这也表明高校生师关系的亲密度低于同学关系。

表6.15　**中国大学生校园人际关系现状**　（%）

校园人际互动	变量（均值&标准差）	题项	中国（2014—2017）		美国（2017）	
			大一	大四	大一	大四
校园人际关系	师生关系（M=67.14，SD=22.52）	和任课老师的关系	62.30	72.87	73.00	79.00
		和学生工作人员（如辅导员/班主任）的关系	63.87	70.17	67.00	68.00

续表

校园人际互动	变量（均值 & 标准差）	题项	中国（2014—2017）		美国（2017）	
			大一	大四	大一	大四
校园人际关系	生生关系（M = 81.07，SD = 19.25）	大学生和同学之间的关系	87.42	89.51	76.00	79.00

注：表格中数据指的是认为人际关系处于中等及以上的学生占比。

这在一定程度上体现出学生与教师和与同学之间具有两种不同的互动模式：相比于更加亲密的同伴关系，师生关系的亲密度较低。两类关系的性质不同：前者深思熟虑、谨慎而正式，活动参与更多地集中于学业活动上；后者的互动更加平等和随意，经常一起参与文体娱乐活动。尊敬或随意的态度是互动频次/水平的重要影响因素。

二　敬而远之：生师互动水平不高

如表 6.16 所示，学生和教师在学业方面的互动水平（M = 39.49，SD = 24.98）低于同学互动水平。特别是学生之间经常讨论课程和作业的比重，大幅度高出经常和教师讨论课程和作业的比重。这一差距在大一学生之中甚至达到 20—40 个百分点。分析 SUPERtest 2015 年数据可以对此进行佐证：在课间/课后从来没有或一学期仅请教过教师一次的学生，占比竟高达 73.42%。从来没有或一学期仅去过一次教师开放时间（office hour）的学生，占比高达 88.08%。除了学业水平外，师生在生涯发展性互动上的表现得分（M = 37.20，SD = 27.01）同样较低。当然，课外生师互动水平低并不是中国高校的独有现象，即使是美国高校，也呈现出类似的现象。但是，在美国学生群体中，同伴互动水平领先于生师互动水平的程度总体较小。

表 6.16　**生生与师生在不同方面互动的情况**　（%）

校园人际互动	变量（均值&标准差）	题项	中国（2014—2017）		美国（2017）	
			大一	大四	大一	大四
同伴学习	同伴学习（M＝58.42，SD＝19.21）	与同学合作完成课程作业或相关任务	70.40	74.26	54.00	64.00
		就课程内容向其他同学请教	68.08	71.74	52.00	44.00
		帮助其他同学理解课程内容	48.75	57.82	57.00	58.00
		课后和同学讨论课程内容	45.96	54.11	—	—
发展性生师互动	学业发展性互动（M＝39.49，SD＝24.98）	课外和任课教师讨论课程相关内容	26.01	42.18	25.00	32.00
		和任课老师讨论作业	25.01	39.81	30.00	34.00
	生涯发展性互动（M＝37.20，SD＝27.01）	和任课教师讨论自己的职业计划和想法	25.83	50.33	36.00	43.00
		和辅导员/班主任讨论职业计划和想法	23.94	44.84	—	—
		和任课教师讨论人生观价值观等问题	22.99	41.55	—	—
		和辅导员/班主任讨论人生观价值观等问题	23.04	41.08	—	—

注：表格中数据代表能够经常（选择“经常”或“很经常”）做到这样的学生占比。

这种互动水平的差异表明，学生对教师的态度在传统尊重的基础之上产生了疏远。对质性访谈资料进行分析发现，学生在描述同学关系的时候用词包括“平等”“亲近”“熟悉”“互相帮助”“身份相同”“相互理解”“没有距离感”。“我们是坐在一起的，下课还一起玩，甚至住在一起。我们是一样的状态，都是学生的身份。这样的话，就没有不平等的想法，所以交流很多。”（TRMS003）相比之下，受访者眼中师生关系却是相反的，并使用“距离感”“不了解老师”“不太平等”“不熟悉”“陌生”“敬畏”“生疏”“若即若离”等词语来表征。如有学生表示：“大学生和老师若即若离……他们不会主动关心自己的生活，学习也不怎么关心。你不去找老师，他不会主动找你。”（TRMS002）与此类似，“现在有的老师可能都不知道我的名字，感到很大的距离感。可能是因为太疏远了吧，不了解老师，平等这件事情甚至无从谈起。”（TUFS004）

对教师的尊重并不必然导致师生关系的疏离，而现实情况反映出现代师生关系的转变，以及学生对教师在教书育人方面工作的不满。学生逐渐认识到大学老师和中学老师有很大差异，前者将更多的时间和精力投入科研而非教学工作上，其主要职业身份正在从“无私的园丁”转变为“利己的研究者”。如有学生表示：“高中老师可以知道每一个人的名字，关心知识学会没有，围绕着学生和学习进行。大学老师不是，教学就是工作的一个部分而已，他们还有自己的研究要做。高中时觉得，老师都是无私的。到了大学才明白，老师还是利己的……教学可能就是为了完成自己的任务。”（EUFS001）在这样的情况下，学生与教师的互动重视的是“不要浪费老师的时间。在高中的时候，问老师问题，我不会想着会浪费老师时间。但是现在我会想，老师要忙于自己的研究，自己在拿东西去烦他。”（TUFS004）这种认知直接影响了学生找老师交流的积极性。

所幸的是，从 2014 年至 2017 年的变化趋势来看，无论是生师在学业或生涯发展方面的互动水平，抑或是生师关系，都得以改善。如图 6.3 所示，学业互动、生涯发展性互动水平均有所提升，且前者提升程度更高：2017 年比 2014 年的表现水平高出 0.17 个标准差。而在师生关系上，2017 年学生与教师或者辅导员之间的关系得分比 2014 年增加了 0.1 个标准差左右（同学关系基本保持平稳，变化不大）。当然，即使生师之间关系改善、互动水平提升，依然不能够赶上学生关系和互动水平。

总之，学生对教师职业的认知和态度正在复杂化。一方面，学

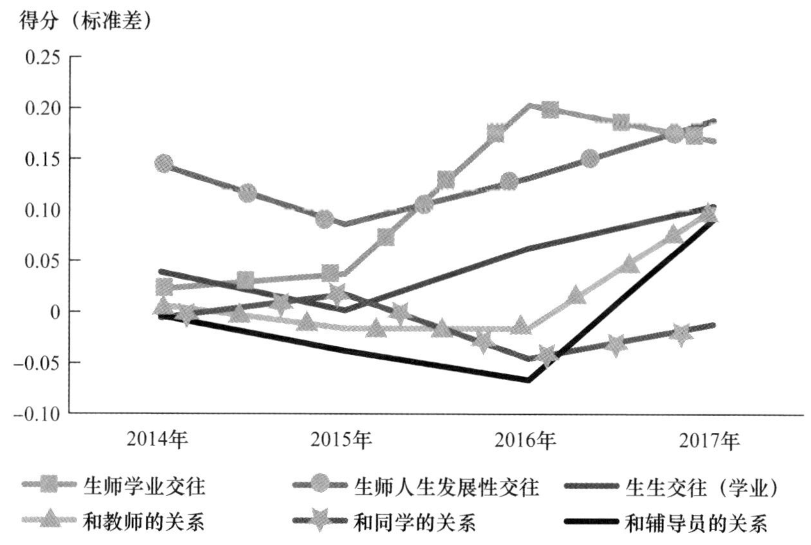

图 6.3　不同类型互动表现水平、人际关系的逐年变化趋势

生依然尊敬教师，相信教师职业先天具有为了学生成长的“奉献性”；相信教师拥有更多的知识、能力和人生阅历，具有专业性和权威性，可以促进自身成长。另一方面，学生意识到大学教师并不特别重视教学和人才培养工作，因而出现了“敬而远之”的生师交往状态，这会进一步加强教师的权威形象。这种师生关系的转变具有合理性。基础教育环境是被精致设计和安排的，教师的任务是单一化的教学，会通过各种方式推拉学生学习，并与学生形成了更为亲密、支持性的关系。但是，大学的环境是粗线条设计的，教师在“双重身份”即教学工作者和专业科研人员中往往偏向后者——教学是一个良心活，而科研却是生命线。除了个别能够参与其科研项目的学生外，教师不会主动建构起与学生的普遍性亲密关系，而是要求学生具有更强的主动性和求助能力。不过，“敬而远之”的生师互动水平尽管是大学生与教师之间的互动现实，但并不符合现代大学在人才培养方面的理想追求。特别是大学生与任课教师之间的关系，比美国大学生与任课教师之间的关系更差，存在进一步改善的空间。

三　互动内容重学业、轻人生发展

如前分析，不论是在学业交流还是在以休闲娱乐为主的课外活动上，同伴之间都表现较好。但是，在职业发展、人生观、价值观方面，学生之间的交流并不多，也不那么有效。笔者（2018）曾经调查了上海地区大学生在职业方面来自同伴支持的情况，结果发现来自同伴的职业相关信息与建议较少，同伴的作用主要在于互为榜样以及情感支持。质性访谈结果同样有此发现。比如，有学生表示："和同学讨论过职业，但是实际上大家都没有想清楚。互相倾诉一下，可能会让心情变得愉悦……人生观、价值观上面聊得很少。这个问题比较严肃，平时的相处很随意，聊职业已经是一个沉重话题了。"（TRMS003）这表明在这种更加深刻的话题上，大家认知和阅历类似，即使有少量交流也以情感"发泄"和"吐槽"为主，缺少实际效果。这也表明在学生的人生发展上，更有学识、经验和社会阅历的教师应该承担起更为重要的责任。

遗憾的是，学生与教师也较少讨论人生发展问题。学生在课堂上已经从教师那里获取了丰富的知识，课外就学业问题讨论较少尚存在合理性。但是，学生在课外与教师在职业、人生观、价值观等方面的交流不多，则说明高校师生互动的现实关注点的确不在此。其中，学生与教师讨论人生观、价值观问题的频次要低于讨论职业问题，这在高年级学生群体中表现得更加明显：大一学生经常与教师在职业、人生观、价值观方面进行讨论的仅占20%左右，大四学生在这方面与教师讨论的频率整体提升：经常与任课教师讨论职业方面内容的比重升高到50%左右，经常讨论人生观价值观话题的占40%左右。质性访谈和分析结果也表明，如果有机会和老师讨论和交流，课内的学业问题依然是首选，其次是从学业延伸到职业发展问题上，最后才可能是人生观价值观方面的内容。比如有学生表示："最多的还是专业学习上的内容。与学业问题相比，职业发展、人生观、价值观上的讨论相对较少。其中，对于职业发展的讨论是较多的，人生观和价值观等虽然也会涉及，但是很少直接讨论。”（LUFH009）这在20世纪20年代就受到陶行知（2005：147—148）先生的批评：

> 训育上还有个最不幸的事体，这事就是教育与训育分家，把教育看作知识范围以内的事，训育看作品行范围以内的事，以为学习知识与修养品行是受不同的原理支配的，甚至于一校之中管教务与训育者不相接洽，或背道而驰。殊不知学习知识与修养品行是受同一学习心理定律之支配的，我们如果强为分家，必至自相矛盾，必至教知识的不管品行，管品行的不学无术。

换言之，人生发展问题的讨论是德育的重要组成部分，应该和智育结合起来实施。

之所以较少与教师讨论人生发展的话题，主要有三个方面的原因。第一，在学生看来，人生发展特别是涉及人生观、价值观的问题，是“严肃的”“深层次的”和“私密的”。这些话题需要和熟悉、信任的人探讨才能够得到理解，而学生与教师之间往往没有达到这个程度。比如，有学生表示：“我和老师接触时间短，不够熟悉，不太好意思和他交流学习之外的事情。因为在跟老师说的时候，还是希望得到他的认可和理解。”（LRFH006）与此类似，“我觉得职业发展是和专业学习直接挂钩的，毕竟从学校出来之后都会选择一份工作，所以这方面就会与老师多谈一些；而人生观价值观这方面的话题，每个人的想法都不同，是比较私人化的深度话题，如果不是和某位老师相处得很熟悉的话，几乎是不会讨论的，不然不能相互理解，老师还可能觉得自己想得不对。”（LUFH009）

第二，在价值多元的社会里，学生们都会逐渐形成自己对人生、对各种社会事务的价值判断和处世标准。学生认为，这些判断和标准只要没有违反法律，就没有正确答案，因此没有必要去谈。比如有学生认为："和更加现实的职业话题相比，人生观价值观这个东西，我认为在不违反法律的前提下，各种想法都是不存在对与错的。每个人都有自己的人生阅历和生活背景，也有自己的选择，所以这种东西没什么好跟别人讨论的。"（LUFH007）与此类似，有学生表示，"人生观价值观没有太大的跑偏。我自己没有觉得在这方面有什么问题，当然也可能是自己在这方面意识模糊不知道如何问老师。"（LUMH008）

第三，与学业和职业发展的问题相比，整个教育环境对学生三观发展的重视程度不够。比如有学生认为："大学老师都会把升学、就业作为主要出发点与落脚点，三观问题、道德问题通通抛给家长，家庭对这个也不太重视，投资太大，回报周期太长。它可以折射出教育倾向性一类的问题，现代的教育更倾向于成才而不是成人，道德问题甚至不是问题，觉得学生毕业了自然就会懂这些。"（LUMH011）尽管不少高校将"价值塑造"纳入人才培养理念和目标之中，甚至置于首要位置，但是对培养什么样的价值观以及如何培养并没有清晰的认识。曾经有名校教授表示，价值观塑造就是学生要有"底线思维"。但是，底线思维侧重于法律，而对于即将成为社会各行各业骨干力量的大学生而言，需要有高于法律的价值判断和道德修养。

所幸的是，如图 6.4 所示，2014—2017 年学生与不同类型教师在发展性互动水平上的变化趋势向好发展。其中，增长最多的是和任课教师讨论职业计划和想法，2017 年的得分比 2014 年的得分增加了 0.05 个标准差左右。这一好转幅度尽管不大，但是总体上契合了教育立德树人的根本要求和发展趋势。

这表明中国高校教育教学的任务，早已从古代仅仅重视"道德教育"转向强调以"专业知识和技能"为主的教育，前者的受重视程度正在下降。一方面，这具有合理性。自鸦片战争以来，"仁义道德不能打败洋枪大炮"的惨痛教训，促使近代以来中国教育体系发生重大变革。这是面对现代科技迅速发展、国际竞争不断加剧的自

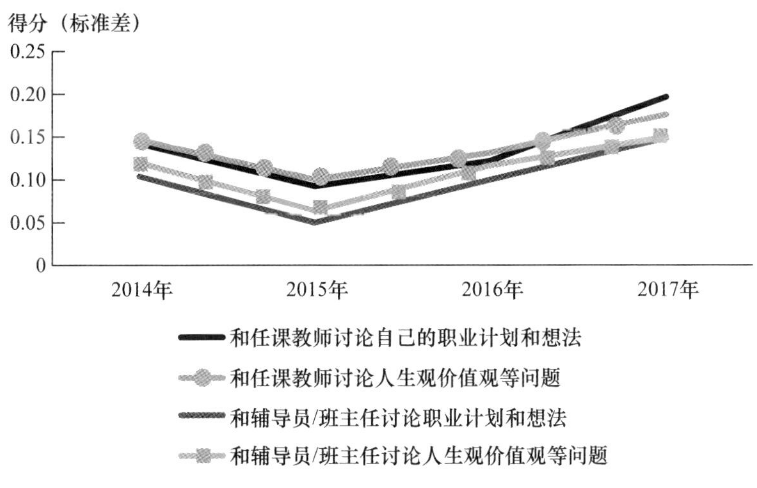

图6.4　与不同类型教师在人生发展性互动上的变化趋势

然选择，具有非常重要和积极的作用。而且，“高深知识”依然是高等教育体系建构的逻辑起点，价值塑造似乎并不是高校人才培养的强项，在更大程度上受到社会环境、周边他人的影响。但是另一方面，在人生发展问题上的讨论不足，既不能满足大学生良好发展的需求，也未达到相关政策文件对教师职责的要求，还反映出教师角色与传统“人师”定位的逐渐脱离。这与教师资源相对稀缺、学校重科研轻教学的政策导向有关。党和政府明确提出社会主义核心价值观，在高等教育领域明确提出“立德树人”的根本要求，实际上是提醒现代高校和教育工作者对这方面要更加重视，应采取实质性举措对学生全方面发展进行更多的引导。近两年的缓慢好转可能就有这样的影响。

上述分析表明，中国大学生主体性学习内涵的特色，不仅仅是文献分析和质性分析对话生成的理论假设，而且在一定程度上得到了大规模定量数据分析的支持。特别是不同类型认知策略和学习动机可以同时存在，对学生学习成果产生积极影响。这如同围绕学习任务建构的团队一般，不同的认知策略或学习动机如同团队中的个体始终同时存在，为完成共同的任务贡献力量。但是，在面对不同学习任务的时候，不同的策略或动机表现强度不同，带来的正向作用也不同。在分析过程中，本研究将中国大学生作为整体进行探讨，并没有区分“认知和动机的整合性”或者“两种交往模式”在不同学校类型、学科或者年级的学生群体中是否有所差异。这体现出这种特色对于中国大学生而言具有群体上的普遍性。

第七章

避免内卷化：中国大学生主体性学习的转型升级

笔者通过定量数据分析对中国大学生主体性学习的表现和特点进行了较为细致的分析，不仅验证了其中具有中国特色的表现形式，还得出“总体表现较好但不够均衡”的结论。但是，改进主体性学习似乎并不仅仅是指本结构中各要素表现的均匀提升，或者促进内部表现的精致化，这是因为其中所呈现出来的一些不均衡问题多具有一定的时代合理性。比如，相比于战争年代，学生使命担当取向的学习动机在和平时代不会很高；师生课外交流水平低是跨文化和教育制度的普遍现象，且已经不低于美国高校师生的表现。更重要的是，一些方面的表现不能过于提升。比如，对教师的尊敬支撑了教师的权威形象，加强了学生对知识确定性的刻板印象和倾向沉默的课堂参与方式。此外，尽管学生在预习、复习上的表现一般，但是其绝对值已经不低，提升空间并不大。这需要我们超越表面上比较零碎的细节问题，在全球科技人才竞争加剧、国家创新驱动战略加快实施、教育内卷化备受批评的当下，重新思考中国大学生主体性学习方式改进的问题。

第一节　模式转型：改进主体性学习的应有之义

随着国际局势风云变幻，国家对高等教育、对创新型人才的需求越来越强烈。与此相对应的是对教育“内卷化”（involution）的讨论和批评。所谓教育“内卷化”，指的是尽管教育各主体（政府、学校和学生）在物质、时间等方面的投入不断加大，但是拘泥于原有模式的精致化，因缺乏实质性的扩展创新而导致内部竞争不断加大，难以达到理想成效。打破潜在的“内卷化”，进行模式的转型和升级，成为中国高等教育和人才培养必须面对的问题。

一　内卷化的学习模式难以为继

一般认为，美国人类学家 Goldenweiser（1936）在探讨模式和发展关系的过程中初步提出了内卷化的概念：

> 模式给人的最初印象是……约束发展，至少是限制发展。一旦达到了模式的形态，模式的刚性就会禁止进一步的变化……这里我们就有了模式和继续发展的问题。模式排除了对其他单个或者多个要素的应用，但却并不抵触在单个或者多个要素内部进行发挥。……渐进的复杂性，即统一性内部的多样性和单调性下的鉴赏性。这就是内卷化……就像后期的哥特式艺术一样。艺术的基本形态达到极限，结构特征得到了固定，创造的源泉枯竭了。但是，艺术仍然在发展，在所有边缘被固定的情况下，发展表现为内部的精细化。扩张性的创造用尽了资源，一种特别的鉴赏性便开始了，那是一种技术性的细节。

20 世纪 60 年代，美国人类学家格尔茨在《农业的内卷化：印度尼西亚生态变迁的过程》（*Agricultural Involution: The Processes of Ecological Change in Indonesia*）借鉴内卷化的概念分析印尼爪哇岛的农业发展。在他看来，内卷化就是“基本模式的刚性逐步增强；内部的修饰性和装饰性逐步增强；技术性细节逐步增强；鉴赏性就会变得永无止境。”（Geertz，1963：82）在此基础上，“农业内卷化”是指在土地面积有限的情况下，劳动力不断增加，使农业成为劳动密集型产业。但是由于缺乏资本和技术，外加行政性的障碍，人们的生活水平只有非常小的提高。历史社会学家黄宗智在 2000 年出版了两本书——《华北的小农经济与社会变迁》和《长江三角洲小农家庭与乡村发展》，其中引介了西方内卷化的概念，使其在国内学术界产生影响并不断升温。实际上，早在 20 世纪 40 年代，梁漱溟（2018：309—327）就在《中国文化要义》一书中指出，中国在文化早熟之后陷于“盘旋不进”的状态。他认为，中国详于人事而非物理，导致科学一直无法生发出来。这使得农工商由于得不到研究以推动，尽管中国循环于一治一乱，但是始终没有出现产业革命。社会总体上（特别是经济上）介于封建和资本主义社会之间，一直没有能够实现成功转型发展。这在本质上就是社会发展的内卷化表现。

现在来看，内卷化的概念早已“出圈”，在教育领域的讨论骤然增加，达到热火朝天的局面。借助这一概念，社会大众批评家庭在孩子课外补习方面的无尽投入和无可奈何，大学生也借助这一词语嘲讽自身学习模式的传统与低效，自己渴望的知识创新却可望而不可即。比如，关于“小镇做题家”（即出身小城、埋头苦读、擅长应试、缺乏视野和资源的青年学子）的讨论反映出不少学生在进入大学之后，没能适应大学围绕高深知识建立起来的教学环境，依然延续着中学的学习方式，以获得学业达标。顶尖大学的学生同样如此，为了 GPA 相互竞争，策略性地选择水课，避免一些挑战度高的课程，不敢停下来做自己真正感兴趣、有创新的事情。这样的日程学习时间表尽管安排得满满当当，得到的评价却从十年前的赞誉转变为如今的质疑和嘲笑。可见，中国大学生如今身处优质资源有限所导致的强竞争环境中，过度在意社会对自身的要求和期待，注重通过勤奋和争分夺秒的投入，以及重复性、精致化的训练等传统学习方式，在与同伴的考试等竞争中获得标签性的成绩或荣誉，并在这样的循环中无法自拔。这尽管帮助中国学生在 PISA、TIMSS、SUPERtest 等国际测试中取得顶尖成绩，但是却存在着两个问题。第一是“均值高、方差小”，在托高了学生表现底部的同时，也在一定程度上抑制了天才学生的诞生。第二是基础知识扎实、高阶思维能力不足。比如，北京等四省市初中生的合作问题解决能力，在 51 个参与 PISA 测试的国家和经济体中排名第 20 位。尽管基于 SUPERtest 数据的研究表明中国大一学生的批判性思维能力不低（Loyalka et al.，2021），但这实际上是分析、综合以及理解因果关系和解释过程的能力（Liu et al.，2016），并不涉及对已有知识的质疑甚至创造新知识。

站在新的历史起点上，中国的后发优势正在不断减小，原有的依靠技术引进和低廉劳动力的优势难以为继，面临着发展的转型期和改革的攻坚期。中央政府推行了创新驱动发展战略，提出加快建设人力资源强国的要求。近年来，全球化发展进入新的阶段，一些西方国家对华不友好、实施科技封锁的强权政治，对中国创新驱动发展提出了更加迫切的要求。形势逼人、挑战逼人、使命逼人。这就要求中国高校人才培养的转型升级，特别是实现培养目标从“基础扎实、学以致用”的“传统好学生”，向“勇于创新、学以求真”的“新时代好学生”转型。内卷化的学习模式，显然不能满足中国时代发展对创新型人才培养的要求。

二　模式转型升级才是应有之义

中国未来发展对创新型人才的迫切需求以及学生学习内卷化的苗头，为在理论上探讨主体性学习的改进提供了重要启发，甚至是警示。本研究提出的主体性学习框架，尽管彰显出具有中国特色的心智结构和行为模式，背后有中国文化和教育制度特别是教学评价制度的支撑，为理解中国大学生学习特点提供了不同于西方概念的视角，但这并不是完美的，并不完全符合未来创新型人才培养需求。

如果局限在所提出的主体性学习概念框架下进行各要素水平的平均提升，无疑是“眉毛胡子一把抓”的行径，可能会进入乃至强化内卷化的学习状态。比如，中国学生尽管深层思考能力较强，但却是围绕“理解已有知识”进行的，很少涉及对这些知识的质疑和创新。也因此中国学生的认知策略局限在“表层接受—深层思考—知识应用”的循环之中，总是难以达到知识创新的层次。数据分析的结果也表明，如果过于强调表层接受策略，不断要求学生通过重复性训练进行知识接受，有可能会降低深层思考策略对学习成果的积极作用；如果过于重视社会规范型动机，不断通过加强社会要求和期待、围绕学业成绩和荣誉的竞争为学生学习注入学习动力，就会让学生活成“精致的利己主义者”，难以找到真正的兴趣所在和未来的发展方向。

这是内卷化现象的重要表现，也是自我主导性发展的初级阶段：相信知识是相对稳定和绝对的，学生倾向于不加检验地对知识进行直接接受和记忆，并寻求唯一的理解和答案；社会、父母、学校和教师对学生有着非常高的期待和要求、管制和约束，这成为学生学习的动机和目的；在学习过程中，学生与教师更多地体现为权威性的关系，由教师主导，以知识学习为中心，学生很少质疑教师的观点。而改进大学生主体性学习，意味着超越内部精致化发展和水平提升的传统思路，顺应时代要求，有选择地提升主体性学习框架中的部分要素，特别是扩展到对已有知识的质疑和创新上，从而促进中国大学生学习方式转型。这是改进中国大学生主体性学习的应有之义。

自我主导性发展的高级阶段表现为此提供了重要启示：相信知识的不确定性，不再盲从教师权威的观点，明白学习对自身的意义，能够建立起对学习的兴趣和好奇心；和教师建构起更为平等而非权威的关系。这与李瑾（2012）提出的西方心智取向的学习模式存在一致性，即重视学习是为了探索世界未知的目的，好奇心和兴趣是支持学习的最重要驱动力，强调批判性思维和外显的主动表达。当然，各主体性学习要素之间并非如理论探讨中那样独立，有如真空般的存在，而是相互联系、支撑和组合的，构成一个完整的学习活动或者现象，既涉及认知，也涉及动机和人际关系。这些具体的活动才是教育改革和实践的抓手。

第二节　打破沉默：转型升级的一个切入口

如果能够在真实的教育教学实践活动中，寻得一个符合主体性学习转型升级特征的切入口作为案例进行探讨，并将案例分析所得出的结果进行分析和推广，进而得出主体性学习转型升级所面临的困难、问题和可能的举措，将更有实际价值。在高校教与学的过程中，一种现象引发了笔者的注意，那就是课堂沉默和主动表达。“中国学习者悖论”在一定程度上就产生于对中国学生“长于考试、讷于表达”的事实性观察，与西方学生的“主动表达”之间形成巨大反差。这一方面反映出中国大学生学习过程中的主体性选择和特色；另一方面，如果学生在课堂上能够积极提问、讨论，甚至质疑教师的观点，就反映出他们走出了内部苦思的无奈，克服了对教师权威的惧怕，并在好奇心和兴趣的驱动下开展了对知识的纯粹思考和探索，较好地符合了主体性学习转型的需要，因而成为本研究中的典型案例。

一　课堂沉默意味着什么

对中国大学生课堂沉默的理解，主要有两种观点。一种认为这是学生的主体性选择，契合了中国文化和社会规范的特点；另一种认为这是缺乏科学精神和批判性思维的表现，不利于创新人才的培养，应该采取举措加以改进。

（一）中国大学生的主体性选择

中国文化和社会向来推崇谨言慎行。孔子曾经表示，“巧言令色鲜矣仁”（《论语·卫灵公》），“巧言乱德”（《论语·卫灵公》），“君子耻其言而过其行”（《论语·宪问》），“君子先行，其言而后从之”（《论语·为政》），“君子欲讷于言而敏于行”（《论语·里仁》），“古者言之不出，耻躬之不逮也”（《论语·里仁》）。这些在中国古代是修身的表现，在现代也是为人处世的重要法则。而在西方，尽管有学者如 Giles（1992：219）认为，沉默是缺少兴趣、不愿意交流，是紧张或害羞，是敌意、拒绝或者人际关系不佳的表现，但是也有许多研究者对此持有更加积极的看法。比如，Jensen（1973）认为，沉默有多重功能，包括链接（linkage）、情感（affecting）、启示（revelational）、评价（judgmental）、激发（activating）。Braithwaite（1990）也认为，沉默是讲话的一种方式和策略，是社会交往的重要基础成分，其交往的功能和含义具有跨文化的普遍性。

从这个视角看待中国学生的“讷于表达”，的确反映出学生的主体性选择。Biggs（1996a）、Ginsberg（1992）、Hatano（1998）等认为，这充满着道德韵味，是学生对教师权威的自觉尊重和维护，认为东方文化的确重视培养学生成为“聆听者”而非西方人重视的“发言人”。吕林海（2015，2016，2018b）认为，课堂沉默中有一类就是利他倾向的沉默，表明学生不希望自己的表达打断教师的讲解乃至影响整个教学进程。李瑾（2012：68）则认为，沉默贯穿了中国学生学习的多个环节。华人学生在学习新知识的时候，有四个循序渐进的步骤：把内容记下来，了解其目的、形式和意义，将其应用到需要解决的问题上，质疑和修正原来的内容。最后一个步骤才需要口头互动，前三者需要的是独立学习和沉思。而西方教师如果立即要求华人学生跳到学习过程的最末端即质疑上，并以此评价其成就，就会让华人学生感到沮丧（Pratt et al.，1999）。此外，沉默可能还表明学生对教师教学质量的不满（Grimshaw，2007）。

也有研究者认为，沉默中蕴含着思考。比如，滕明兰（2009）从知情意行的认知层次出发，将学生沉默划分为行为沉默、情感沉默和思维沉默三个层次。张玉娟（2014）等将其划分为无知型沉默、被迫型沉默、环境型沉默和思考型沉默四种。刘向前（2005）和王彦明（2008）均提出了“积极沉默”的概念，指的是在教师讲课的时候，学生要倾听和消化，自然需要保持“安静”。笔者在提出“学思用结合”的时候，也提出了“弥散型思考”现象，即在听讲、记笔记等的过程中进行思考。换言之，认真听讲，浏览文章，频繁记笔记，通过点头、微笑或者通过“哦啊”等表示回应等，是“行为性沉默”（behavioral silence），其中依然蕴含着思考和学习（Tolman & Honzik，1930）。这被有的学者称为“倾听式学习”（listen-oriented learning）（Cortazzi & Jin，2001）抑或“无声的参与”（silent participation）（Inagaki，1998）。不仅中国学生如此，日本学生也是这样的（Lebra，1987；Mcpake，1999）。因此，在这些研究者看来，课堂沉默是学生的选择、权利和抵制，而不是一个需要改正的“问题”。

（二）科学精神和创新思维不足

主体性选择并不是针对课堂沉默的全部评价。几乎每年在诺贝尔奖出炉的时候，中国各界均会对学生的课堂沉默现象给予批评。中国科学院院士周忠和（2018）批评中国学生缺少对知识的兴趣和好奇心，不能提出问题，因此要学会表达、学会提问、敢于质疑。西安文理学院特聘教授赵硕（2018）更为直接地指出，中国教育要重视培养学生的“反叛精神”，也就是培养学生能够在公共群体和面对权威的时候表达自身不同的观点。施一公在2021年西湖大学新生开学典礼上强调，学生“要不断地超越自己的视角去发现问题、提出问题。你们应不断提高批判性思维的能力，培养科学方法论，勇于质疑学术权威和传统科学观点，而不是不加思辨地接受和认同”

（西湖大学新闻，2021）。在中国需要依靠自立自强进行科技攻坚的当下，各界更加强调学生要乐于提问、敢于求异。

科学家对学生沉默的批评或希望，其实是相信提问、讨论和质疑代表了科学精神，蕴含着批判和创新思维。梁启超（1922）曾经在题为“科学精神与东西文化”的演讲中指出，科学精神有“求真知识”“求有系统的真知识”“可以教人的知识”三个层次。其中，“求真知识”为最基础部分。现代科学家和学者（潘建伟，2018；吴国盛，2011；张志勇，2008）则认为，科学精神关注纯粹知识，不考虑知识的实用性和功利性，是由兴趣和好奇心驱动的为知识而知识，体现出求真、探究、怀疑、实证、理性的态度。很显然，对已有知识进行提问、讨论和质疑，就是“求真知识”的缘起和表现，反映出学生在处理和加工知识过程中所体现出来的纯粹性，即进入了“为知识而知识”的精神状态。但是，中国大学生普遍少提问和讨论、不愿意质疑他人观点，在一定程度上体现出科学精神气质的不足。分析至此，笔者不禁反思性地想起，早在“新文化运动”中就倡导的“科学”，尽管多年来在技术和方法层面得到不断推动和改进，但是在个体性的“精神气质”上，与理想状态还存在着差距。①

课程沉默似乎也不能体现出越来越受教育界推崇的批判性思维倾向（critical thinking disposition）。大学是由才华横溢的“学术才俊”和人格独立的“知识精英”组成的学术共同体，挑战传统和质疑权威是应该得到倡导的、反映出创造性和探究性的工作方式与思维习惯（施晓光，2016）。很显然，“讷于表达”与此大学精神是不相符合的。批判性思维倾向是科学精神在教育领域的具体体现，指的是学习者的态度和心理特征，涉及求真（truth seeking）、开放性

---

① 清华大学科学技术哲学研究专家吴国盛（2011）指出，科学精神是一种起源于希腊文明的思维方式，并在欧美得以传承和发展。古代中国尽管有“博物学”，但是并没有“科学”的说法，也就缺少这样的精神气质。而在“2018年世界科技创新论坛”上，《科技日报》总编辑刘亚东（2018）直言不讳地说道：“1919年的中国缺乏科学精神，2019年的中国依然缺乏科学精神。”

（open mindedness）、自信（self-confidence）、好奇（inquisitiveness）和成熟（maturity）等内容。这种“内隐性倾向”（disposition）和“外显性技能”（skill）整合起来构成了批判性思维的完整概念和结构。课堂主动表达行为蕴含着求真、开放、自信、好奇和成熟的批判性思维心理倾向。换言之，没有对所学知识的兴趣和好奇心，没有开放性的心态和自信，没有对知识/真理探索的欲望，学生恐怕是不会提问、讨论或质疑教师观点的。

二 打破沉默与创新素质发展

课堂主动提问、讨论乃至质疑教师的观点，对学生思维发展乃至创新素质提升具有重要作用。维果茨基（1994）的工具理论认为，语言是人的精神工具，能够塑造心理机能；社会建构论视语言为第一性的存在，甚至以其自身“构成”（constitute）现实（Burr et al.，1995：33）。这些都强调语言并非思维的从属，而是通过引导心理认知加工、强迫信息组织和思考、成为思维建构和表征工具等方式去影响和塑造思维（刘丽虹、张积家，2009）。尽管学生的不解和疑问/理解和想法在质量上良莠不齐，甚至是粗浅而有漏洞的，但是对个体而言又极其有价值，是从“独白”式的知识习得（acquisition）走向“交互”式的知识创造（knowledge-creation）的必经之路（刘大军，2015）。这正如佐藤学（2014：16）所言，那些踌躇不定的、没有把握的发言，孕育着微妙的、不确定的、模糊暧昧的思考、矛盾、冲突的复杂情感，往往是创造力的源泉。

不过，实证研究关于课堂主动表达的价值的看法存在着差异。国外研究者 Day（2006）通过对檀香山亚洲学生的调查发现，学生课堂发言的频率与语言学习成绩存在着显著的正相关性。有类似研究（Starr，1972）表明，课堂讨论和展示与学生批判性思维能力显著正相关。国内研究者刘航等（2012）发现，需要学生主动讨论的英语辩论课程能够对学生的信息评价、推论、归纳推理和演绎推理能力产生显著正向影响。但也有研究不支持这种具有积极影响的结论。如 Seliger（1977）对阿尔及利亚大学学生的研究发现，课堂积极讨论和外语学习成绩之间不存在正向相关性，并猜测可能是较高的外语水平促进了学生积极参与课堂交互活动。吕林海等（2018）的研究表明，和沉默的思维参与者相比，开朗的思维参与者在目标达成、学习满意度上没有体现出明显优势。不过，这一研究使用“沉默心理信念”而非“外显表达行为”进行分析。这些实证研究结果的差异，可能是因为样本、调查工具以及关注点各有不同所致，因此本研究借助更具全面代表性的 CCSS 数据做出进一步检验。

在控制性别、民族、是否重点高中、父母受教育程度（是否家庭第一代大学生）、是否农村生源、学科类型、学校类型、高考成绩、年级、填答年份、社会称许性水平的前提下，继续控制学生总体学习动力、学生和教师、同学互动的水平以及表层知识接受水平，对课堂主动表达、深层思维投入对知识收获、创新素质提升①、课程成绩（GPA）的影响进行分析，简要结果如表 7.1 所示。

表 7.1　**课堂主动表达对学生学习收获的影响**

	知识收获	GPA 得分	创新素质提升
模型 1 β_1 ~β_2 估计值（标准误）			
课堂主动表达（β_1）	0.07*** (0.01)	0.09** (0.03)	0.07*** (0.01)
深层思维投入（β_2）	0.34*** (0.01)	0.03 (0.01)	0.49*** (0.01)
控制变量	Y	Y	Y
常数项	Y	Y	Y
样本量	149000	73763	149000
R^2	0.35	0.40	0.14
模型 2 β_1 分组估计值（标准误）			
高思维组	0.04 (0.02)	0.07* (0.03)	0.05*** (0.02)

① 在本研究中，创新素质提升包括四道题目：灵活应变能力、使用创新性的观点或方法解决问题的能力、批判性思维，以及好奇心和想象力。内部一致性系数为 0.85。

续表

	知识收获	GPA 得分	创新素质提升
中思维组	0.10*** (0.02)	0.11** (0.03)	0.09*** (0.01)
低思维组	0.20* (0.06)	0.19** (0.09)	0.06 (0.09)
控制变量	Y	Y	Y
常数项	Y	Y	Y
样本量	149000	73763	149000
R^2	0.35	0.40	0.14

模型 1 的回归结果表明，课堂主动表达与基础性学业表现（自我汇报的知识收获和 GPA）和创新素质提升之间均显著正相关。即对于相同的深层思维水平及其他影响因素表现的学生来说，课堂主动表达得分每提高 1 分①，其总体学习收获可提高 0.07—0.09 个标准差。模型 2 回归结果表明，不论学生的深层思维投入水平如何，课堂主动表达与学习收获之间显著正相关，但存在程度上的差异。特别是主动表达行为对低水平深层思维投入组学生学习收获的影响更大，且主要体现在较为基础的知识收获和 GPA 上：课堂表达得分每提升 1 分，知识收获可提升 0.20 个标准差，GPA 得分可提升 0.19 个标准差。但是对该组学生而言，主动表达行为和创新素质提升之间没有显著相关性。对中、高水平深层思维投入组的学生而言，课堂主动表达行为与其学业表现和创新素质提升之间均呈现出显著正相关关系。

可见，推动课堂主动表达行为的确有助于学生获得更高水平的课程学业表现和创新素质提升。当然，主动表达对知识收获和创新素质提升的促进作用小于深层思维投入。这可能是因为主动表达行为的作用相对间接，甚至需要通过促进深层思维、自我效能感等其他要素的发挥才能产生作用。此外，对于本身深层思维水平较低的

① 此处分析中的自变量采取了原始的 4 点或者 7 点计分方式，没有进行标准化。

学生而言，提高课堂主动表达水平对提升其基础性学业收获（知识收获和 GPA 水平）的影响大于中高水平思维投入组，表现出“托底”的功效。这可能是因为低水平思维投入的学生因为不善思考，参与能够锻炼深层思维学习活动的机会也比较少，在课上表达观点可能是他们获得的为数不多的思维锻炼机会，因此对他们基础性学习收获的积极作用更强。不过，对低水平思维投入的学生而言，课堂主动表达行为与其创新素质提升之间没有显著相关性。这可能是因为创新素质的提升需要以知识识记、理解和深层思维加工为基础。只有在此类学生拥有了足够的知识储备和一定程度的深层思维能力之后，主动表达行为才会对他们创新素质的提升起到实效。

在笔者对学生进行访谈的过程中，没有一位学生认为课堂表达对自身学习会产生负面的影响，反而给予了普遍的认可和肯定。比如，一位女生表示道：“说明自己对老师讲的内容进行了思考和评价……这会帮助自己养成独立思考的习惯，还有就是不迷信权威。”（EUFH005）与此类似，还有一位学生认为：“说出来就更加明确自己思考的东西，是思维的显性化、外在化，更加清晰。而且，这会锻炼我的语言表达、逻辑思维的能力，也让自己更加自信，越发不在意别人的看法，更加关注自己的成长。”（EUFH006）可见，学生们已经意识到课堂主动表达不仅仅是思维的显性化过程，而且会促进自己“越发不在意别人的看法”“逻辑思维”“独立思考”“不迷信权威”。这种描述和培养创新型人才的要求不谋而合。

第三节　案例分析：课堂主动表达的影响因素

并不能将中国学习者的课堂沉默现象都美化为“积极沉默”。因为在不少时候，即使教师做出鼓励和要求，依然没有得到学生的回应。课堂主动表达是西方高校教学理论和实践表征学生主体性学习特质的重要认知策略。这能够加速学生问题解决、展现学生科学精神气质和批判性思维倾向以及初步闪现的创造性苗头，与学生创新性素质提升显著正相关。此外，这顺应了高校培养创新型人才的导向，得到高校环境的包容和鼓励，因而成为本研究探讨主体性学习突破与转型的切入点。在此前建构的主体性学习影响因素分析框架中，最为直接的是教师、课程和教学因素，其次是学校的环境，包括学校类型、学校软硬件支持（如经济、人际、学风、安全感等），最后就是整个社会治理乃至本土文化的影响。这一分析框架具有普遍性的解释意义，但是还缺乏对学生课堂主动表达的针对性。通过定量和质性的分析和整合，能够更加完整和有针对性地反映出中国大学生课堂主动表达的影响因素。

一　什么导致了课堂沉默

对学生课堂主动表达影响因素的分析，始于对其另一种表述方式——课堂沉默现象影响因素的探讨。这些研究最开始针对的是在国外学习的留学生，或是国内高校外语课堂上的学生，因此外语口头表达能力不足是最直接的影响因素。比如，Wang（2010）根据自身经历，认为语言障碍是影响课堂参与的最重要因素。很多学生在没有准备的情况下，缺少讲外语的自信。如果学生讲不好、教师又加以错误的对待，就会进一步加重这一现象（Liu & Littlewood，1997）。

研究者随后将目光聚焦在了基于中国传统文化所形成的特定行为规范上。比如，根据儒家文化“谦虚”的准则，中国学生倾向于选择更少参与和简短回应，以此避免主导讨论现象的发生，并防止被贴上“炫耀”的标签（Liu & Littlewood，1997）。而且，保持沉默可以避免因为不赞同而带来的尴尬，从而维持和谐的关系（Ho & Crookall，1995；Jackson，2002）。Frambach 等（2014）对此进行过系统总结，认为不确定性和传统（uncertainty and tradition）、团体联系和面子（group relations and face）、层级性关系（hierarchical relations）以及成就和能力（achievement and competition）等中国传统因素对此产生了影响。此外，“要面子”（face-saving strategy）是非常重要的解释视角。这是一个“荣誉性的印象”，只有在特定的共同体中和其他人互动的时候才能体现出来（Mao，1994：460）。与此类似，国内研究者如雷洪德（2017）、张林（2019）、祝振兵等（2017）的研究发现，在中国文化情境中的学生对于课堂发言存在着各种顾虑：担心回答错误/提问没深度导致形象受损、担心自己出头不利于良好的同伴关系、担心发言会耽误老师和同学的时间等。

不过，正如 Stephens（1997：123）所言，在探讨中国学生的课堂沉默问题上，强调文化作用虽然很有吸引力，但是，如果不考虑教育教学环境，那么，对此的理解将出现过度简化和曲解的情况。因此，不少研究者开始重视教学情境因素的作用。如 Beykont 和 Daiute（2002）发现，如果中国学生认为教师是支持性的、会平等地给学生机会，那么学生就会乐意参与。相反，如果教师对中国学生的沉默行为产生误解并加以简单否定，就会加重学生的沉默现象（Jenkins，2000）。Zhou 等（2005）认为，课堂规模、学生结构（如是否存在少数族裔学生或者是国际学生）、教学内容（熟悉或者困难）、教学方法（讲授或者讨论式）、个性和教授风格（如教授是否好接触或开放）等，都会影响学生的参与。Frambach 等（2014）认为，教师教学性特征如 PBL 的应用范围（the scope of PBL implementation）、教学语言（language of instruction）、教师行为（tutor behavior）以及评价方式（the assessment system）等也会对之产生影响。Liu（1996，2000）则指出个体性因素如认知因素（前学习经验、背景知识、阅读能力）和情感因素（紧张、动机、冒险），教学因素如教学风格、课堂要求、说话的机会等对课堂沉默现象也会产生影响。

国内研究者（叶立军、彭金萍，2014；雷洪德等，2017）除了提出教师提问策略会对此产生影响外，还认为师生人际关系和交往情况是重要影响因素。比如，张东海（2019）基于调查数据分析发现，师生关系融洽程度会影响学生的动机性沉默（希望维护人际关系或自我形象而非因为能力不足而保留观点），胡媛艳等（2014）通过调查分析发现，师生关系与课堂沉默显著负相关。不过，这一研究在统计分析过程中并没有控制其他可能的教学实践因素。当然，人口学特征、大学前教育特征、学生预习、思维参与、学习兴趣等因素也会对学生课堂表达产生影响（Frambach et al.，2014；Liu，2000；雷洪德等，2017；张林等，2019）。

中国学生的课堂沉默现象是多因素共同作用的结果，绝非文化决定性的。由于“沉默”和“表达”是课堂参与的对应互补成分，其影响因素在较大程度上具有共性。但是，关于课堂沉默的研究多以西方教育情境、香港/大陆外语课堂上的中国学生为研究对象。他们可能因为成为少数族裔，或者处于完全英语情境而产生更加复杂的心理表征。在以中国学生为主体、以普通话为主要语言的中国教育情境中，影响课堂沉默之因素可能有所差异。此外，尽管雷洪德（2018）采用基于个案的质性研究方法对国内大学生发言的阻碍因素进行了探讨，但是，如果能够结合定量数据的分析，将不仅可以对质性分析结果进行佐证和补充，也能够在一定程度上判断教育教学因素的作用大小，为提出改进性举措提供直接依据。

二　质性分析：脸面、个体和教学

由于中国大学生在课上较少发言，探讨课堂主动表达的影响因素实际上转变成为针对“讷于表达”的课堂表现进行原因分析。编码分析的结果如表7.2所示。核心编码分别为：脸面观、个体因素以及教学因素。

表7.2　**课堂“讷于表达”影响因素的编码分析**

核心编码	主轴编码	开放编码	原始访谈示例
脸面观	担心说得不好丢脸	担心问题没有价值 担心自己的观点错误 担心问题低级会丢人	“有的问题我觉得可能比较低级，不适合放在课堂上问，怕丢人。”（TRMS003）

续表

核心编码	主轴编码	开放编码	原始访谈示例
脸面观	占用全班同学时间	提问占用别人的时间 上课提问有点自私 有学生觉得是浪费时间	“上课时间是大家的时间，不能因为老师回答你一个问题而去占用大家的时间。”（LUMS002） “有的同学就想听老师讲，觉得你讨论是浪费时间。”（LUFH007）
	高调会导致不合群	提问或质疑比较高调 不在人多的场合表现自己 不习惯被关注 从众/合群心理 被提问是一种谦虚 希望表现低调和谦虚	“这可能也是谦虚吧，不喜欢争抢着去说。”（TUFH005） “别人会觉得很奇怪，认为自己喜欢表现、非常高调、希望出头。”（EUFH005） “没有理由让自己高调的话，就不要高调，不要显摆，不太好。”（EUFS001）
	会打断教师思路	老师上课有自己的安排 提问耽误老师讲课进度 打断教师思路就是不给面子	“因为你的提问教师上不完课了，他也不高兴。”（EUMS002） “不能够在上课时打断老师的节奏和思路。”（LUMH008） “可能我需要聊很久，不愿意浪费老师的时间。”（TUFH001）
	损害教师的权威性	公共场合不要质疑老师 当众质疑不礼貌 老师答不上会尴尬 质疑老师会损害教师权威 担心质疑老师会得到差评	“你可以有这样的想法，但是不要当面反驳，可能会吵起来。”（LUFH010） “提出自己的观点，好像就是在质疑老师的学术权威和水平。”（LUFH007） “如果学生提出了老师回答不了的问题，老师会觉得是故意捣乱，调皮。”（TRMS003）
个体因素	性格腼腆，不擅长表达	不主动提问跟性格有关 中国学生普遍内向 当众表达能力不足	“我不是爱积极表达的人，比较内向。”（LRMS014） “多数人还是比较腼腆，不好意思说。”（LUMH011） “当众表达能力不足，不知道该怎么阐述。不能清晰地口头表达出内心所想。”（TRMS003）
	对所学内容没有兴趣	是否表达受到兴趣的影响 在不喜欢的课上不会说话 兴趣不强不想追问	“比如说，×××这种课程，老师也会提问，但是没有兴趣，就不会去说。”（EUFH006） “学习兴趣还不是太强烈，没有想着刨根问底。”（TRMS003）
	知识积累不足	课程太难不会问 思考不深入 知识积累不足 掌握得更好会更愿意表达	“计量经济学特别难，没有办法说，因为不会。”（EUFH006） “我自己对知识点掌握不好，害怕回答错。”（LRMS014） “根本不听课，就肯定不会去问。”（EUFH006）

续表

核心编码	主轴编码	开放编码	原始访谈示例
教学因素	不够友好的课堂氛围	不会向严肃的老师提问 拘谨的氛围影响表达 在大课堂上不愿意表达 和老师不熟悉不会提问	“有的老师很严厉，不敢举手，怕说错了会受到惩罚，怕批评我们。”（LUMH003） “在大的课堂上，大家比较陌生，更加拘谨。”（EUFH006） “课堂气氛比较安静、拘谨，不能很好地表达出来。”（EUFH006）
	有正确答案的内容不想表达	有正确/固定答案，没有什么好说的 有正误的评价会打击积极性 过于简单的问题不屑回应	“感觉多数的提问，就是几个字可以回答的。没有必要讨论。”（TUFH005） “工科专业教师教给学生就是固定的，都有标准答案。”（LRMS014） “本来是积极的，但是教师会说你这样说不对，就会打击学生的积极性。”（LRMS014） “如果抛出了一个问题，大家都会，就没有必要去回答。”（EUFS003）

（一）本土脸面观

核心编码“脸面观”涉及“担心说得不好丢脸”“占用全班同学时间”“高调会导致不合群”“会打断教师思路”“损害教师的权威性”5个主轴编码，共计20个开放编码。按照社会学家翟学伟（2013：158）的观点，“脸”是个体为了迎合社会圈所认同的形象，经过印象整饰后表现出来的心理和行为；“面子”是业已形成的形象在社会圈人心目中的序列地位/心理地位；“脸”是个人的形象和表现方式，“脸”的获得由社会圈而非自己来认定；社会圈对“脸”的评定的出现，带来“面子”的出现；正面评价即有“面子”，负面评价即没有“面子”。因此，课堂沉默的一个原因是，学生希望在公众面前营造和表现出较好的形象（脸）：学得好、谦虚低调、不自私且尊重他人。另外，学生的这种表现也是维护老师的形象（面子）：不打断教师思路、维护教师的权威性。

学生在公众场合的表现，均希望得到他人的认可和尊重。得不到甚至受到损害的话，会让学生自尊心遭到打击和伤害，也就是“丢脸”。在遇到没有把握的问题时，学生选择不说，就能够以“不是不知道，只是不想说”来搪塞。比如，有学生表示：“有的问题我觉得可能比较低级，不适合放在课堂上问，怕丢人。”（TRMS003）与此类似，“我自己对知识点掌握不好，害怕回答错，同学会笑话自己。”（LRMS014）当然在一些情况下，自己的思考未必“低级”或者“不正确”，因此这也是缺少信心的表现。

不主动提问或表达观点，在中国课堂上也蕴含着低调/谦虚的品质，否则容易被看作“表现自己”，甚至成为“异类”。其直接结果是同学“觉得自己奇怪”，从而影响了和谐的同学关系。比如，有一位已经读研的学生在回忆自己大学时期的表现时认为：“如果大家都不知道，或者没有想到，都不去提问，然后就我一个人说了，别人会觉得很奇怪，认为自己喜欢表现、非常高调、希望出头。咱们的文化强调中庸，做人要低调、树大招风、枪打出头鸟。不能急于表现自己，目的就是维护良好的关系。如果我不服从这个潜规则的话，别人就会觉得我和他们不是一类人，就不能融入这个圈子。”（EUFH005）再比如，就读于美国 UC Irvine 大学的大二女生通过对中国学生的观察，认为“美国学生都是抢着去说，去表达观点。我们中国的学生似乎不喜欢和别人争着说话，如果大家都说，那中国学生就不说了。这可能也是谦虚吧，不喜欢争抢。”（TUFH005）

课堂沉默也是维护自身懂礼貌、不自私、尊重他人的形象。吕林海（2015）称之为“利他性”。课堂环境和时间具有“公共性”特征，学生在课上的提问，占用的并不仅仅是自己的时间，而是所有人的时间。如果所提问题没有价值的话，就很容易招来同学们的不满。比如，有学生表示：“你占用所有人上课的时间，来使自己的疑问得到解答。这是自私的表现……现在耽误了很多的时间，必须通过拖堂来讲完课程知识。你浪费了 1 秒，60 个人就是 1 分钟。你浪费了 1 分钟，就是 60 分钟。要怎么还呢?”（EUMS002）这位学生表现得义愤填膺，用了一系列具有鲜明价值判断的词语，比如“自私”“浪费”“怎么还”等来表达对打断授课进程等行为的不满。与此类似，有学生直接表示道：“我讨厌这种上课老是提问的行为。很多时候是个人疑虑的问题，非要占用其他人的时间不太好……你讲了10多分钟，可是绝大多数同学可能根本不关心这个问题。”（TUFS004）这位学生提出了“个人疑问”和“公共疑问”的区别，并认为多数问题实际上是“个人疑问”，与课堂时间的“公共性”存在矛盾。因此，这是对同学“时间”的尊重、对教师“教学安排”的尊重，还有对教师权威性和专业性的尊重。即使认为教师讲得不对，也不会去反驳，因为这是给教师“面子”。比如，有学生认为，“人家那么高的学位，给你讲课，你本科还没有毕业就说人家讲错了，肯定不行，还是得给人家面子。”（LUFH010）

（二）个体因素

核心编码“个体因素”主要涉及“性格腼腆，不擅长表达”“对所学内容没有兴趣”“知识积累不足”三个主轴编码，共计10个开放编码。关于性格问题，不少受访者表示自己天生比较害羞，表达能力也不强，影响了自己口头表达的欲望和能力。比如，有学生表示：“多数人还是比较腼腆，不好意思说。”（LUMH011）“当众表达能力不足，不知道该怎么阐述。不能清晰地口头表达出内心所想。”（TRMS003）

兴趣的作用容易理解。如果学生对所学内容没有兴趣，甚至都不认真听课，就很难进行深入的思考，也自然无法提出问题、参与讨论或者质疑别人的观点。比如，有学生表示：“学习兴趣还不是太强烈，没有想着刨根问底。只是当作一门课，学好基本的内容就好了。如果感兴趣，我就更加深入地探讨，这时候我会去问。”（TRMS003）再比如，“感兴趣的课程，我都会积极发言，不感兴趣的课程就不会。比如说，×××这种课，老师也会提问，但是没有兴趣，就不会去说。”（EUFH006）知识积累不足也是重要的影响因素。不少学生认为自己可能连老师现在讲的内容都没有消化，因此没有什么疑问，也提不出自己的观点。比如有学生表示：“我自己对知识点掌握不好，害怕回答错……所以要看自己的掌握情况。掌握得好，就会愿意说。”（LRMS014）这在一定程度上符合李瑾所言的循序渐进的特点：学生往往需要在准备充分之后，才会发表自己的见解。

（三）教学因素

核心编码“教学因素”涉及“不够友好的课堂氛围”以及“有正确答案的内容不想表达”两个主轴编码，共计 7 个开放编码。前者指向整体的课堂环境特征，体现在“大班课堂”和“严肃的教师”上。这让课堂氛围显得非常正式，学生们的表现也会更加拘谨。比如，有学生表示：“有的老师很严厉，不敢举手，怕说错了会受到惩罚，怕批评我们。”（LUMH003）与此类似，“在大的课堂上，大家比较陌生，更加拘谨。”（EUFH006）。后者指向具体的教学策略。如果要讨论的内容是有固定且正确答案的，学生也不会乐意参与。如一位工科学生表示：“都有标准答案，有固定答案的。提问或回答问题，对就是对，错就是错，就是看自己是不是在听课，没有什么好讨论的。”（LRMS014）也就是说，如果问题有绝对的正误判断，是没有太大讨论价值的。因为讨论意味着不同视角的观点，和正确答案的“唯一性”产生了冲突；而且，这种情况下的表达观点就异化成“回答提问”，学生会因为担心“回答得不对”而更加谨慎和沉默。

当然，诸如教师教学理念（是否认为学生可以主动建构知识等）、课程与教学设计（如课时减少但教学内容不减等）等也是重要的影响因素。由于学生主要是基于自己的经验和感受进行回答，不可能面面俱到，特别是难以考虑到课程设计和教学相关的因素，因此在质性分析结果中并没有得到充分体现。

在青年人喜欢的“知乎”网络平台上有一个问题：为什么中国大学生在课堂上不喜欢提问和质疑。[①] 这一问题吸引了 105 个青年学生回答。借助 Python 软件，笔者对这些回答进行了切词和词频分析，

---

① https：//www. zhihu. com/question/19577811/answer/12594480. 数据搜集和分析时间为 2021 年 5 月。

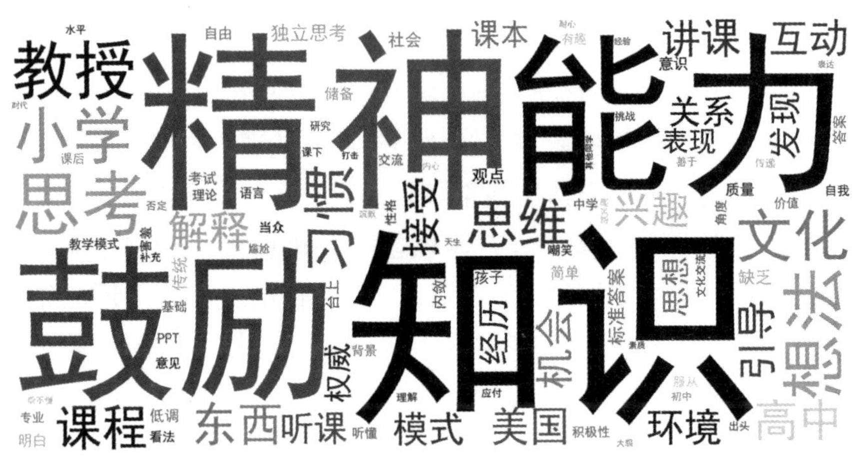

图 7.1　网友回答的词频分析

结果如图 7.1 所示。质性分析中所涉及的三方面因素也都在词频分析结果中呈现出来了。比如学生认为，课堂提问和质疑反映出学生超越了传统注重接受的学习方式，体现出批判思维和独立思考的能力；这需要一定的知识作为基础，需要以学生听懂教师所讲的内容为前提。教师是重要的影响因素：如果给予学生充分的指导和鼓励，希望学生充分发表自己的意见和看法，学生就愿意表达；如果得到的是老师的打击和否定，将大大挫伤学生的发言积极性；如果教师注重课本讲授，念 PPT，提出有着固定答案的问题，学生就不愿意参与其中。学生们也会从本土文化和社会规范的视角分析这一问题，认为当众回答是高调、出头，自己需要低调；担心这会损害师生、同学之间和谐的人际关系；回答不好容易被同学嘲笑，等等。

三　定量分析：关系、教学和学习

由于本土文化和社会规范难以用定量数据进行测量，因此暂时忽略此类因素，通过定量分析的方法探讨个体因素、课程与教学实践在多大程度上影响学生的课堂主动表达行为，从而为提出建议提供直接证据和支持。

本研究首先计算了仅在计量模型（式6-1）中放入学生背景特征因素的回归分析结果，得到模型拟合优度指标 $R^2=0.09$，说明因变量即课堂主动表达行为得分变异的9%能被既有模型所解释。结果发现，女生在课堂主动表达上的表现低出男生0.09个标准差（$p<0.001$），父母最高职业地位是农业生产者、技术经营/个体经营户或者专业人员的学生，在课堂主动表达上的表现显著高于父母最高职业地位为非技术劳动者的学生0.11—0.21个标准差（$p<0.001$）。农村生源学生在课堂主动表达上的表现低于非农村生源学生0.11个标准差（$p<0.001$）。重点高中学生的表现高于非重点高中学生0.07个标准差（$P<0.001$）。理工科学生的表现低出人文学科专业的学生0.23个标准差（$P<0.01$）。高年级（大三和大四）学生的表现高出低年级（大一和大二）学生0.13个标准差（$p<0.001$）。总体而言，人文社科学生、高年级学生、女生、父母职业地位较高、城市家庭、曾就读于重点高中的学生，更积极主动地在课堂上表达自己的观点。

表7.3　**不同背景特征对学生课堂主动表达的影响**

变量名称	因变量——课堂积极表达行为	
	标准化回归系数	（标准误）
女生	-0.09***	(0.02)
汉族	0.06	(0.04)
独生子女	-0.01	(0.02)
父母最高职业地位（对照组：非技术劳动者）		
农林牧渔劳动者	0.21***	(0.02)
技术劳动/个体经营户	0.11***	(0.02)
专业人员	0.16***	(0.01)
机关、事业单位、各类企业中高层管理人员	0.16***	(0.02)
其他	0.16* **	(0.01)
父母受教育水平均为高中及以下	-0.03	(0.03)
农村生源	-0.11**	(0.03)
院校类型（对照组."985工程"建设院校）		

续表

变量名称	因变量——课堂积极表达行为	
	标准化回归系数	（标准误）
“211 工程”建设院校	0.03	(0.06)
地方本科大学	0.02	(0.05)
地方本科学院	0.09	(0.08)
人文社科	0.23***	(0.03)
高年级	0.13***	(0.01)
社会称许性水平	0.01**	(0.00)
重点高中	0.07***	(0.01)
高考分数	0.00	(0.00)
2017 年	-0.17***	(0.02)
样本量	98620	
R^2	0.095	

根据完整的计量模型（式 6-1）进行回归分析，即在背景特征因素的基础上纳入教与学实践因素进行回归分析，结果如表 7.4 所示。模型总体参数 F（33，37）=89720.80，$p<0.001$，$R^2=0.49$。这表明模型设定总体质量较好，自变量变异解释了因变量变异的 49%。这反映出与难以改变的学生背景特征相比，教与学实践相关的因素不仅具有更强的可干预性，也是影响学生课堂主动表达行为更为关键的因素。

表 7.4　　**课堂主动表达影响因素的多元线性回归结果**

自变量类别	变量名称	因变量——课堂主动表达行为	
		标准化回归系数（标准误）	
人际关系建构	课外生师互动	0.35***	(0.01)
	课外同伴互动	0.22***	(0.01)
	校园人际支持	-0.04***	(0.01)
	社交氛围创建	-0.00***	(0.00)

续表

自变量类别	变量名称	因变量——课堂主动表达行为	
		标准化回归系数（标准误）	
教师教学方式	课程认知挑战度	0.12***	(0.00)
	教师教学清晰度	-0.06***	(0.00)
	自主学习激发水平	0.03***	(0.00)
	综合性评价方法	0.04***	(0.01)
	研究性教学方法	0.01*	(0.00)
学生学习准备	课下预习/复习	0.06***	(0.00)
	课堂接受式学习	0.10***	(0.01)
	深层思维参与	0.04***	(0.00)
	个体生发型动机	0.05***	(0.00)
	社会规范型动机	-0.04***	(0.00)
	上学期成绩排名（对照组：专业后20%）		
	前20%	0.14***	(0.03)
	20%—50%	0.05*	(0.01)
	50%—80%	0.02	(0.02)
	不公布	0.05*	(0.02)
学生背景特征表现（略）			
常数项		0.20+	(0.10)
样本量		98456	
R^2		0.49	

注：* 表示 $p<0.05$；*** 表示 $p<0.001$；所有连续变量均在标准化后进入回归方程。

（一）课外人际交往水平与课堂主动表达行为显著正相关，感知到的人际支持度与之显著负相关

学生真实的课外人际交往水平与课堂主动表达行为显著正相关：课外生师互动和课外同伴互动的得分每提高 1 个标准差，课堂主动表达行为的得分分别提高 0.35 个和 0.22 个标准差。两者之所以表现出如此强烈的正相关性，是因为相比于“课堂”的公共性和正式

性，“课外”是较为私人和非正式的环境场域，师生、生生所谈内容会超出课程知识范畴，扩大到兴趣爱好、职业发展等方面，有助于构建真正信任和平等的关系。在中国“亲疏有别”的社会交往文化下，一旦建立了这种信任和平等关系，就很容易迁移到课堂内部，降低学生的脸面束缚和顾虑，促使课堂氛围更加宽松、活跃，进而推动学生自由表达。

不过，学生感知到的校园人际支持度得分与课堂主动表达行为显著负相关，前者得分每提高 1 个标准差，后者得分就会下降 0.04 个标准差。究其原因是，学生感知到的人际支持度只能说明在遇到困难的时候，同学、教师能够帮助自己。但是不少有此评价的学生与教师和同学的交流往往局限在“自身危难或急需之时”，而非充盈在整个学习和成长过程中，特别是其与教师建立的可能不是平等而具有等级性的、不是亲密而是“敬而远之”的支持性关系。在这种情况下，学生可能以低调、沉静的课堂表现作为维系良好人际关系的稳妥方式，甚至展示出更多的尊重——认真听讲而不干扰教师的授课进度、不提出与教师或同学向左的观点等——作为对他人支持的“道德性回报”。这一结果也提示我们，相比于所感知到的人际支持水平，推动建立真正平等、信任的人际关系可以更为有效地促进学生课堂积极表达行为，这在张东海等学者的研究中已经有所体现。

（二）探究式教学方式与课堂主动表达行为显著正相关，教师教学清晰度与之显著负相关

反映教学内容难度的课程认知挑战度与课堂表达行为显著正相关，前者得分每升高 1 个标准差，后者得分就会升高 0.12 个标准差。[①] 反映具体教学方法的自主学习激发水平、研究性教学方法与课

---

① 除了使用课程认知挑战度表征教学内容难度外，学科类型也在一定程度上表征了教学内容的开放度。表 7.3 的结果表明，理工科学生课堂积极表达行为得分显著低于人文社科学生。这是因为与人文社科相比，理工科学习内容更具有权威性、统一性和跨情境性特点，开放程度较小，学生表达观点的机会少于人文社科学生。

堂表达行为显著正相关，前者得分每升高 1 个标准差，后者得分就会分别提高 0.03 个和 0.01 个标准差。教师采用综合性评价方式给出的表现得分与课堂表达行为显著正相关，前者得分每升高 1 个标准差，后者得分就会提高 0.04 个标准差。上述要素分别指向教学内容、方法和评价方式，尽管并不能单独产生较大作用，但是通过相互支撑和联系构成了“探究式教学”方式，协同促进学生课堂表达行为。这不难理解，因为探究式教学方式意味着教学设计的系统性完善，教师会给予学生充分的自由度，鼓励学生对已有知识进行深度分析、综合、评价甚至探寻知识形成的过程，并采用课堂操作/口头报告等开放性的评价方式对学生学习成果进行评价。以考试为代表的终结性评价引发和维持了“再生产取向”的学习方式（reproduction-directed learning），学生只需要接受知识、了解知识、记住知识即可。但是，如果使用其他的课程评价方式，比如课堂操作/口头报告，就会更加激发学生提问和讨论的兴趣。这样的教学过程会刺激学生在原有知识基础上产生新的思想和观点，在公开展示的同时也会激发其他学生的提问和讨论。

教学清晰度得分与学生的课堂积极表达行为之间呈现出显著负相关作用（$r = -0.06$）。这可能是因为教师过于清晰的讲解是“讲授式教学”的充分表现。这倾向于将整体性知识分解化、将高阶性知识低阶化、将情境性知识抽象化，尽管提升了知识传授效率，甚至有助于学生基础性知识的获取，但未必能够激发学生的深层思维参与，也很难促进学生的提问、讨论或质疑行为。这似乎说明，如果教师通过全面、清晰、深入的讲解，毫无保留地将知识直接传递给学生，未必能够激发学生的思维参与，更不会促进学生的提问、讨论或质疑。实际上，这就进入传统单向的“教师讲授 + 学生听讲”模式，尽管提升了知识传授效率，但是未必能激发学生思维参与和知识探究欲望。因此，大学教师应该从“毫无保留的传授式教学”转向“有所保留的激发式教学”，即李志义（2008）所言的“吊胃口”式教学。①

（三）学生认知性学习准备、个体生发型学习动机与课堂积极表达行为显著正相关，社会规范型学习动机与之显著负相关

学生学习准备情况越好，就越倾向在课堂上主动表达观点。成绩处于前20%的学生，比成绩处于后20%的学生得分高出0.14个标准差。成绩好意味着学生在课程学习上基础扎实，具有较好的知识积累和分析思维能力，这为学生表达观点奠定了基础。此外，学生课堂接受式学习、深层思考、课下预习/复习情况与课堂表达行为显著正相关，前者得分每提高1个标准差，后者得分就会分别提升0.1个、0.04个和0.06个标准差。这一结果反映出，课上倾听和记笔记等接受式学习行为与主动表达行为尽管均发生在课堂情境之中，但是并不存在矛盾。课堂接受式学习与课下预习/复习、深层思维参与一样，均反映出学生的知识吸收、储备与加工情况，都为学生表达观点奠定了重要的知识和思维基础，否则“巧妇难为无米之炊”。

在反映学生学习动力来源和强度的动机性准备方面，以兴趣和求知欲为代表的个体生发型动机与主动表达行为显著正相关，前者得分每增加1个标准差，后者得分就会提升0.05个标准差。相比之下，以就业/升学和满足他人期待为代表的社会规范型动机与之显著负相关（$r = -0.04$）。这表明，那些对所学内容感兴趣的学生，更愿意调动自身的注意力和思维能力，通过提问、讨论去弄清楚不懂的地方或表达自己的观点；而将学习作为功用性工具的学生缺少发自内心深处的求知欲望，并不乐于主动表达自身的疑问或观点。

---

① 李志义（2008）认为，大学教师教学方式要摆脱“老八股”。教师在上课时如果对要讲的内容都没讲明白，只有“问号”没有“句号”，这肯定不是好老师；然而，如果教师对要讲的内容全讲明白，只有“句号”没有“问号”，也不算是一名好老师。具体请参见李志义《大学课堂教学：是“喂食”还是“吊胃口”》，《中国大学教学》2008年第11期。

四　影响因素的整合和改进建议

通过质性和定量方式所得出的影响因素之间可以相互印证和补充。从总体上看，这主要受到三类因素即脸面观、个体因素以及教学因素的影响。其中，脸面观反映出学习者受到本土文化和道德规范的影响，比如低调谦虚、不自私、尊重他人等。这类因素最不容易直接改变。个体因素包括两类，即难以改变的背景特征和可以改变的学习表现。前者主要涉及学生的背景特征如性别、所在学校类型、年级、学科等。后者包括学生的学习状态和准备情况，如学习者的动机、知识储备和能力等。教学因素内容广泛，包括课堂教学氛围、讨论内容特点（是否具有开放性）、认知挑战度水平（如应用、分析、综合、评价）以及多样化的学习评价方式（超越卷面考试并采用更加多样的、体现学生研究能力的评价方式）等。相比于个人的背景变量，具有更强操作性和可干预性的教与学因素，对学生的课堂表达起着更为重要的作用。根据上述分析结果，结合学生的访谈内容，可以提出以下具体建议。

（一）创设友好的人际和教学氛围

友好的人际和课堂教学氛围对学生是否提问或者讨论有着重要的影响。在课堂教学中，这包括平等的师生关系，小班额以及座次的随意性。和蔼可亲的老师以及教学过程中平等的师生关系，给学生创设了舒适且具有安全感的学习环境。这能够降低学生对教师权威的尊重，减少学生担忧回答不佳而得到较低的评价。比如，有学生表示："如果是和蔼的老师，可以跟学生打成一片的话，课堂气氛比较轻松，就会积极一点。"（LUMH003）与此类似，有学生表示："教师要和学生养成更好的关系，要亲民。这样大家成为朋友，也会提问。"（EUFH005）这正如苏联教育家赞科夫（1999）所言："如果班级里能够创造一种推心置腹地交流思想的气氛，孩子们就能把自己的各种印象和感觉、怀疑和问题带到课堂上来，展开无拘无束的谈话，而教师以高度的机智引导并且参加到谈话里去，发表自己的意见，就可以收到期望的教育效果。”

和大班相比，小班制课堂上的学生彼此更加熟悉，减小了由不确定性引起的紧张感。比如，有学生表示：“和大课堂相比，比较熟悉的、活跃的、小型的课堂会更轻松，自己表达起来没有那么大压力。”（EUFH006）与此类似，“上大课的时候，我不太会说话，因为人比较多。上小课的时候，十几个同学，我就会发言。”（TUFH005）中国不少高校正在推行小班制教学。比如清华大学早在2014年就出台了《关于全面深化教育教学改革的若干意见》，强调推行小班教学。目前的文化素质课程也基本上采用大班授课、小组讨论的方式进行，为学生的提问和讨论提供了良好条件。

在中国传统教学环境中，座位是整整齐齐、一排一排放置的，对面是教师讲台。这种座次摆放，既是一种等级和纪律的象征，也适应了“传统讲授制”的教学方式。如果座次更加随意，甚至是小组围起来坐，就会在思想上打破此前那种正式的、听讲式课堂的刻板印象，学生会更愿意提问或者发出质疑。比如，有学生表示：“上课建议大家围一圈坐，成为讨论式的。现在是规矩性的、一排一排的，就是让我们听讲。”（LRFH013）与此类似，“上课整整齐齐地坐着，大家就得安静地听讲。如果是零零散散地坐着，可能会更好一些？此前在校外上英语培训课，大家随便坐，会更加活跃一些。”（EUFS003）

（二）使用探究和建构的教学方式

设计开放性、高认知挑战的问题，以多样化的评价方式加以配合。封闭性的、有固定答案的问题，要求学生去记忆既有知识再准确表达出来，不少学生因担心自己“回答”不正确、与教师期望的“答案”不同而选择沉默。相比之下，如果问题是开放性的、没有固定答案的，大家对于“回答错误”的担心会更少，也就会有更多的人愿意表达。比如，有一位材料专业的工科生说道：“对教师讲到的18—19世纪提出来的经典法则，自己根本不会想着这是错的，默认是对的……这是既定事实，有确定性的答案。”（TRMS003）但是，这位学生在大四的时候修了几门教育学的课程，却产生了不同的思考："（教育学领域）能够去质疑的内容，要比理工科的多……有时候学到一个观点，会想他怎么会这样想？……虽然没有仔细研究，联想自己的中国经历和背景，觉得具体问题要具体分析，不能将一套名人的理念、概念、道理使用在任何地方，觉得这样不对。"（TRMS003）这一方面表明，问题的开放性和情境性会使得学生有不同程度的思考和表达欲望，另一方面也表明这种开放性在不同学科之中存在差异。

开放性、情境性的问题，意味着其认知难度的提升，强调对现有知识、信息或观点进行评价，并表达出来。这还意味着课程评价方式从考试评价向更加综合的方向扩展和转向。比如，有一位女生说道："我们老师愿意听不同角度的思考，挺喜欢学生问问题，希望有一些思想的碰撞，也更喜欢安排小组学习任务，然后让同学去展示。"（LUFH007）从中还可以看到问题形式、认知水平、评价方式和学生表现之间存在较大程度的一致性：有固定答案的封闭性问题，对应知识记忆和应用的认知目标、考试评价方式以及"讷于表达"的表现；开放性的话题，对应知识评价和创造的认知目标、更加多样化的评价方式以及课堂积极发言。

（三）纳入教学设计和评价方式

不少学生谈到如果老师不让讨论、不问到自己，就很少主动提问或表达自己的观点，也就是前文提出的"应对性表达"和"救场型发言"。如果教师将学生积极提问和表达纳入教学设计之中，在授课过程中专门留出提问和讨论的时间，可能就会产生比较好的效果。比如有学生认为："如果老师不问，我就不会说。课堂上如果问我了，有这个环节，那我就说。"（LUMH011）与此类似，有学生表示："我觉得老师的课堂设计可以再优化一下，加上提问和讨论的环节。好像多数教师只是注重讲，赶进度和教学计划，课堂上提问自然比较少。"（LRMS014）此外，将此纳入成绩评价标准中，即使学生开始时不认可，也会"强迫"自身去思考和表达，从而减少思维惰性，逐渐养成习惯。比如，有学生表示："如果课程有这样的要求，就是上课回答问题之类的，而且这个算 participation 分数的话，我就会回答。"（EUFH005）

同样，应该着重要求的是学生通过预习和复习提升知识准备水平。如果学生能够在课前对课程内容有基本的了解，课上能够及时吸收，就会积累一定的知识基础，这样就有更大可能性产生问题，并且与教师进行交流和讨论。比如有学生表示："自己提前预习、提前准备，有所思考很重要。如果有的话，上课的时候就可以提出问题。"（EUFH005）与此类似，"提前让学生读书、预习。这样就可以有说的了，特别是偏文科的课程更是如此。"（TUFH005）翻转课堂也是可以继续完善和使用的方式，即将知识接受的阶段前置到课下，使得课上成为知识生成的场所，提问、讨论、质疑等就会自然产生。而不论是将提问讨论纳入教学设计的流程中，还是将其纳入学业评价之中，都是将原本随意的、凭借个体喜好的学习方式，转成一种制度性的、鼓励大家多利用的策略，从而促使学生养成积极提问、讨论或质疑的习惯。

（四）激发和提升学生的学习兴趣

定量分析的结果表明，个体生发型的动机能够较好地促进学生在课上提问、讨论或者质疑的表现，相比之下，社会规范型动机并没有起到作用。在个体生发型动机之中，中国学生在学习兴趣上的表现有较大的提升空间，也得到最多的强调。学习兴趣作为一种非功用性取向的动机，代表了学生对知识的好奇，能够刺激学生刨根问底。而这对教师提出了更高的要求。在传统的教学中，教师的职责是传授知识和技能，强调的是学习对学生未来发展的"意义"和"用处"，学生是否对所学内容感兴趣则不被关注。当中国学生不好好学习的时候，更多的是通过"讲道理"的方式进行"立志教育"或者"批评教育"。笔者忆起在遇到学习困难的时候，老师往往会说，不要灰心/沮丧，继续努力，你一定可以考好。当不认真学习的时候，老师经常强调两点：第一，社会就业竞争很激烈，需要通过读书提升本领，以便考上好大学，进而找到好工作；第二，父母含辛茹苦、砸锅卖铁供你读书，不好好学习对不起父母的付出。但是在西方学界看来，学习最好是一件由兴趣和好奇心驱动的事情，老师们在教学过程中会鼓励孩子寻找和顺应自己的兴趣、采用各种举措激发学生的学习兴趣，促进学生探究精神的养成。美国高等教育研究专家布鲁贝克曾言，研究要以“闲逸的好奇”为起点，这样才能够真正有新知识的发现和创新，也就是强调好奇心和兴趣的重要性。而如何激发和提升学生的学习兴趣，也需要更加深入的探讨。

第四节　基于案例分析大学生主体性学习转型

学生学习方式的转型是教育研究的经典话题。但是从实践的角度来看，这又是长期充斥着讨论、操作相当困难、成效说法不一的议题。近代以来，一些西式教育教学方法的引入，因为和中国文化与教育教学情境的契合度不够，的确没有能够获得成功。而在中国教育迅速发展、逐步获得国际声誉的过程中，开始有研究者怀疑中国的教与学模式是否需要转型。笔者认为，转型发展需要顺势而为，原来没有成功可能是和当时的时代特点和教育导向有关，彼时的需求并非十分迫切。但是，当下社会和教育实践的现状，对学生学习方式转型提出了急切的要求和呼声。此外，所谓转型，并不是全盘抛弃中国教与学过程中的特色，而是在保留其优势特色的基础之上，推动学生学习朝着更加创新的方向发展。

一　学生学习模式转型已经取得共识

在新中国成立之后的很长一段时期里，高等教育都聚焦于体制机制的确立、改革和完善。1992 年，第四次全国高教工作会议提出了“体制改革是关键，教学改革是核心”的原则性要求，高等教育改革的重心开始转向本科课程与教学领域。20 世纪末中国高等教育的扩招，以及近年来对高等教育内涵式发展的强调，进一步推动了社会各界对高校课程与教学质量的关注。2018 年，新中国历史上第一次围绕本科教育召开全国工作会议，会后发布了《一流本科教育宣言》，要求“围绕激发学生学习兴趣和潜能深化教学改革……推动课堂革命，把沉默单向的课堂变成碰撞思想、启迪智慧的互动场所”。紧接着，教育部下发了《关于加快建设高水平本科教育 全面提高人才培养能力的意见》，进一步强调“扩大学生学习自主权、选择权”“以学生发展为中心，通过教学改革促进学习革命……积极引导学生自我管理、主动学习，激发求知欲望，提高学习效率，提升自主学习能力”。2019 年，教育部下发了《关于深化本科教育教学改革 全面提高人才培养质量的意见》，就教学问题提出了明确要求，“要提升学业挑战度……提高自主学习时间比例，引导学生多读书、深思考、善提问、勤实践”。“着力打造一大批具有高阶性、创新性和挑战度的线下、线上、线上线下混合、虚拟仿真和社会实践‘金课’”，等等。对学生学习方式转型的要求背后是国家对创新型人才的呼唤，并随着国际竞争的加剧而显得至关重要。2021 年 5 月，习近平总书记在两院院士大会、中国科协第十次全国代表大会上的讲话中强调：“培养创新型人才是国家、民族长远发展的大计。当今世界的竞争说到底是人才竞争、教育竞争。要更加重视人才自主培养，更加重视科学精神、创新能力、批判性思维的培养培育。”国家领导人深入教学和人才培养层面提出要求并不多见，反映出国家在推动创新型人才培养、实施教育教学改革、推进学生学习模式转型上的决心。

作为高水平人才培养的主阵地，高校一直强调和持续性地推进创新人才培养和学生学习模式转型。在中国大地上建大学，自然不能脱离中国情境去理解；但是中国现代大学的建立和发展，依然学习和借鉴了国际上特别是西方高等教育理念、教学方式及管理制度，基本形成了以“高深知识”为重要逻辑起点的组织结构。在这样的环境中，理解高深知识、注重讨论质疑、尝试进行创新成为高校人才培养过程中越来越重要的主题，学校氛围也据此特征不断改善。比如，中国高校大量且优先接受在欧美发达国家获得博士学位的青年学者承担教职岗位。他们更愿意和学生进行基于平等关系的讨论，对学生的提问乃至质疑有更高的支持度。借助 CCSS 数据的分析表明，超过 80% 的学生认为，教师经常鼓励学生在课上提出问题。而且，这一比例正呈现出逐年上升的趋势：82.37%（2014）→83.67%（2015）→84.19%（2016）→86.17%（2017）。有受访者表示："（大学）老师挺喜欢学生问问题……大学老师更喜欢给小组安排学习任务，邀请同学去做个人展示，而不是单纯地讲。"（LUFH007）中科院研究员张双南也表示，他以前在清华大学和中科院讲课时要求每个学生每堂课都必须向他提一个问题，越尖锐越好，这样做逐渐取得了良好的效果。而且，随着年级的提升，经常主动提问或者参与讨论的学生占比逐渐提升：30.73%（大一）→33.09%（大二）→35.79%（大三）→42.23%（大四）；经常质疑教师观点的学生占比也随年级提升而提升：20.02%（大一）→22.09%（大二）→24.49%（大三）→29.51%（大四）。这一事实表明，大学生正在逐渐适应高校推崇的课堂互动模式，从基础教育阶段的"应对提问"转变为"主动发言"，教育者要做的就是推动这种转变更快地进行。

此外，随着时代的发展和现代化进程的推进，中国大学生的独立性、自信心和开放性逐渐加强。学生并非一直热衷于传统接受式的学习模式，正在向着具有建构、参与和讨论特征的学习方式转变（Law et al.，2009；Rajaram & Bordia，2011）。有研究综述了关于香港地区学生学习方式的文章，认为"关于香港学生喜欢被动学习和抵制教学创新的说法，是没有任何基础和依据的"（Kember，2000）。特别是到了大学阶段，不论是从生理视角还是从教育视角来看，学生均积累了更多的知识，有着更高水平的抽象思维能力，能够进行更多、更加深入的思考。在新的教学方式下，学生们同样有着优异表现。而且，这种优异表现开始超出知识收获，向元认知能力、自主学习能力、探索精神、团队协作能力、学习观转变等方面扩展（Chan，2009）。这也正是学生学习方式转型希望达到的目标。

二　以教学改革推动主体性学习转型

尽管表述不同，政府、高校和学生都在推动学生主体性学习方式转型上达成了共识。以探索课堂主动表达的影响因素、提出相应建议为基础，可以推断和分析如何促进中国大学生主体性学习转型。显然，这同样面临着本土社会规范、教师教学和个体因素的共同影响。在进行改革的时候，既需要理解本土社会规范的隐性化、深层性和不易转变的特征，也需要以具有可干预和可操作性的教师教学为抓手进行教学改进，并最终落脚到学生自身的觉悟和新的学习模式上。

（一）形成崇尚科学探究的高校氛围

在教育教学方面，本土文化指的是道德和社会规范以及深层次的教与学信念。这些往往是正式教学制度之外不需要言说的“潜规则”，比如在尊师重教、注重人际关系的和谐性、营造自身良好形象的同时给老师和同学留面子等。这些“潜规则”的影响已经超出了教与学的过程，存在于学生校园生活的方方面面和为人处世方式之中。很显然，这些文化因素、社会规范和基于此形成的深层次教与学信念，难以在短期内发生根本改变。但是，这并不能成为不作为、不改进的托词。高校是一个相对独立和完善的社会子系统，可以通过不断凸显和强化自身文化和氛围建设，形成师生关系平等、崇尚科学探究的良好亚文化环境。

现代大学是围绕高深知识建立起来的。高深知识的教学活动构成了育人功能，高深知识的再造构成了科研职能，高深知识的应用带来了社会服务效用。高深知识的深刻性、前沿性和不确定性，使得科学探究的精神和能力成为高校基础的气质和支撑。高校重视创新型人才培养，应该重视科学和育人的融合，推动育人在科学探究的活动中进行，将对科学精神和探究能力的强调融入课程与教学的过程之中。在这样的环境和氛围中，学生可以较大限度地感受到安全、支持和宽容，社会上形成的传统规范观念（如脸面观）以及刻板学习信念可以在一定程度上降低，从而为学生主体性学习的转型奠定基础。

（二）以教学转型引导学习行为转变

课程、教学和教师对学生主体性学习的样态带来了最为直接的影响，也因为其具有的可操作性而成为主体性学习转型的重要抓手。这是很简单的道理，教师如何教、课程如何设计、如何进行学习评价，学生就会按照这样的导向和要求来学习。这要求教师在教学上投入更多的时间和精力，并且转变传统的教育教学理念，采用更具有建构性和探究性的教学方法，主动和学生建立更加平等和支持性的关系。当然，国内教育领域引进建构和探究性教学方法，有失败也有成功案例。相比于中学阶段而言，在大学情境中引进这种教学方法更容易成功。

这首先需要更新教育教学内容。教学内容的多、繁、旧，是影响教师教学深度和前沿性的重要原因。这种现象在一些通识课程中表现明显，导致教与学的过程较为传统，更与通识教育培养学生高阶思维能力的目标不相符。因此，更新课程教学内容，打造具有高阶性、创新性和挑战度的金课，是推动学生主体性学习转型的必要条件。其次，用制度引导和培养学习习惯。良好的思维习惯，需要外部的规定和推动来养成。如果将预习、复习的情况，将课堂参与和主动发言的情况，将课下作业中的同学讨论等纳入学生学习表现和成绩评价中，学生自然会更认真和积极地完成课业或参与其中。长此以往便会形成良好的学习习惯。最后，用具体策略改变学生行为。学生学习行为的改变在很大程度上取决于教师教学策略的改变。如果教师能够采用论文、展示等更加综合的评价方式，学生就会查阅资料、深入思考、和教师同学讨论；教师在课上讲得少，以平等讨论的方式鼓励学生发言，学生就可以讲得多、参与多，从而得到思维的激发和训练。

（三）学生觉悟和自觉行动是落脚点

崇尚科学探究和知识创新而非 GPA 和荣誉，具有包容性和支持度的高校氛围创建，学习内容的精简和挑战度提升，教师教学方法的转型，即便没有能够改变社会大环境，也已经为学生在学习领域的模式转型提供了良好的环境支持和改进方向。接下来就需要学生自身的觉悟提高、行为方式的转变了。朝向“内卷”，将严重耗费自己的学习时间，没有知识的实质提升，却感受到莫名涌来的焦虑。于是干脆“躺平”，看似超越和远离“内卷”，事实上却是没有找到更好路径的无奈选择。笔者认为，大学生主体性学习的转型，就是在“内卷”和“躺平”之外的第三条道路，也应该成为中国大学生的主流选择。学生只有意识到此，才会真正地接受学校的支持和教师的引导，才能够有意识地选择真正感兴趣和高挑战度的课程，培养起对知识更加纯粹的好奇和兴趣，与教师和学生建立起更加平等和支持性的关系，进而在更深层次上理解知识和创造知识。这同样是主体性的发挥，也是中国大学生主体性学习的转型升级过程。

第八章

特色与转型：中国大学生主体性学习的发展之道

在中国，教育事业具有非常重要和特殊的地位，既是民生之基，涉及千家万户的家庭幸福；也站在国力竞争的前沿，关系到国家千秋万代的繁荣发展，因此受到国家、社会和家庭的深切关注。从清末废科举、兴学堂始，中国教育开始走上学习西方的道路，谱写了一个学习借鉴、改革创新的故事。随着国家强盛，教育迅速发展并取得显著成效，学者又开始对过度学习西方进行反思，甚至开始总结中国教育发展经验、挖掘本土教育特色、尝试讲好中国教育故事。从单向学习、推动改革转变为学习借鉴与总结经验并重，成为当下研究大学生主体性学习乃至研究中国所有教育议题的主基调。

第一节　近代以来中国教育发展的两个侧面

中华文明有着数千年的历史，孕育了独特的文化系统和丰富的知识体系。但是，中国在近代战争中的失败直接导致了全国上下文化的不自信，教育领域也不例外。鸦片战争之后，中国教育体系既是众矢之的，也成为救亡图存的重要手段，并迅速进入“学生”时代：清末民初先学日本、再袭美国、后效法国，新中国成立之后大规模学习苏联，改革开放之后再将目光重新转向美欧。在学习和借鉴的过程中，中国教育进行了大刀阔斧的改革，培养了不计其数的人才为国家和社会发展服务。但是，创新型人才培养一直不尽如人意、依然令人扼腕。除了 2005 年的“钱学森之问”外，2018 年 7 月，诺贝尔奖获得者杨振宁在清华大学物理系的一个庆典活动上也提出了类似的问题：“对于创建（培养）一流科学家不太成功这件事，是值得讨论的。是不是有这个现象？有没有可以改进的地方？到底重要不重要，值不值得去研究？”尽管诺贝尔奖并不完全客观，但是在一定程度上反映出国家在一流科学家培养上还有很长的路要走。这也在一定程度上反映出，和西方学生相比，中国学生似乎缺乏高阶思维和创造力，难以成长为拔尖创新性人才。为此，中国的教育和人才培养自近代以来始终走在改革之路上，在不断学习和借鉴西方先进教育教学理念和实践的基础上，进行自身的改革和创新。

在学习和借鉴中进行改革创新，已经成为中国教育发展乃至中国发展的重要经验。经济学家李稻葵（2009）甚至认为，中国改革开放有三大历史成就，其中之一就是“建立起了一套自己的改革文化，这套改革文化在全世界各国都是不多见的”。在教育教学领域，从 20 世纪初期开始，中国教育界就积极拥抱和引进西方国家提出的教育理念、教学方法，在中国加以迅速应用和实践。比如，随着杜威“儿童中心主义”和“教育即生活”等思想在中国受到推崇，道尔顿制、设计教学法、文纳特卡制等在中国开始试验和推行。尽管不少方法因为效果不佳而被放弃，但是这样一种开放的态度、积极学习借鉴、实地检验和应用的模式得以成形，并延续下来。新中国成立之后，掌握学术模式、探究式学习、项目学习、建构主义教学、混合式教学、挑战性学习（challenge based learning）、社会情感学习（social emotional learning）等都为中国教育界所学习和借鉴。这也使得一线教师愿意支持教学改革、愿意不断创新教学方法。根据 OECD 2018 年组织的教师教学国际调查（Teaching and Learning International Survey，TALIS）数据的分析，有90%的上海教师认为，本校大部分教师愿意接受变革，在47个参与国家或地区中排名第三。相比之下，对美国、英国、日本学校的教师而言，这一比例分别为70%、75%和70%左右。有92%左右的上海教师认为，本校大部分教师努力发展教学与学习的新思路，在所有国家或地区中排名第二；还有91%的上海教师认为，本校大部分教师在实践新思路的时候相互支持，在所有国家和地区中排名第四。这些都在深层次上反映出中国学校和教师的开放态度和改革精神。

在继承传统优秀教育理念的基础上，经过40多年的改革开放与发展，中国教育已经今非昔比，影响力不断增强，并终于到达一个可以与西方教育“对话”的阶段。在基础教育领域，上海在2009年和2012年OECD组织实施的PISA中连续获得第一，直接促成了英国政府和上海市开展了中英数学教师交流项目。这一项目成为近代以来发达国家全额出资邀请中国教师前去传授经验的首个项目。在高等教育领域，清华大学、北京大学等一批中国高校进入世界一流大学行列，“重点大学支持模式”被印度、俄罗斯等多个国家效仿。2018年，北京大学英国校区正式启动，主要招收英国和欧洲其他国家的学生。2021年，受世界银行委托，设在上海的联合国教科文组织教师教育中心，对苏丹几所高校的教育学院开展现代化援建工作。中国教育开始实现从单方面引进来，转变为引进来和走出去共行的局面。在这样的背景下，总结中国教育迅速发展的经验，讲好中国教育故事，并基于此进行概念、理论和话语体系建构，成为学界的新责任和担当所在。

遗憾的是，长久以来，中国的一些研究和实践不自觉地受到“西化”思维的影响，采取了“照单全收”的策略，在对西方学说和理论产生迷恋的同时，对本土理论和概念创新显得信心不足（施晓光，2015）。其后果，从小处看，一些引进的概念和理论不能很好地解释中国教育现象，一些教学方法也无法在中国本土扎根发展；往大处说，这种“尾随”的学术取向是我们失去在国际学术界获得应有地位的一个重要原因（鲁洁，1993），甚至可能使得学术话语、思维、理论框架被人家“殖民”（岳龙，2009：82）。近年来，中国开始探索如何提升国际话语权，这意味着要超越不断攀升的经济体量和雄厚的军事力量，超越输出援助资金和古代技艺的局限，关注中国现代价值和知识体系的影响力。但是正如郑永年（2018：24，116）在其著作《中国的知识重建》中所谈及的那样：

> 自五四运动以来，中国的知识分子扮演的只是一个西方“代理人”的角色，或者说，他们所做的和西方学者所做的并没有什么两样，是把西方概念和理论传播和应用到中国。直到今天，这个传统还是根深蒂固。改革开放以来，中国学术大面积地西方化、美国化……大多数人所做的仅仅是寻找中国证据来论证西方理论。不难发现，大多数论文冠以类似“来自中国的经验证据”这样的副标题。多少年来，在中国这片土地上互相竞争的都是来自于西方的各种思想、意识和观念。来自本土的思想、意识和观点到今天为止几乎是空白。

这种表述和社会心理学家杨国枢（2008：6）所言具有异曲同工之处：

> 就学术发展方面来说，美欧社会科学的理论、概念、方法和工具，扭曲了非西方国家或地区之社会科学的研究，逐渐形成了西化政治学、西化社会学、西化人类学、西化心理学、西化教育学、西化管理学、西化传播学及西化精神医学。上述各种西化的社会科学，常以盲目而不加批判的方式照抄、照搬、照套西方的理论、概念、方法及工具，难以完整、深入、细致而有效地了解所研究之当地人与当地社会的各种现象与问题。

因此，近代以来中国教育的发展中存在两个侧面。第一，在学习和借鉴西方教育理念和实践的过程中进行改革创新、获得迅速发展；第二，在已有发展成就的基础上总结教育经验、建构中国理论、形成中国话语。两者紧密相关、相互影响。如果没有长期的学习借鉴和改革创新，就得不到迅速的教育发展，也没有必要形成教育经验乃至话语体系，分享给世界有需要的国家/地区或学术界。进行经验总结、概念提炼和话语建构，本质上是深刻理解中国教育发展特点的过程，是进一步找到优劣势、进行改革创新的基础。

第二节　文化和时代共同塑造的本土学习特色

在学习借鉴、改革创新和概念建构、提炼话语的双重目标下，探讨中国大学生主体性学习的问题，就不能投机取巧，直接从西方现成的概念和理论出发，而要基于本土文化和情境，在中国本土的治学理念和经验、教育教学变革的双重影响下，理解中国大学生主体性学习的内涵和特点，再讨论如何改善的问题。通过研究笔者认为，大学生主体性学习指的是，在特定文化情境之中，学生充分发挥自主性和能动性，与不同类型对象进行多元互动的群体性学习样态。这一理解具有抽象性、一般性和跨文化性。正如石中英（2009）所言，社会科学和人文科学概念的“内涵是由某一社会历史环境所赋予和维护的……需要把分析的概念放到它原来所在的文化系统中来理解，将整个文化系统当成是理解某一个概念的框架”。因此，在中国文化情境中，大学生主体性学习的概念框架可以具体化为“学思用结合”的认知策略、“内圣外王”式的学习动机以及“敬师乐群”的校园互动（见图 8.1）。借助 CCSS 问卷调查数据，这一理论特色——认知策略整合性、学习动机整合性、两种互动模式——在一定程度上得到了验证。

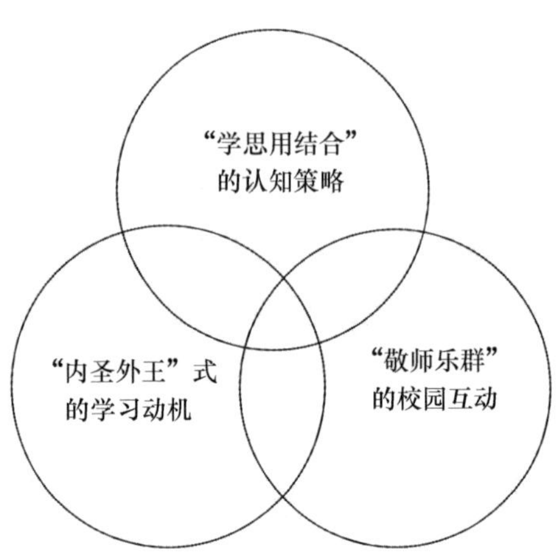

图 8.1　中国大学生主体性学习的内涵框架

笔者使用 collective-authored learning 来对应中国大学生的主体性学习。这主要来自自我主导性（self-authorship）一词的启发，并对之进行了文化情境的转换。主体性学习和自我主导性一样，都强调学生在学习过程中的自主性和能动性。在具体维度上，主体性学习顺应了哲学上主体性的关系范畴，也和自我主导性保持一致，只是从精神层面、意义建构层面延伸到现实表现之中：从认识论延伸到知识的加工方式，从自我学习认知延伸到学习动机的实际表现，从关系认知延伸到互动情况。这也凸显出教育学视角的实践性和情境性特征。其中的一个区别是，自我主导性是在西方个人主义文化情境中进行建构的，“就学习谈学习”，强调人际平等，并且在一定程度上存在对立思维，因而消极地评价表层学习策略、社会期待和荣誉等动机，崇尚平等的师生关系。而在中国集体主义或关系主义情境中，在全人生发展的视野下看待中国学生的学习，会发现这受到中庸思想和思维、本土道德规范的调节，注重学以致用，从而体现出中国学习者的独特认知和行为模式。也因此，笔者以 collective 作为前缀。

一　建构本土概念的意义

（一）进一步破解“中国学习者悖论”

从本研究的视角来看，出现“中国学习者悖论”现象的重要原因是西方学术规范的强权主义，即使用西方学生主体性学习的标准来判断中国学生学习实践所形成的误判和曲解，也就是西方理论和中国现实的“两张皮”问题。国际乃至国内一些研究者看到中国学生学习表现不符合西方概念标准，就认为中国学生的学习实践“错了”、是“缺乏主体性的”，这个逻辑就反了。这不仅不能增进人们对客观现实的理解，反而会对中国学生产生相应的“刻板印象”和盲目批评。

如果我们可以暂时抛却西方理论和规范的“挟持”，就可以发现中国学生“两个整合”与“两种交往模式”的主体性表达方式，就能够发现这是“中国传统好学生”的典型特点，至少可以在一些方面为学生学习和人才培养带来好的结果，也就不会有悖论的出现。反而，如果以此为标准去理解西方学习者，恐怕会引发“西方学习者悖论”（张红霞，2019）：“人类之学习乃内外动机共同驱动之结果也，而洋人惟内在动机单项作用方为有效，岂不怪哉！大凡学习美德与成绩成正比，而洋人不然，岂不悖论乎？”

当然，“中国学习者悖论”的另一个原因是中国学生的优势和不足并没有被细致地说清楚，使得前期是“被动落后”的评价，而后期以“积极优秀”代之。这种大而化之的判断和表述并不准确，也使得悖论本身并不准确。因此，本研究在新时代中国人才培养需求导向下，分析现有中国学生学习方式和学习成果的优势和不足，甚至提出改进的方向和举措，自然也就消解了悖论。

（二）有助于建构本土学生学习理论

国内关于大学生的学情研究从20世纪80年代就开始了，主要借鉴了Kuh，Pascarella等提出的大学影响力模型，对框架背后的隐性且更加深刻的文化情境因素考虑较少。但是，正如清华大学史静寰教授（2018）所言：

> 学生学习问题不仅是一种基于生理和心理机能的生物行为，更是建构在特定文化传统和心智习惯上的社会行为。因此，研究大学生学习当然要了解具有普遍意义的学理基础，如剖析人类学习行为的生理与心理机制问题，还要研究学生学习得以产生的文化环境与土壤，认识影响其学习行为的民族文化认知和心智价值传统，这是人类社会得以繁衍和传承的不可缺少的文化基因。

国际上关于中国学习者的探讨，就对学习的文化属性给予了充分关注，并在此基础上探索本土学生学习理论。比如，南洋理工大学国家教育研究所的 Hu 在 2002 年提出华人学习文化的概念；外语教学领域的学者 Jin 和 Cortazzi（2006）尝试构建了学生学习的儒家模型（Confucian model of student learning）；南京大学吕林海教授（2018）则认为，将深层和浅层策略进行整合的“融合性学习”是中国大学生可能的认知策略特点，能够取得最佳的学习效果。当然还有李瑾超越西方原有的理论和框架，提出华人学习者美德导向的学习模式等。本研究提出主体性学习，也是在这些理论探索的基础上进行的，通过提出和分析核心概念，为后续的学生学习理论建构奠定基础。

二　本土文化的支撑

尽管中国传统文化在近代受到一定的冲击，但是“变化在表层蔓延，更深的层面却保持着稳定，文化就像不死鸟一样从灰烬中浴火重生”（霍夫斯泰德，2010）。换言之，在中国本土文化环境中生活和受教育的学生群体，在心智结构和思维习惯上自然会受到文化传统、社会习俗和行为规范的影响。无论是探讨本研究的主题——主体性学习，还是探讨其他中国大学生的学情问题，抑或是再往外扩展到整个教育问题，都应该考虑中国本土文化和现实情境因素，这也是扎根中国大地研究教育的主旨之一。在本土文化的影响下，中国大学生的主体性学习和国外类主体性学习的概念和实践之间，既存在共通，也存在特色之处。其共通之处表现在均承认深层思考策略、兴趣取向的动机和人际互动在主体性学习中的重要性，其特色表现为“两个整合性”以及“两种交往模式”，并重视知识的应用和功用价值。这一特色得到了数据的验证。

（一）关系主义：决定人际互动的重要地位和特定形式

相比于西方在探讨大学生学习时所提出的相关概念，本研究建构的主体性学习对社会互动因素给予更高程度的强调，将其作为大学生学习概念结构中的重要组成部分。与此类似，汪雅霜、汪霞（2017）认为，学习投入包括自主性学习投入（主动性学习和反思性学习）和互动性学习投入（人际互动投入）两个方面。王文（2018）则认为，中国大学生的投入可以划分为基于个体互动和基于人际互动的学习投入两部分。不仅如此，中国学生在处理校园人际关系的时候存在着两种模式，与教师的互动具有正式性和发展性，和学生的互动具有随意性和生活性。

张红霞等（2015）从“大历史”视角出发对此进行解释，认为在不断扩张的人口数量和有限的自然资源之间存在矛盾的时候，西方的解决方案是通过提高人的认知能力、科技素养，征服自然而加大资源供给，而非约束自身需求和欲望从而规避资源分配过程中的人际冲突。这在学习领域表现为学生对认知策略和心智能力的强调。相比之下，中国文化在面临有效资源和人口数量矛盾的时候，善于协调人际关系，通过建立“差序格局”的社会结构减少资源消耗，通过提高宽容、忍让之“修养”而遵从旧制，维护社会稳定。这使得中国学生在学习过程中也存在着不同的关系处理方式。人类学家Hsu（1972：520）和社会学家翟学伟（1993）都将中国人际关系的特色看成是分析中国人整个生活方式的基础和关键。“人是关系”的观念变成中国人的“传统无意识”，而“人是个体”的观念变成西方人的“传统无意识”。前者建立在传统五伦的关系之上，后者则建立在平等个体的观念之上（李泽厚，2014：24－25）。这使得有中国特色的人际互动和关系建构成为理解中国学生学习的关键因素之一。

（二）中庸思想：整合西方相关概念中二元对立的内容

西方学界往往将表层认知和深层认知策略对立起来，将内部动机和外部动机对立起来。但是对中国大学生而言，知识的表层接受策略—深层思考策略、个人生发性动机—社会规范型动机共存，协同提升学习质量。结合访谈内容可知，西方学界认为比较消极的学习表现（如浅层接受策略等），被中国的文化和社会情境赋予了积极的价值判断，同样体现出学生的主体选择和能动性。这种具有包容性和整合性的认知模式，在一定程度上反映出中国本土文化中的“中庸”思想。《中庸》有言：“执其两端，用其中于民。”意思是说，事物的两端均是绝对化和极端化的，现实世界中的真实多体现在中间特性上，是两端特点的有机结合，并可以相互转化（钱穆，1998）。在此思想潜移默化的影响下，中国大学生主体性学习并不如西方那样追求极端立场，而是体现出一种包容性和务实性。

（三）道德规范：调节主体性学习的表现形式

有研究者（余陶，1999）认为，在中国文化情境中，人们的主体性集中表现在对道德理想价值的推崇，非强制的道德选择以及高度的道德自觉性上。李瑾（2009）也认为，中国学习者的能动性，更加紧密地和本土美德结合在一起。因此，中国学习者一些看似被动消极的表现，实际顺应了中国社会文化对个体道德发展的要求，体现出“美德导向”的学习特点。当然，这指的是在中国本土形成的伦理和道德体系，与西方重视个体、自由等道德观念存在着差异。比如，在校园人际互动方面，课堂上有沉默现象、表面上对教师的“盲从”，往往指向为同学和教师节约时间的利他品质，也符合儒家“敏于行慎于言”的处世规范；与此类似，重复性的训练如背诵、刷题，体现出学习者勤奋和吃苦的精神；为满足父母期待而学习，符合了社会文化对“孝道”的要求；为国家和社会责任感而学习，则体现出传统士大夫和读书人的“家国情怀”，等等。因此，国际学界在非认知方面给予了中国学习者高度评价，认为他们往往是勤奋的、守纪律的、努力的、尊师的、不怕困难的（Lee，1996；Barron，2001；Volet & Ang，1998）。这些品质已经超出学习本身，成为做人做事的基本要求。中国大学生对上述道德规范的内化和自觉践行，毫无疑问影响了主体性学习的表现形式。

（四）学以致用：中国大学生主体性学习的重要导向

如乔炳臣和潘莉娟（1996：309）所言，“学以致用”、“经世致用”或“明体达用”的思想是从先秦到明清时期持续存在的学习原则，对现代学习思想和行为产生着重要的影响。“学以致用”的思想体现出学习本身的功用取向，是从小就开始被塑造的，对学习也能够产生积极作用。具体而言，在认知策略上，学生对知识在进行表层接受和理解之后，会通过练习等方式进行应用。不少学生甚至将“会用”“会做题/完成作业”“实践”作为终极的认知目标，体现出从“已知已能”到“行之不已”的延伸。但遗憾的是，很少有学生能够继续延伸到对已有知识进行质疑和创造上。与此类似，外部功用取向的学习动机广泛存在于中国大学生群体之中，反映出社会各方对自身学习的期待和需求，包括获得荣誉、找到好工作、满足家人和教师的期待等，使得学习呈现出“工具性”。如果使用西方的标准来进行判断，这些均从属于外部动机，都不属于高质量学习的范畴。但是，对于中国大学生而言，这些社会规范所激发出的动机象征着自身的学习目标和发展追求，同样为学习提供了重要的情感源泉和动力支撑，对学生学习质量也起到了一定的积极作用。

三　时代特征的影响

借助 CCSS 数据的分析还发现，学生在主体性学习各指标上总体表现较好但不均衡。在认知策略上，课堂接受表现好于课外预习复习，深层思考总体较好，关联性思维和进一步的评价与创造性思维一般，课内作业由多到难，课外实践参与积极。学习动机总体上呈现出“高水平、多样化”“立足自我、兼顾他人与社会”的特点。在人际互动方面，学生和教师的交流在“敬”的基础上出现了疏远现象，整体的交往内容重视认知而对人生发展问题的交流不够充分。这受到时代发展以及高等教育发展现状的影响，也受到与基础教育不同的高等教育情境的影响。

（一）时代和高教发展阶段的影响

美国《纽约时报》专栏评论员布鲁克斯（David Brooks）（2002）曾经深度探讨了美国“80 后”大学生精英的集体精神面貌：“骑士精神”的传统精英价值和道德世界正在失落，老一代看重的努力塑造自身品德的传统已经不再。现在的大学生较少质疑权威，更加看重个人世俗性的成就，熟悉和适应学校和社会规则，并且在此基础之上马不停蹄地竞争和前进。他指出，这种特点是由与老一代不同的时代环境和仅仅关注知识能力传授的高等教育带来的。进入新时代的中国大学生，与 Brooks 笔下的美国大学生有着诸多类似之处，也提示我们这些特点的出现受到时代发展和高等教育发展阶段的影响。

自改革开放以来，中国经济迅速发展。这一方面带来了不断改善的生活质量，另一方面带来了社会阶层的稳定、社会竞争和功利主义的加剧。人们向往世俗性的成就（金钱、地位等），并在越来越大的社会竞争和压力之下战战兢兢、如履薄冰。作为社会的子系统和发展推动力，高等教育和经济发展同步，经历了长期的规模扩张，并在世界大学排行榜的引导下，重视科研和成果发表、轻视人才培养和教学，更忽略了似乎超出大学能力的道德引导。

本研究探讨的年轻人，就是在这一时代背景下出生和成长的。他们绝大多数为“90 后”（即 1990 年之后出生），没有经历过国内各种重大变革和消极历史事件，对国家的发展充满信心。他们有接近一半（45.83%）为独生子女，得到了家庭资源的集中支持。他们享受了高等教育扩张期间“宽进宽出”的政策红利：大多数学生在高考录取率不断攀升乃至超过 70% 的时候（2012—2017）进入大学，很少担心因为学业成绩不佳而被退学。他们在大学期间同样面临竞争，并出现“内卷化”的苗头，有的精英大学学生还被称为“精致的利益主义者”。另外，他们其中有超过70%的为家庭第一代大学生，尽管成为家庭的荣誉，但是在进入大学之后却面临着挑战：一方面被汹涌而来的“自由”“自主”思潮所迷惑，另一方面由于缺少大学相关知识和足够的指导，需要通过摸索和试错的方式度过大学生涯。在毕业之后，他们面临的市场竞争压力也是前所未有的。

在这样的时代环境和高校教育教学现状下，学生在主体性学习方面的表现也并非尽善尽美。在教学领域，尽管认知要求明显提升，但是“过程性学习要求”却降低了。学生发现自己较为松懈的学习状态并不会对考试和毕业带来不良影响，因此降低了自身在没有明确要求的学习策略上的表现（如预习、复习），将更多的时间投入课外活动中去。在师生关系上，学生意识到教师的第一身份是“研究者”而不是“教学者”，因此不愿意“麻烦”教师，使得师生关系在“尊重”的基础上趋向“疏远”。学生并不认为自己在人生观、价值观上存在障碍，也不希望将这些深层次想法告知不那么熟悉的教师，因此生师互动以学业为主，在全人生发展上交流较少。此外，在外部强大的竞争和压力之下，大学生将目光转向自身，希望通过自我提升去追求世俗的成功，同时将传统“读书人”的奉献情怀作为就业的自然结果，而非激发自身学习的主要动机。

（二）高等教育情境带来的影响

中国基础教育是土生土长的，有着深刻的中国文化传统影响，与古代“科举制度”一样起到类似选拔作用的“高考制度”，促使了传统教育教学理念在基础教育教学过程中生根和传承。不过，与中国基础教育以“学生学习”为逻辑起点进行建构不同，现代中国高等教育初步建立了以“高深知识”为逻辑起点的体系。再加上高等教育往往处于学生从学校到社会的转变阶段，使得高校教育教学实践与基础教育阶段有较大的差异。具体而言，学习对象从拥有固有答案的知识向高深的、前沿的、具有不确定性的知识转变。从发展目标来看，高等教育阶段的发展任务由唯一的考大学，转变为就业、读研、创业等更加多样化的生涯发展方面，关注内容从单一的知识领域，扩展到知识、能力、价值、体能、审美等各个方面，从“不平衡发展”向“全面发展”“通识教育”理念转变。这使得评价方式从基础教育阶段单一的、针对知识进行的考试评价，向大学期间多样化、综合性的评价体系转变。在教学方式上，教学策略逐渐从传统的讲授方式，转变为多样化的、重视发挥学生主体性的教学方式，认知要求从强调接受和复制向深层次加工乃至评价转变。教学管理从基础教育阶段事事有教师精细安排，转变为更加尊重和强调学生的主体性发挥，强调学生要进行自我选择和自主实践。这种学习情境和要求的转变，使得学生更加重视深层思考，知识应用不满足于课内“去情境化”的各种作业，而是更加积极地参与专业实习、田野调查和其他社会实践活动。学生学习动机呈现出多样化态势，学习兴趣开始受到重视，而不仅仅是将学习作为必须承担的“责任”。

第三节　注重“化西”和由教师主导的学生学习转型

在国际科技人才竞争不断加剧、国家创新驱动战略加快实施、学生学习内卷化受到质疑和批评的背景下，主体性学习的改进就不能停留在中国大学生既有的学习模式上。这尽管使得学生可以在基础知识领域取得世界领先成绩，但是在创新性思维、问题解决能力等高阶思维能力方面存在不足。因此，应该更加重视由好奇心推动的学习兴趣，重视深层思维特别是具有批判性思维的发挥，强调与教师建立更加平等的关系，从而推动主体性学习的转型。为此，本研究以课堂主动表达为案例分析了影响因素，借此推断主体性学习转型涉及本土社会和道德规范、教师教学和个体因素的共同影响。

要进行转型、改革和创新，就需要加强崇尚科学探究的高校氛围，以教学转型引导学习行为转变，以学生觉悟和学习模式转型作为落脚点。这一结果体现出主体性学习转型的复杂性和可行性，要求对学习和借鉴需要从“西化”向“化西”转变，并且更好地发挥教师的主导作用。

一　转型的复杂性和可行性

20 世纪初期的新文化运动，为西方教育理论和实践的传入创造了条件，促使各种西方教学思潮和方法在中国受到推崇。史学家陈学恂等（2009：15）曾经评论说：“‘五四’以后教学方法的输入与改革，总的方向是克服教育上的呆读死记、单纯灌输、重教材、轻实践的倾向，要求调动学生学习的主动性，加强学生的动手能力，加强教学与社会实际、与生活实际的联系。”但是，这些方法并没有取得理想成效。教育家廖世承（1925）在东南大学附中进行了道尔顿教学法的试验和研究，发现道尔顿制所起的效果并不比班级授课制的效果好多少，优缺点各半。在改革开放之后，尽管建构主义教学受到学者热捧，一线教师对其理念也了然于心，但是在实际教学中并没有得到很好的应用。

这些学习和借鉴先进教育教学方法的行为，之所以没有成功，不仅仅是因为受到经费局限、教师水平等的影响，而且是因为受到文化传统、教育制度和改进策略的限制。一方面，重视传统三中心（教师、课程、教材）的组织方式根深蒂固，其背后蕴含和契合了中国本土尊师重教的文化，反映出中国学生习惯在群体中、在教师的指导下进行协同学习，而非个体、独立自主学习的特点。如果过于强调学生的自主、自由和选择，反而容易导致系统知识的削弱和学生的放任自流。甚至在当下基础教育领域，也有研究（周序、李建军，2016）对此做了证明。另一方面，在很长一段时期内，中国利用后发优势积极向西方取经、模仿和学习，在需要有大投入、冒大风险的科技领域更是如此，从而最大限度地提升效率。顺应于此，基于西方已有研究知识和成果，采用注重借鉴、整体统一、强调讲授、迅速应用的方法，成为最有效的教育教学选择。而且，长期追求客观性、确定性和公平性的考试评价体系和人才选拔方式，进一步强化了对基础性、客观性知识的接受和理解，在一定程度上限制了学生思维达到评价和创新层次。在这样的背景下，推崇自主、建构和创新的教育教学方法难以获得成功。此外，大学生主体性学习的改革需要系统考虑，如果要促进学生的批判性思维，倘若不涉及构建平等的人际关系，激发好奇心和兴趣取向的学习动机，也很难达到目标。

外部限制正在不断减少。随着时代的发展，政府、社会、学校、教师和学生都对减少内卷训练、提升创新思维达成了共识。特别是，中央政府近年来不断强调“破五唯”，重视创新、质量和贡献。2020年10月，中共中央、国务院印发《深化新时代教育评价改革总体方案》，提出中高考要改变相对固化的试题形式，增强试题的开放性，减少死记硬背和“机械刷题”现象；深化研究生考试招生改革，加强科研创新能力和实践能力考查。这些都为大学生学习方式转型创设了良好的政策和舆论环境，为一些教育教学策略的引入和实施提供了更好的外部条件。此外，在教育部的要求下，高校近年来正在推动本科教学改革，要求合理提升学业挑战度，建设具有挑战度、高阶性、创新性的“金课”，并进行了相应的评选工作。对于挑战度的理解，既要兼顾提升“认知目标水平”，又要防止如“剪刀加糨糊”式的“偷工减料”的学习行为，还要提供“足够的任务量”作为认知训练和发展的平台。与此同时，“高挑战度”意味着需“高支持度”与之相匹配，否则将使得学生不堪重负，反而带来负面效果。这是从行政和教育实践的视角寻找的突破口。

二　从“西化”到“化西”

深刻理解中国本土教与学的理念和实践，分析其中的优势和不足，是推动大学生主体性学习转型和发展的前提和基础。超越简单移植西方教学经验的“西化”做法，探索如何基于本土特点进行有机借鉴和改造，是成功借鉴西方教育教学理念和实践经验的前提。而以往借鉴西方教育教学方法不那么成功的重要原因之一在于，采取了“西化”的策略，进行了简单的移植，却没有进行本土改造的工作。这在一定程度上是因对“化西”策略缺少探索所致。

从历史的视角看，从清末开始，诸多有识之士便否定了“西化”，积极探讨如何实现“化西”或者“本土化”。具有代表性的如洋务派代表之一张之洞就承认了“西学”的重要性，认为“今欲强中学，存中学，则不得不讲西学”。但是，要“旧学为体，西学为用，不使偏废”（《劝学篇·外篇·设学第三》），否则“其祸更烈于不通西学者矣”（《劝学篇·内篇·循序第七》）。这即在承认“西学”重要性的基础上提倡“西学”和“中学”的整合。在教育学领域，陶行知（2011）强调采取更加实用的态度对待外国和中国传统经验：“至于外国的经验，如有适用的，采取他；如有不适用的，就回避他。”同样，“本国以前的经验，如有适用的，就保存他；如不适用，就除掉他。去与取，只问适不适，不问新与旧。”香港大学杨锐教授（2011）认为，在儒家情境中研究中国教育，进而生成非西方化的知识体系，不仅要汲取传统文化智慧，还要深刻理解西方主流知识体系以进行对话，否则非西方化的选择和建构就是空谈而已。与此类似，华东师范大学的杨小微教授（2003）认为，应该把全球作为无限丰富的“思想资源”而加以“本土”利用，要在冲突和融合之间进行并行与对话。岳龙（2009：69—97）认为，合理的思维方式是考察那些引进的理论的基本内涵与其产生的社会历史根基，将之与我们的国情与自己的理论立足点相对照，分析它们之间进行理论融合的可能性。

首都师范大学王长纯教授1995年提出并不断完善的“和而不同”比较教育研究思想，对探讨与本研究类似的中国教育问题、如何进行“化西”具有启发意义。“和而不同”汲取了中国传统文化思想，在价值观/伦理观上的观点和文化相对主义类似，认为文化没有优劣、高低之分。中国研究者要尊重不同文化，在不同的理解基础上创造不同，探索自己的发展道路。这对避免盲目照搬他国教育模式，创建有本国特色的教育体系等具有积极作用（向蓓莉，2000；姚琳，2006），同时也得到了项贤明（2001）等学者的认同。汤一介先生（2001）深入原则和方法的层面对“和而不同”进行了探讨。他认为应该发现不同文化的相近观念，使之成为普遍原则；然后接受彼文化具有而“此”文化不具有的，并与“此”文化不相冲突的观念，或者是新的且更适合当下需求的观念，这就在交流的基础之上产生了新观念，也就是王长纯教授强调的“生成性”。本研究在总体上遵循了和而不同的研究思路。不论是东方还是西方，学生能否发挥主体性的学习均受到强调和推崇，对主体性学习的基本理解也是一致的，这就是“和”之基础。而“不同”指的是，主体性学习在中西方文化土壤和社会中可以有不同的具体形式。由于发展的需要，依然应在学习和借鉴西方所推崇的理念上进行实践改进，但是这种改进需要经过本土化的过程。

可见，当下学习和借鉴西方教育理念并进行实践，应该更有自信地采取“化西”思路。这不是以西方知识和实践为起点，而是以基于本土经验的总结和提炼为起点。这就“要求中国学者抛弃很多现存西方的概念和理论，返回原点，使用社会科学的方法重新观察中国现象，在此基础上再概念化和理论化”（郑永年，2018：209）。在深刻理解和分析中国本土做法优劣势的基础上，再批判性地学习和借鉴西方优秀教育理念、思路和实践经验，并以是否与中国本土文化和情境发生本质冲突、是否符合中国教育教学发展和改革方向为判断和选择标准。而这也对研究者本人提出了更高的要求。

三　充分发挥教师的主导作用

探讨中国学生学习既不能进入“过度儒学化”的极端之中，也不能局限在“学生中心”的思想之中，因而忽视了教师的主导性作用。此前的分析表明，教师在推进学生课堂主动表达上起着至关重要的作用。不论是与学生建立平等的关系、准备更加有趣的课程内容，还是设计交流和互动的环节、创设轻松愉快的课堂氛围等，主动权都掌握在教师手里。换言之，“主体性课堂尽管强调师生双方主体整体性的互动，但是教师主体性在学生主体性的发展、发挥中起着外在的引导作用”（叶小耀，2014）。早在1983年，王策三先生就提出要坚持教师的主导作用，不少学者对此表示赞同。比如，何克抗教授（2000）提出“主导—主体”教学模式，认为“既要发挥教师的主导作用，又要充分体现学生的认知主体作用；要调动教与学两个方面的主动性、积极性”。原北大校长林建华教授在2018年中国教育三十人论坛的报告中，提出教学改革的关键在于教师，笔者深表认同。当然，正如王策三先生（1983）所言：“我们正是很少考虑教师起主导作用事实上有多种多样形式，而把系统讲授为主这一种形式绝对化和凝固化了。”换言之，随着历史时期、教育对象和教育教学形式的转变，教师主导的方式也不同，需要因时因地加以探讨。

发挥教师主导作用，首要的是研究中国教师的教学观、学生观以及教学技能水平。2002年，Watkins和Biggs主编了《教华人学习者——心理学和教育学的视角》（*Teaching the Chinese Learner: Psychological and Pedagogical Perspectives*）一书，对儒家文化中的教师和教学文化（包括信念和策略等）进行探讨，得出与西方教师不同的特点。也有研究发现，和西方教师相比，中国教师体现出全人培养取向（cultivating-oriented）的观念和行为，强调对学生的行为引导，而不仅负起学业责任（Gao & Watkins，2001）。西方研究往往在教师中心、内容导向，和学生中心、学习导向之间进行区分和对立。但是中国教师采取的是更加情境性的方式，在不同的时间强调不同的内容，从而将两者整合起来（黄毅英，2017）。教师的知识观、学生观和学习观等也需要进一步得到分析。通过促进教师观念的转变和教学技能的提升，引领学生主体性学习的转型发展。当然，教育的改革是一场“静悄悄的革命”，学生主体性学习的改革只有长期持续进行，方可见效。

第四节　研究待续

关于中国大学生学习的研究，未来依然会沿着借鉴和推进改革、总结和提炼特色的方向走下去。随着中国国力不断增强，教育教学改革的成效不断显现，国外对后者的兴趣将越来越浓厚。这需要我们不断探索提炼中国学生学习特色的方法和工具，需要我们系统梳理中国特别是改革开放之后，通过改革和创新不断提升人才培养成效的思路和举措，甚至持续追踪中国高校教学改革的进程，从而为发展中国家的高校教学改革提供借鉴和启示。当然，这种研究思路将中国大学生作为同质性强的整体进行分析，并没有考虑其中的内部差异。

一　探索提炼中国学生学习特色的方法

本研究是通过理论分析和数据验证的方式来探讨中国大学生主体性学习特色的。在使用定量数据进行验证的时候，本研究并没有重新开发问卷，而是借助了 CCSS 问卷及近几年来的数据集。其优势是可以使用全国具有代表性的大数据来体现中国大学生主体性学习的总体性、普遍性和稳定性特征。但是，由于 CCSS 问卷并非完全按照主体性学习内涵进行设定，还没有充分考虑中国本土文化、社会发展、教育情境的特点，因此在反映中国学生学习特色上存在不足。比如，在质性分析中，笔者发现了学生对知识应用策略的重视。其中既包括课内抽象性的各类作业，也包括情境性更强的校外实习和田野调查等实践。但是由于问卷工具的不足，做练习题和实验室操作没有被分析。对此进行完善，意味着要开发更加全面、深入和具有文化针对性的工具。实际上，中国大学生学情调查均来自于对西方特别是美国学情调查工具的借鉴，如果能够在此基础之上进行改进，纳入彰显中国大学生学习特色的维度和题目，比如对表层接受策略题项的丰富、课内知识应用和学习美德维度的增加等，就可以更好地分析中国学生的学习特色，同时推动国内学情调查进入新的发展阶段，实现国际可比、改革完善和彰显特色的平衡。

除了采用理论分析探讨中国学生的学习特色之外，李瑾（2015：70—77）采取原型法（prototype methods）去比较华人和欧裔美国人的学习模式特点。具体方法是，要求大学生就母语中的“学习”或者“learn/learning”进行自由联想，然后将联想出来的词语进行整理，发现两类学习者在学习目的、成就、情绪上的侧重点均不同。社会学家翟学伟（2011）在研究人情和面子的时候，使用了现代训诂法，将中国人日常语境和文史描写中表述脸和面子的词语进行全面搜集和系统梳理，从而发现脸和面子的本土内涵及其间的差异。这些都是探索中国学生乃至中国人特质的研究方法。当然，此类研究方法还需要进行更多和更长时间的探索。

二　系统分析中国高校教学改革的举措

如前所述，20 世纪 90 年代之后，中国高等教育的改革重心开始从体制机制改革转向内部质量提升，并随着高等教育扩招进程受到更多的强调。国内高校为了定位自身在国际高等教育中的位置，开始借助甚至研制大学排行榜进行分析。大学排行榜重视客观性、可比性，能够量化的科研成果和奖项成为各大排行榜的核心指标，而难以量化的教学和人才培养质量在一定程度上受到忽视。这样的高校评价指标体系，引导着中国高校朝向重科研、轻教学的方向发展。直到近年来，中国的科研论文发表数量开始超过美国甚至和欧盟持平，高被引论文数量迅速提升，中国顶尖大学稳定进入各类大学排行榜前列；而且国际局势的变化要求中国培养创新型人才，不重视教学不仅影响了高等教育质量，还影响了中国的人才供给乃至从人力资源大国转变为人力资源强国的国家发展战略。在这样的背景下，中国政府要求高校调整思路，把人才培养的质量和效果作为检验一切工作的根本标准。教学、科研等都要积极服务于这个中心、这个根本。一系列新的教学改革思路和举措开始推出并得以实施。

分析中国高校教学改革的过程，可以更好地理解国家层面的教学改革和学生主体性学习之间的关系。比如，看到中国高等教育曾经在一段时期里对高校教学的重视程度不足，就可以理解大学生主体性学习过程中为何有较为松散的表现；看到中国高等教育当下推进挑战性、创新性的“金课”建设，完善高校教师教学方式，就可以更好地理解中国大学生主体性学习的转型缘由和直接动因。更重要的是，持续追踪中国高校当下和未来的教学改革进程，可以见证中国大学生主体性学习的转型发展过程。此外，一些发展中国家对中国高等教育的兴趣也在持续提升，这不仅仅包括中国一流大学建设战略所引发的全球性影响，还包括对人才培养特别是职前教师、工程师等培养的兴趣，其中都伴随着教学改革的过程。因此，如果能够对中国高校教学改革加以持续追踪研究和探讨，并进行总结和提炼，同样可以为发展中国家的高校人才培养和教学质量提升提供不同于西方发达国家实践的可参考的道路。

三　对中国学生内部差异性特征的讨论

在本研究中，中国大学生中的“中国”二字，不仅仅是地理区位的概念，“更是一个社会和文化概念，是指综合中国的社会需求、文化根基和心智特性而形成的支撑学校教育体系发展和学生学习行为特质的文化基础及价值认同”（史静寰，2018）。这种理解与Chang（2000）、Watkins 和 Biggs（2001）的理解是一致的。对此的关注，使得本研究将大学生作为一个整体来看待，主体性学习是描述学生群体而非个人的学习样态。其基本假设是，中国自古以来政治较为统一、文化继承性较强，逐渐形成了多元一体、你中有我、我中有你的中华民族，在较大程度上发展和继承了一致的思想和价值体系。因此与其他文化中的学习者相比，中国学习者在学习模式上呈现出较大的同质性，即其学习特征的群体内部差异小于其与西方学习者学习特征之间的差异。有实证研究从侧面反映出在儒家文化熏陶下成长的学生，在学习方式上具有较大的同质性。比如，Smith（2001）使用Entwistle和Ramsden（1983）的量表，探讨了马来西亚不同民族学生的差异性。结果表明，在深层学习、浅层学习、策略性学习维度上，中国香港特区学生、马来西亚学生和新加坡学生三组之间在总体上并没有明显差异。与此类似，中国内地、香港地区乃至东南亚地区的学生群体，都呈现出记忆和理解结合这个“融合性学习”的特点（Kember et al.，1990；Biggs，1991；Kember，1996；Ramburuth，2000）。这和西方学生的表现有着较大差异。

本研究在强调中国学生作为整体的同时，自然忽视了中国大学生的内部多样性和差异性。即使仅仅探讨中国大陆地区的学生，也因为大陆幅员辽阔，社会经济发展不均衡，对传统文化的重视程度和继承水平也存在着区别，他们具有一定的多样性和差异性。比如，山东地区由于是孔孟之乡，出生和成长于此的学生可能在更大程度上认可传统文化思想。相比之下，上海地区一直是国内对外开放的窗口，改革开放力度很大，对西方的新鲜事物抱有更加积极的态度。那么，这种地域上的差异，经济发展水平的不均衡，以及对中国传统文化认知和内化程度的差异，会不会使得学生在主体性学习特色上存在差异？除此之外，对不同类型学科的长时间学习，也塑造了学生特定的思维方式和学习行为。本研究结果表明，理工科学生要比人文社科学生更加沉默；也有研究（如Brint et al.，2008）表明，艺术、人文与社会科学的学生体现出兴趣导向的学习，并且会通过邮件等方式积极与教师交流，而自然科学和工科学生更看重找到有声望和工资俱佳的工作，重视培养定量分析和计算机能力，课外多和同伴一起工作，并且乐于帮助他人解决问题。这些都体现出学科不同所带来的学习模式的差异性。尽管中国大学生主体性学习的内部差异性不在本研究考虑范围之内，但是探讨由于经济水平差异、文化内化程度不同、学科差异所带来的中国大学生学习方式的差异性，更能够超越同一文化影响所带来的学习行为的一致性理解，从而看到高等教育普及化所带来的更加丰富的中国大学生学习景象。

参考文献

中文文献

鲍威:《扩招后中国高校学生的学习行为特征分析》,《清华大学教育研究》2009 年第 1 期。

鲍威、李珊:《高中学习经历对大学生学术融入的影响——聚焦高中与大学的教育衔接》,《清华大学教育研究》2016 年第 6 期。

曹一鸣:《被"中国学习者悖论"忽略了的文化因素》,《湖南教育》(C 版)2010 年第 1 期。

岑逾豪、孙晓凤:《寓学生发展于研究生教学——学习伙伴模型在硕士研究生课程中的应用》,《学位与研究生教育》2014 年第 9 期。

柴俊青:《中国传统师生关系理念透析》,《中国社会科学院研究生院学报》2004 年第 2 期。

陈亮:《课堂提问之惑》,《人民教育》2016 年第 17 期。

陈琳、李凡、王矗等:《促进深层学习的网络学习资源建设研究》,《电化教育研究》2011 年第 12 期。

陈向明:《扎根理论在中国教育研究中的运用探索》,《北京大学教育评论》2015 年第 1 期。

陈向明:《质的研究方法与社会科学研究》,教育科学出版社 2000 年版。

陈学恂、高奇:《中国教育史研究》(现代分卷),华东师范大学出版社 2009 年版。

陈永华:《高考改革背景下高校提高生源质量的对策——基于影响考

生志愿填报的关键因素调查分析》，《辽宁教育行政学院学报》2016 年第 6 期。

陈志霞：《学生学习过程中的求助行为：一种认知策略研究》，《教育研究与实验》1999 年第 4 期。

大卫·布鲁克斯：《体制青年》（the organization kid），R. Chen 译，（2019－2－16）［2019－3－1］，https：//mp. weixin. qq. com/s/tWWvX5OHHmrJY6Qf5jIthg。

大学学习理论与方法课题组、刘智运：《对 5641 名大学生学习情况的调查分析》，《高等教育研究》1995 年第 5 期。

邓晖：《学风建设，重要的是找到学习的意义》，《光明日报》2018 年 11 月 20 日第 7 版。

丁钢：《全球化视野中的中国教育传统研究》，广西师范大学出版社 2009 年版。

丁庆如：《主体性不及与知识生成——兼谈研究性学习的事实基础》，《教育理论与实践》2003 年第 24 期。

多迈尔：《主体性的黄昏》，广西师范大学出版社 2013 年版。

范连义：《自主学习：大学英语教学面临的挑战与出路》，《教育理论与实践》2005 年第 22 期。

方明军：《学生工作与大学生主体性成长浅议》，《现代大学教育》2005 年第 2 期。

付亦宁：《本科生深层学习过程及其教学策略研究》，硕士学位论文，苏州大学，2014 年。

傅孙久：《古代学者论治学》，南京大学出版社 1987 年版。

戈茨：《概念界定：关于测量、个案和理论的讨论》，尹继武译，重庆大学出版社 2014 年版。

龚雪、余秀兰、丁婷婷：《不同类型本科生自主学习能力的差异分析——基于江苏省 859 名本科生的调查》，《中国大学教学》2017 年第 9 期。

顾非石、顾泠沅：《诠释“中国学习者悖论”的变式教学研究》，

《课程·教材·教法》2016 年第 3 期。

顾泠沅、黄荣金、费兰伦斯·马顿：《变式教学：促进有效数学学习的中国方式》，范良火等：《华人如何学习数学》，江苏教育出版社 2017 年版。

顾世民：《促进大学英语自主学习的课程因素研究》，硕士学位论文，上海外国语大学，2013 年。

贵州大学：《贵州大学 2015 年度本科教学质量报告》，2016 年，http://www.gzu.edu.cn/picture/article/2/63/5f/0f427c6148deb4fdce89ba5d7d9a/c0d46a2c-d552-4b6d-adcc-37dfcad1f33e.pdf。

何克抗、李克东、谢幼如等：《"主导—主体"教学模式的理论基础》，《电化教育研究》2000 年第 2 期。

何玲、黎加厚：《促进学生深度学习》，《计算机教学》2005 年第 5 期。

何宗慧、刘艳梅：《论外语自主学习在中国文化环境中的适宜性》，《成都大学学报》（社会科学版）2006 年第 5 期。

和学新：《学生主体性若干基本概念辨析》，《湖南师范大学教育科学学报》2003 年第 1 期。

和学新：《主体性的内涵、结构及其存在形态与主体性教育》，《西南师范大学学报》（人文社会科学版）2005 年第 1 期。

和学新：《主体性教学论》，甘肃教育出版社 2001 年版。

和学新：《主体性教育视野中的主体性内涵、结构及其存在形态》，《教育理论与实践》2004 年第 17 期。

贺常平：《主体性背景下和谐教育的构建与实践》，《教育理论与实践》2005 年第 20 期。

侯杰泰、温忠麟、成子娟等：《结构方程模型及其应用》，教育科学出版社 2004 年版。

胡红杏：《主体性教育实践的误区与反思》，《西北师大学报》（社会科学版）2011 年第 6 期。

胡乔木：《中国大百科全书》（社会学卷），中国大百科全书出版社

1991 年版。
胡媛艳、李奇奇：《大学生师生关系的现状及其与课堂沉默的关系》，《重庆高教研究》2014 年第 4 期。
黄荣金、梁贯成：《中国学习者悖论的质疑：透视香港和上海数学课堂》，范良火等：《华人如何学习数学》（中文版），江苏教育出版社 2017 年版。
黄文正：《论马克思的实践主体性的确立》，《贵州社会科学》2006 年第 5 期。
黄毅英：《儒家文化圈（CHC）学习者的现象——对数学教育的影响》，范良火等：《华人如何学习数学》（中文版），江苏教育出版社 2017 年版。
黄友初：《从“中国学习者悖论”谈中国数学教育》，《高等理科教育》2008 年第 1 期。
吉尔特·霍夫斯泰德：《文化与组织——心理软件的力量》，李原、孙健敏译，中国人民大学出版社 2010 年版。
金岳霖：《形式逻辑》，人民出版社 1979 年版。
翟学伟：《关系与权力：从共同体到国家之路——如何认识传统中国人与中国社会总纲》，《社会科学研究》2011 年第 1 期。
康永久、吴航：《主体性教育思想的冲突与走向》，《教育研究与实验》2000 年第 4 期。
克里斯汀·仁、李康：《学生发展理论在学生事务管理中的应用——美国学生发展理论简介》，《高等教育研究》2008 年第 3 期。
匡令芝：《高校教学管理促进学生主体性发展的研究》，硕士学位论文，湖南大学，2005 年。
雷洪德、于晴、阳纯仁：《课堂发言的障碍——对本科生课堂沉默现象的访谈分析》，《高等教育研究》2017 年第 12 期。
黎晓杰：《浅谈大学生主体性的培养和完善》，《北方论丛》2001 年第 2 期。
李春艳：《学习视角下的地理课堂教学有效提问策略》，《课程·教材·教法》2018 年第 8 期。

李稻葵：《中国已经建立起了一套自己的改革文化》，《人民论坛》2009 年第 1 期。

李德顺：《以实践的思维方式研究价值》，《人文杂志》1998 年第 1 期。

李福华：《高等学校学生主体性研究》，安徽人民出版社 2004 年版。

李弘祺：《学以为己：传统中国的教育》，香港中文大学出版社 2012 年版。

李瑾：《文化溯源：东方与西方的学习理念》，华东师范大学出版社 2015 年版。

李丽丽：《主体性学习的理论透视》，《教学研究》2001 年第 4 期。

李星蕾、刘云生：《传统中国“师徒如父子”隐喻及其伦理关联——师生关系之传统塑造及现代转型》，《湖北工业职业技术学院学报》2010 年第 2 期。

李泽厚：《回应桑德尔及其他》，生活·读书·新知三联书店 2014 年版。

李泽厚：《批判哲学的批判：康德述评》，生活·读书·新知三联书店 2007 年版。

李志义：《大学课堂教学：是“喂食”还是“吊胃口”》，《中国大学教学》2008 年第 11 期。

梁启超：《科学精神与东西文化》，《民主与科学》2003 年第 17 期。

梁倩：《归因论视角下中国在美大学生学习中“独立自主”能力发展的研究》，硕士学位论文，西南财经大学，2014 年。

梁漱溟：《中国文化要义》，上海人民出版社 2018 年版。

廖世承：《东大附中道尔顿制实验报告》，商务印书馆 1925 年版。

林晓东：《中国留学生在美国课堂里遇到的最大挑战》，《考试》（理论实践）2014 年第 6 期。

刘大军：《从知识习得到知识创造——论大学生学习方式的嬗变》，《高教探索》2015 年第 2 期。

刘航、金利民：《英语辩论与大学生批判性思维发展的实证研究》，《外语与外语教学》2012 年第 5 期。

刘可钦：《主体性发展课堂教学的一些思考》，《教育研究与实验》1998 年第 3 期。

刘丽虹、张积家：《语言如何影响人们的思维》，《自然辩证法通讯》2009 年第 5 期。

刘薇：《首都师范大学党委书记谢维和教授谈——如何看待学生的主体地位》，《中国教育报》2003 年 1 月 14 日。

刘薇：《走进学生为主体时代——访北京大学王义遒教授》，《中国教育报》2003 年 3 月 31 日。

刘园园：《质疑缺位：科学精神的中国短板》，《科技日报》2018 年 6 月 6 日。

刘哲雨、王志军：《行为投入影响深度学习的实证探究——以虚拟现实（vr）环境下的视频学习为例》，《远程教育杂志》2017 年第 1 期。

刘志军：《主体性发展的时代内涵》，《中国教育学刊》2005 年第 4 期。

鲁洁：《试论中国教育学的本土化》，《高等教育研究》1993 年第 1 期。

陆根书：《大学生感知的课堂学习环境对其学习方式的影响》，《复旦教育论坛》2010 年第 4 期。

陆根书：《课堂学习环境、学习方式与大学生发展》，《复旦教育论坛》2012 年第 4 期。

陆一、史静寰：《志趣：大学拔尖创新人才培养的基础》，《教育研究》2014 年第 3 期。

吕佳翼：《主体性、非主体性与主体间性——李泽厚哲学的发展脉络与三重维度》，《科学 · 经济 · 社会》2016 年第 1 期。

吕林海、郑钟昊、龚放：《大学生的全球化能力和经历：中国与世界一流大学的比较　基于南京大学、首尔大学和伯克利加州大学的问卷调查》，《清华大学教育研究》2013 年第 4 期。

吕林海：《融合性学习：西方学生的梦魇，抑或中国学生的圣境——从普洛瑟的“脱节型学生”说起》，《现代远程教育研究》2018a 年第 2 期。

吕林海：《中国大学生的课堂沉默及其演生机制——审思“犹豫说话者”的长成与适应》，《中国高教研究》2018b 年第 12 期。

吕林海：《转向沉默行为的背后：中国学生课堂保守学习倾向及其影响机制——以南京大学物理专业本科生为对象的实证研究》，《远程教育杂志》2016 年第 6 期。

吕林海、龚放：《大学学习方法研究：缘起、观点及发展趋势》，《高等教育研究》2012 年第 2 期。

吕林海、龚放：《中美研究型大学本科生深层学习及其影响机制的比较研究——基于中美八所大学 SERU 调查的实证分析》，《教育研究》2018 年第 4 期。

吕林海、张红霞：《中国研究型大学本科生学习参与的特征分析——基于 12 所中外研究型大学调查资料的比较》，《教育研究》2015 年第 9 期。

吕林海、张红霞、李婉芹等：《中国学生的保守课堂学习行为及其与中庸思维、批判性思维等的关系》，《远程教育杂志》2015 年第 5 期。

罗燕、海蒂·罗斯、岑逾豪：《国际比较视野中的高等教育测量——NSSE-China 工具的开发：文化适应与信度、效度报告》，《复旦教育论坛》2009 年第 5 期。

牟宗三：《历史哲学》，吉林出版集团有限责任公司 2010 年版。

牛慧娟：《大学生主体性发展研究》，中国海洋大学出版社 2014 年版。

欧阳康：《哲学研究方法论》，武汉大学出版社 1998 年版。

庞维国：《自主学习：学与教的原理和策略》，华东师范大学出版社 2003 年版。

庞维国、薛庆国：《中国古代的自主学习思想探析》，《心理科学》2001 年第 1 期。

裴娣娜：《合作学习的教学策略——发展性教学实验室研究报告之二》，《教育学报》2000 年第 2 期。

裴娣娜：《我国现代教学论发展中的若干认识论问题》，《教师教育研究》1990 年第 4 期。

戚宏波：《中国外语学习者自主意识分析》，《外语教学》2004 年第 3 期。

戚谢美、邵祖德：《陈独秀教育论著选》，人民教育出版社 1995 年版。

钱穆：《中华文化十二讲》，钱穆：《钱宾四先生全集》（38），台湾：联经出版事业股份有限公司 1998 年版。

钱颖一：《论大学本科教育改革》，《清华大学教育研究》2011 年第 1 期。

乔炳臣、潘莉娟：《中国古代学习思想史》，人民教育出版社 1996 年版。

清华大学：《清华大学第 24 次教育工作讨论会开幕》，2013 年，（2013 – 09 – 27）［2018 – 6 – 10］，http：//news. tsinghua. edu. cn/publish/thunews/9948/2013/20130927173455499728551/20130927173455499728551. html。

上海教育：《上海学生作业量世界第一 课业负担过重》，2013 年，（2013 – 12 – 06）［2019 – 2 – 10］，http：//sh. qq. com/a/20131206/013161. htm。

上海师范大学高等教育研究所项目组：《大学生学习性投入的理论与实践》，上海教育出版社 2016 年版。

施晓光：《文化重塑：大学治理能力现代化之锥》，《探索与争鸣》2015 年第 7 期。

施晓光：《一流大学要有一流的制度德性》，《探索与争鸣》2016 年第 7 期。

石中英：《教育学研究中的概念分析》，《北京师范大学学报》（社会科学版）2009 年第 3 期。
石中英：《主体教育的文化透视》，《教育研究与实验》1997 年第 1 期。
石中英：《主体教育是什么?：一种批判性话语》，《辽宁师范大学学报》1999 年第 2 期。
史静寰：《探索中国大学生学习的秘密》，《中国高教研究》2018 年第 12 期。
史静寰、涂冬波、王纾等：《基于学习过程的本科教育学情调查报告 2009》，《清华大学教育研究》2011 年第 4 期。
史静寰、王文：《以学为本，提高质量，内涵发展：中国大学生学情研究的学术涵义与政策价值》，《华东师范大学学报》（教育科学版）2018 年第 4 期。
史静寰、文雯：《清华大学本科教育学情调查报告 2010》，《清华大学教育研究》2012 年第 1 期。
孙宏斌、冯婉玲、马璟：《挑战性学习课程的提出与实践》，《中国大学教学》2016 年第 7 期。
孙美堂：《价值论研究与哲学形态转换》，《中国人民大学学报》2007 年第 1 期。
汤一介：《“和而不同”原则的价值资源》，汤一介：《和而不同》，辽宁人民出版社 2001 年版。
陶行知：《南京中等学校训育研究会》，胡晓风等：《陶行知教育文集》，四川教育出版社 2005 年版。
陶行知：《陶行知全集》（第一卷），四川教育出版社 1991 年版。
陶行知：《我们对于新学制草案应持之态度》，董宝良：《陶行知教育论著选》，人民教育出版社 2011 年版。
滕明兰：《大学生课堂沉默的教师因素》，《黑龙江高教研究》2009 年第 4 期。
田虎伟：《混合方法研究：美国教育研究中的新范式》，《高等教育研究》2006 年第 11 期。

铁铮、程华东、陈鹭等:《如何构建“中国式师生关系”?》,《北京教育》(高教)2016 年第 10 期。

汪凤炎:《中国文化心理学新论》(上),上海教育出版社 2019 年版。

汪雅霜、汪霞:《高职院校学生学习投入度及其影响因素的实证研究》,《教育研究》2017 年第 1 期。

王策三:《论教师的主导作用和学生的主体地位》,《北京师范大学学报》1983 年第 6 期。

王长纯:《再论和而不同:全球化条件下中国比较教育发展的方向(论纲)》,《外国教育研究》2005 年第 9 期。

王东宇:《主体性教育与教师角色定位的转换》,《学术评论》2000 年第 3 期。

王洁:《中国四省市 15 岁在校学生合作问题解决能力表现及影响因素——基于 PISA 2015 数据分析》,《教育发展研究》2018 年第 10 期。

王玲、胡玲:《思想品德课教学如何发挥学生的主体性》,《课程·教材·教法》1998 年第 12 期。

王文:《中国大学生学习投入的内涵变化和测量改进——来自“中国大学生学习与发展追踪调查”(CCSS)的探索》,《中国高教研究》2018 年第 12 期。

王彦明:《课堂沉默的建构》,《当代教育科学》2008 年第 6 期。

尉建文、陆凝峰:《默会知识与本科生导师制——基于大学生成长的视角》,《高等教育研究》2012 年第 11 期。

吴国盛:《对批评的答复》,《哲学分析》2017 年第 2 期。

吴国盛:《科学精神的起源》,《科学与社会》2011 年第 4 期。

吴增定:《“我思”及其主体性——简析胡塞尔在〈第一哲学〉中对于笛卡尔的解释》,《哲学动态》2017 年第 3 期。

西湖大学新闻:《开学季丨施一公:大学必须保护每一位科学探索者的好奇心》,(2021-8-22)[2021-9-5],https://www. wcst-

lake. edu. cn/news_ events/westlakenews/UniversityNews/202108/t20210822_ 12041. shtml。
夏甄陶：《人在对象性活动中的主体性》（上），《人文杂志》1995年第4期。
向蓓莉：《比较教育学的价值判断与研究范式：普遍主义与相对主义的研究视角 》，《比较教育研究》2000年第4期。
项贤明：《教育：全球化、本土化与本土生长——从比较教育学的角度观照》，《北京师范大学学报》（社会科学版）2001年第2期。
肖川：《从建构主义学习观论学生的主体性发展》，《教育研究与实验》1998年第4期。
谢宇：《走出中国社会学本土化讨论的误区》，《社会学研究》2018年第2期。
新华网：《（授权发布）习近平：在哲学社会科学工作座谈会上的讲话（全文)》2016，（2016－5－18）［2021－9－5］，http：//www.xinhuanet. com/politics/2016-05/18/c_ 1118891128. htm。
徐和清、彭建雄：《大学生主体性学习与素质培育的关系研究——基于经济管理类学生的调查分析》，《煤炭高等教育》2011年第4期。
许烺光：《美国人与中国人》，浙江人民出版社2017年版。
闫海波：《主体性哲学视角下大学生评价体系构建探索》，《中国成人教育》2013年第12期。
阎光才：《关于教育中的实证与经验研究》，《中国高教研究》2016年第1期。
燕良轼、曾练平：《现代视野中的中国古代若干学习策略》，《湖南师范大学教育科学学报》2012年第4期。
杨德广：《当前大学生的需求观与学习观——上海市四千名大学生情况调查》，《高等工程教育研究》1987年第1期。
杨德广：《杨德广教育文选》（第一卷），华东师范大学出版社2010年版。

杨国枢：《本土化心理学的意义与发展》，杨国枢、黄光国、杨中芳：《华人本土心理学》，重庆大学出版社 2008 年版。

杨立军、韩晓玲：《基于 NSSE-China 问卷的大学生学习投入结构研究》，《复旦教育论坛》2014 年第 3 期。

杨小微：《全球化进程中教育变革的本土化》，《教育研究与实验》2003 年第 4 期。

姚琳：《论比较教育的相对主义研究范式——兼谈霍姆斯的比较教育方法论》，《比较教育研究》2006 年第 6 期。

叶立军、彭金萍：《课堂沉默现象的成因分析及其对策》，《教育理论与实践》2013 年第 17 期。

叶小耀：《主体性课堂：有效教学模式的分学科建构》，《课程・教材・教法》2014 年第 12 期。

叶信治、杨旭辉：《深层学习与支持深层学习的教学策略》，《中国大学教学》2008 年第 7 期。

于倩、刘金兰、赵远：《大学生学习动机对学习参与及学业成就的影响研究》，《大连理工大学学报》（社会科学版）2018 年第 6 期。

余安邦：《成就动机与成就观念：华人文化心理的探索》，杨国枢、黄光国、杨中芳：《华人本土心理学》，重庆大学出版社 2008 年版。

余安邦、杨国枢：《社会取向成就动机与个我取向成就动机：概念分析与实证研究》，《中研院民族研究所集刊》1987 年第 64 期。

袁秋红、吕立杰：《主体性教学改革中的现实问题审视》，《现代中小学教育》2014 年第 7 期。

岳龙：《全球化与教育传统变革的理论探索》，丁钢：《全球化视野中的中国教育传统研究》，广西师范大学出版社 2009 年版。

翟学伟：《人情、面子和权力的再生产》，北京大学出版社 2013 年版。

翟学伟：《儒家式的自我及其实践：本土心理学的研究》，《南开学报》（哲学社会科学版）2018 年第 5 期。

翟学伟：《中国人际关系的特质——本土的概念及其模式》，《社会学研究》1993 年第 4 期。

翟学伟：《中国人的脸面观》，北京大学出版社 2011 年版。

张奠宙：《〈华人如何学习数学〉的启示》，《江苏教育研究》2006 年第 1 期。

张奠宙、李士琪、唐瑞芬：《中国大陆的“双基”数学教学》，范良火等：《华人如何学习数学》，江苏教育出版社 2017 年版。

张东海：《大学生课堂动机性沉默的影响因素及其效应》，《教育发展研究》2019 年第 1 期。

张红霞：《“美德导向”的根源与前途：“中国学习者悖论”再考查》，《复旦教育论坛》2019 年第 1 期。

张红霞、吕林海：《如何走出“中国学习者悖论”——中西方教育哲学的双重价值及其统合》，《探索与争鸣》2015 年第 10 期。

张沪：《张宗麟幼儿教育论集》，湖南教育出版社 1985 年版。

张华峰、郭菲、史静寰：《促进家庭第一代大学生参与高影响力教育活动的研究》，《教育研究》2017 年第 6 期。

张华峰、史静寰：《走出“中国学习者悖论”——中国大学生主体性学习解释框架的构建》，《中国高教研究》2018 年第 12 期。

张华峰、史静寰、周溪亭：《进入普及化阶段的中国大学生学习动机研究》，《清华大学教育研究》2021 年第 4 期。

张林、温涛、张玲：《大学生课堂沉默的阻力与动力机制研究——基于 560 份调查问卷的实证》，《西南师范大学学报》（自然科学版）2019 年第 3 期。

张茜：《功利、中庸，潘建伟指出中国科学精神几大问题》，2018 年，中青在线，（2018 – 09 – 26）［2018 – 12 – 05］，http：//news. cyol. com/yuanchuang/2018-09/27/content17629928. htm。

张天宝：《论学生的主体性及其基本特征》，《教育学术月刊》1996 年第 6 期。

张玉娟、李如密：《学生课堂沉默及其艺术应对》，《上海教育科研》2014 年第 10 期。

张玉妥、季建军、邱景富等:《学生主体性学习活动的构建与应用研究》,《中华医学教育杂志》2006 年第 1 期。

张志勇:《要重视教育科学精神的培养》,《中国教育学刊》2008 年第 1 期。

赵俊峰、崔冠宇、彭雅静:《大学生自主学习及其与应对方式的关系》,《教育研究与实验》2006 年第 4 期。

赵硕:《中国亟待培养"叛逆人才"》,2018 年,中国科学网,(2018 - 10 - 09)[2019 - 01 - 10],http://blog.sciencenet.cn/blog-1208826-1139717.html。

赵宗金、王小芳、宋文红:《高校大学生深度学习水平及相关因素研究——基于中国海洋大学学情调查的分析》,《教育研究与实验》2013 年第 1 期。

郑永年:《中国的知识重建》,东方出版社 2018 年版。

周波:《三十年来我国学生主体性研究的反思》,《首都师范大学学报》(社会科学版)2011 年第 1 期。

周廷勇、周作宇:《关于大学师生交往状况的实证研究》,《高等教育研究》2005 年第 3 期。

周序、李建军:《学生主体性学习现状研究——以高中数学课堂为例》,《当代教育科学》2016 年第 6 期。

周勇、董奇:《学习动机、归因、自我效能感与学生自我监控学习行为的关系研究》,《心理发展教育》1994 年第 3 期。

周忠和:《我们的好奇心都去哪儿了?》,2018 年,(2018 - 09 - 6)[2019 - 12 - 05],http://blog.sciencenet.cn/blog-528739-1133156.html。

朱熹:《四书章句集注》,中华书局 2010 年版。

朱燕:《知识教学中认知策略与原有知识间关系的实验研究》,《心理科学》1998 年第 5 期。

朱祖德等:《大学生自主学习量表的编制》,《心理发展与教育》2005 年第 3 期。

祝振兵、陈丽丽、金志刚：《大学生课堂沉默的影响因素分析——基于内隐理论的视角》，《大学教育科学》2017 年第 6 期。

［德］埃德蒙德·胡塞尔：《笛卡尔沉思与巴黎讲演》，张宪译，人民出版社 2008 年版。

［德］哈贝马斯：《交往与社会进化》，张博树译，重庆出版社 1989 年版。

［美］埃蒂纳·温格：《实践共同体：学习、意义和身份》，李茂荣等译，江西人民出版社 2018 年版。

［美］莱夫、温格：《情景学习：合法的边缘性参与》，王文静译，华东师范大学出版社 2004 年版。

［美］罗伯特·殷：《个案研究：方法和设计》，周海涛等译，重庆大学出版社 2010 年版。

［美］约翰·克雷斯威尔：《混合方法研究导论》，谢志伟、王慧玉译，台湾：心理出版社 2007 年版。

［美］罗伯特·凯根：《发展的自我》，韦子木译，浙江教育出版社 1999 年版。

［苏］赞科夫：《和教师的谈话》，杜殿坤译，教育科学出版社 1999 年版。

［苏］维果茨基：《思维与言语，维果茨基教育论著选》，李维译，人民教育出版社 1994 年版。

［匈］卢卡奇：《历史与阶级意识：马克思主义辩证法研究》，张西平译，重庆出版社 1989 年版。

［日］佐藤学：《静悄悄的革命——课堂改变，学校就会改变》，李季湄译，人民教育出版社 2014 年版。

英文文献

Allen D., Tanner K. "Infusing Active Learning into the Large-Enrollment Biology Class: Seven Strategies, from the Simple to Complex." *Cell Biology Education*, 4 (4), 2005.

Armbruster P., Patel M., Johnson E., et al. "Active Learning and Student-Centered Pedagogy Improve Student Attitudes and Performance in Introductory Biology." *CBE-Life Sciences Education*, 8 (3), 2009.

Asikainen, H. *Successful Learning and Studying in Biosciences: Exploring how Students Conceptions of Learning, Approaches to Learning, Motivation and Their Experiences of the Teaching-Learning Environment Are Related to Study Success.* Helsinki: University of Helsinki, 2014.

Astin A. W. "Student Involvement: A Developmental Theory for Higher Education." *Journal of College Student Development*, 40 (5), 1984.

Astin A. W. *What Matters in College: Four Critical Years Revisited.* San Francisco: Jossey-Bass, 1993.

Atkinson D. "TESOL and Culture." *TESOL Quarterly*, 33 (4), 1999.

Baeten M., Struyven K., Dochy F. "Do Case-Based Learning Environments Matter?" Gijbels D., Donche V., Richardson J. T. E., et al. (eds.). *Learning Patterns in Higher Education: Dimensions and Research Perspectives.* New York: Routledge, 2014.

Ballantine J. A., Duff A., Mccourt L. P. Accounting and Business Students' Approaches to Learning: A Longitudinal Study." *Journal of Accounting Education*, 26 (4), 2008.

Bandura A. *Social Foundations of Thought and Action: A Social Cognitive Theory.* Englewood Cliffs: Prentice-Hall, 1986.

Bandura A. "Social Cognitive Theory: An Agentic Perspective." *Asian Journal of Social Psychology* (2), 1999.

Barron P. E. "Developing Effective Teaching and Learning Methods for Hospitality Management Programs: A Focus on Asian Students Studying in Australia." *Paper Presented at the Council of Australian University Tourism and Hospitality Education*, Canberra, 2001.

Baxter Magolda M. B., King P. M. "Toward Reflective Conversations: An Advising Approach that Promotes Self-Authorship." *Peer Review*, 10

(1), 2008.

Baxter Magolda M. B., King P. M. *Learning Partnerships: Theory and Models of Practice to Educate for Self-Authorship*. Sterling, VA: Stylus Publishing, 2000.

Baxter Magolda M. B. "Constructing Adult Identities." *Journal of College Student Development* (40), 1999.

Baxter Magolda M. B. *Authoring Your Life: Developing an Internal Voice to Navigate Life's Challenges*. Sterling, VA: Stylus Publishing, 2009.

Baxter Magolda M. B. *Knowing and Reasoning in College: Gender-Related Patterns in Students' Intellectual Development*. San Francisco, CA: Jossey-Bass, 1992.

Baxter Magolda M. B., King P. M. "Special Issue: Assessing Meaning Making and Self-Authorship—Theory, Research, and Application." *Ashe Higher Education Report*, 38 (3), 2012.

Baxter Magolda M. B. "The Interweaving of Epistemological, Intrapersonal, and Interpersonal Development in the Evolution of Self-Authorship." Magolda B., Greamer E. G. & Meszaros P. S. *Development and Assessment of Self-Authorship, Exploring the Concept across Cultures*, Sterling: Stylus Pub., 2010.

Beattie V., Collins B., Mcinnes B. "Deep and Surface Learning: A Simple or Simplistic Dichotomy?" *Accounting Education*, 6 (1), 1997.

Beckett D., & Hager P. *Life, Work and Learning: Practice in Postmodernity*. London Andnewyork: Routledge, 2002.

Berg B. L. *Qualitative Research Methods for the Social Sciences* (7th ed.), Boston: MA: Allyn and Bacon, 2009.

Bevan S. J., Chan C. W. L., Tanner J. A. "Diverse Assessment and Active Student Engagement Sustain Deep Learning: A Comparative Study of Outcomes in Two Parallel Introductory Biochemistry Courses." *Bio-*

chemistry & Molecular Biology Education, 42 (6), 2014.

Beykont Z. F., Daiute C. "Inclusiveness in Higher Education Courses: International Student Perspectives." *Equity and Excellence in Educating* (35), 2002.

Biggs J. B., Watkins D. "The Chinese Learner in Retrospect." Watkins D. A., Biggs J. B. *The Chinese Learner: Cultural, Psychological and Contextual Influences.* Hong Kong/Melbourne: Comparative Education Research Centre, the University of Hong Kong/Australian Council for Educational Research, 1996.

Biggs J. B., Kember D., Leung D. Y. P. "The Revised Two Factor Study Process Questionnaire: R-SPQ-2F." *British Journal of Educational Psychology* (71), 2001.

Biggs J. B., Kirby J. "Differentiation of Learning Processes within Ability Groups." *Educational Psychology* (4), 1984.

Biggs J. B. "Individual and Group Differences in Study Processes." *British Journal of Educational Psychology* (48), 1978.

Biggs J. B. *Student Approaches to Learning and Studying.* Melbourne: Australian Council for Educational Research, 1987.

Biggs J. B. "Approaches to the Enhancement of Tertiary Teaching." *Higher Education Research and Development*, 8 (1), 1989.

Biggs J. B. "Approaches to Learning in Secondary and Tertiary Students in Hong Kong: Some Comparative Studies." *Educational Research Journal* (6), 1991.

Biggs J. B. "Western Misperceptions of the Confucian-Heritage Learning Culture." Watkins D., Biggs J. (eds.). *The Chinese Learner: Cultural, Psychological and Contextual Influences*, Hong Kong/Melbourne: Comparative Education Research Centre, the University of Hong Kong/Australian Council for Educational Research, 1996a.

Biggs J. B. "Notions of Asian Learning Unfounded." *The Australian*

(16), 1996b.

Biggs J. B. *Teaching for Quality Learning at University*. Buckingham: The Open University Press, 1999.

Biggs J. B. "Study Behavior and Performance in Objective and Essay Formats." *Austrian Journal of Education*, 17 (2), 1973.

Biggs J. "What Do Inventories of Students' Learning Processes Really Measure? A Theoretical Review and Clarification." *British Journal of Educational Psychology* (63), 1993.

Boekaerts M., Cascallar E. "How Far Have We Moved toward the Integration of Theory and Practice in Self-Regulation?." *Educational Psychology Review* (18), 2006.

Boekaerts M., Corno L. "Self-Regulation in the Classroom: A Perspective on Assessment and Intervention." *Applied Psychology* (54), 2005.

Boeslm, Baxter Magloda M. B., & Buckleyja. "Foundational Assumption and Constructive-Developmental Theory." M. B. B. Magolda, E. G. Creamer, P. S. Meszaros. *Development and Assessment of Self-Authorship*, Stylus Publishing, 2001.

Bonwell C. C., Eison J. A. "Active Learning: Creating Excitement in the Classroom." *ASHE-ERIC Higher Education Reports* (No. 1), Washingtondc: George Washington University, 1991.

Booth P., Luckett P., Mladenovic R. "Tthe Quality of Learning in Accounting Education: The Impact of Approaches to Learning on Academic Performance." *Accounting Education: An International Journal*, 8 (4), 1999.

Bowden J. "Achieving Changes in Teaching Practice." Ramsden P. *Improving Learning: New Pecspectives*. London: Kogan Page, 1988.

Braddock R., Roberts P., Zheng C., et al. *Survey on Skill Development in Intercultural Teaching of International Students*. Macquarie University, Asian Pacific Research Institute, Sydney, 1995.

Bradley D. , Bradley M. *Problems of Asian Students in Australia: Language, Culture and Education*, Canberra: Australian Government Printing Service, 1984.

Braithwaite C. A. *Communicative Silence: A Cross-Cultural Study of Basso' shypothesis.* Carbaugh D. (ed.) . *Cultural Communication and Intercultural Contact.* New Jersey: Lawrence Erlbaum Associates, 1990.

Brand D. "The New Whiz Kids: Why Asian Americans Are Doing Well, and What It Costs Them (Cover Story) ." *Time*, August, 1987.

Braxton J. M. , Milem J. F. , Sullivan A. S. "The Influence of Active Learning on the College Student Departure Process." *Journal of Higher Education*, 71 (71), 2000.

Brew F. P. , Tan J. , Booth H. , Malik I. "The Effects of Cognitive Appraisals of Communication Competence in Conflict Interactions: A Study Involving Western and Chinese Cultures." *Journal of Cross-Cultural Psychology*, 42 (5), 2011.

Brint S. , Cantwell A. M. , Hanneman R. A. , et al. "The Two Cultures of Undergraduate Academic Engagement." *Research in Higher Education*, 49 (5), 2008.

Burr V. *An Introduction to Social Constructionism*, NY: Rouledge, 1995.

Carpenter A. M. "Self-Authorship among First-Generation Undergraduate Students: A Qualitative Study of Experiences and Catalysts." *Journal of Diversity in Higher Education*, 10 (1), 2013.

Cattaneo K. H. "Telling Active Learning Pedagogies Apart: From Theory to Practice." *Journal of New Approaches in Educational Research*, 6 (2), 2017.

Cen Y. "Student Development in Undergraduate Research Programs in China: From the Perspective of Self-Authorship." *International Journal of Chinese Education*, 3 (1), 2014.

Chan B. , Tang W. "Evaluating the Impact of University Teaching on Ap proaches to Learning of First-Year Hospitality Students." *Journal of Teaching in Travel & Tourism*, 6 (1), 2006.

Chan C. K. K., Rao N. "The Paradoxes Revisited: The Chinese Learner in Changing Educational Contexts." Chan C. K. K., Rao N. *Revisiting the Chinese Learner: Changing Contexts, Changing Education.* Hong Kong & Dordrecht, NL: Comparative Education Research Centre, University of Hong Kong & Springer, 2009.

Chan C. K. K. Classroom Innovation for the Chinese Learner: Transcending Dichotomies and Transforming Pedagogy. Chan C. K. K. & Rao N. (eds.). *Revisiting the Chinese Learner: Changing Contexts, Changing Education.* Hong Kong & Dorcrecht, NL: the Comparative Education Research Centre, University of Hong Kong & Springer, 2009.

Chang W. C. "In Search of the Chinese in All the Wrong Places!." *Journal of Psychology in Chinese Societies*, 1 (1), 2000.

Chen Y., Henning M., Yielder J. et al. "Progress Testing in the Medical Curriculum: Students' Approaches to Learning and Perceived Stress." *BMC Medical Education*, 15 (1), 2015.

Chickering A. W., Gamson Z. F. "Seven Principles for Good Practice in Undergraduate Education." *AAHE Bulletin*, 39, 1987.

Chickeringa W., Reisserl. *Education and Identity.* Wiley & Sons, Incorporated, John, 1993.

Christenson S., Reschly A., Wylie C. (eds.). *Handbook of Research on Student Engagement.* New York: Springer, 2012.

Coates H. "A Model of Online and General Campus-Based Student Engagement." *Assessment & Evaluation in Higher Education*, 32 (2), 2007.

Coffield F., Moseley D., Hall E., et al. *Learning Styles and Pedagogy in Post-16 Learning: A Systematic and Critical Review.* London: Learning and Skills Research Centre, 2004.

Cohen A. D. *Strategies in Learning and Using A Second Language*. London: Longman, 1998.

Cooper B. J. "The Enigma of the Chinese Learner." *Accounting Education*, 13 (3), 2004.

Cortazzi M., Jin L. X. "Large-Class in Learning: Good Teachers and Interaction." Watkins D. A., Biggs J. B. (eds.). *Teaching Chinese Learner: Psychological and Pedagogical Perspectives*. Hong Kong: Comparative Education Research Center, 2001.

Coughlin C. "Developmental Coaching to Support the Transition to Self-Authorship." *New Directions for Adult & Continuing Education* (148), 2015.

Pratt D. D., Kelly M. & Wong W. S. S. "Chinese Conceptions of 'Effective Teaching' in Hong Kong: Towards Culturally Sensitive Evaluation of Teaching." *International Journal of Lifelong Education* (18), 1999.

David M. "Culture, Context, and Behaviour." *Journal of Personality*, 75 (6), 2007.

Day D. A., Lane T. "Reconstructing Faculty Roles to Align with Self-Authorship Development: The Gentle Art of Stepping Back." *Canadian Journal for the Scholarship of Teaching & Learning*, 5 (1), 2014.

Day R. R. "Student Participation in the ESL Classroom or Some Imperfections in Practice." *Language Learning*, 34 (3), 2006.

Donche V., De Maeyer S., Coertjens L., et al. "Differential Use of Learning Strategies in First-Year Higher Education: The Impact of Personality, Academic Motivation, and Teaching Strategies." *British Journal of Educational Psychology*, (83), 2013.

Donche V., Petegem P. V. "The Development of Learning Patterns of Student Teachers: A Cross-Sectional and Longitudinal Study." *Higher Education* (57), 2009.

Edmunds R., & Richardsonjt E. "Conceptions of Learning, Approaches to Studying and Personal Development in UK Higher Education." *British Journal of Educational Psychology*, 79 (2), 2009

Eley M. "Different Adoption of Study Approaches within Individual Students." *Higher Education*, 23 (3), 1992.

Entwistle N. J. "Approaches to Learning and Perceptions of the Learning Environment." *Higher Education*, 22 (3), 1991.

Entwistle N. J. "Conceptions of Learning and the Experience of Understanding: Thresholds, Contextual Influences, and Knowledge Objects." Vosniadou S., Baltas S., Vamvakoussi X. *Re-Framing the Conceptual Change Approach in Learning and Instruction*. EARLI Advances in Learning and Instruction Series. Oxford: Elsevier, 2007.

Entwistle N. "Motivational Factors in Students' Approaches to Learning." Schmeck R. R. *Learning Strategies and Learning Styles*, New York: Plenum, 1988.

Eriksone, *Identity, Youth and Crisis*. New York: W. W. Norton & Company, 1968.

Evans C., Vermunt J. D. "Editorial-Styles, Approaches and Patterns in Student Learning." *British Journal of Educational Psychology* (83), 2013.

Evansnj, Forneyds, & Guido-Dibritof. *Student Development in College: Theory, Research, and Practice*. San Francisco: Jossey-Bass, 1998.

Farideh Salili. "Learning and Motivation: An Asian Perspective." *Psychology and Developing Societies*, 1996a.

Farideh Salili. "Accepting Personal Responsibility for Learning." Watkins D., Biggs J. (eds.). *The Chinese Learner: Cultural, Psychological and Contextual Influences*. Hong Kong/Melbourne: Comparative Education Research Centre, the University of Hong Kong/Australian Council for Educational Research, 1996b.

Feldman K. A. "Some Theoretical Approaches to the Study of Change and

Stability of College Students." *Review of Educational Research*, 42 (1), 1972.

Ferencevycht. *The Development and Design of an Instrument to Measure Self-Authorship in Outdoor Education.* Durham: University of New Hampshire, 2004.

Flavell J. H. "Metacognition and Cognitive Monitoring. A New Area of Cognitive-Developmentinquiry." *American Psychologist*, 34 (10), 1979.

Frambach J. M., Driessen E. W., Beh P., et al. "Quiet or Questioning? Students' Discussion Behaviors in Student-Centered Education Across Cultures." *Studies in Higher Education*, 39 (6), 2014.

Frambach J. M., Stevens F. C. J., Driessen E. W., et al. *Compatible Contradictions: The Paradox of Applying A Western Learning Model in A Non-Western Context.* Unpublished Manuscript, 2012.

Fredricks J. A., Blumenfeld P. C., Paris A. H. "School Engagement: Potential of the Concept, State of the Evidence." *Review of Educational Research*, 74 (1), 2004.

Fredricks J. A., Blumenfeld P., Friedel J., et al. "School Engagement." Moore K. A., Lippman L. H. *What Do Children Need to Flourish? Conceptualizing and Measuring Indicators of Positive Development.* New York: Springer, 2005.

Freeman S., Eddy S. L., Mcdonough M., et al. "Active Learning Increases Student Performance in Science, Engineering, and Mathematics." *Proceedings of the National Academy of Sciences*, 111 (23), 2014.

Fryer L. "(Latent) Transitions to Learning at University: A Latent Profile Transition Analysis of First-Year Japanese Students." *Higher Education*, 73 (3), 2016.

Gao L., & Watkins D. A. "Towards A Model of Teaching Conceptions of Chinese Secondary School Teachers of Physics." Watkins, D. A.,

&Biggs, J. B. (eds.), *Teaching Chinese Learner: Psychological and Pedagogical Perspectives.* Hong Kong: Comparative Education Research Center, 2001.

Gardner J., Belland B. R. "A Conceptual Framework for Organizing Active Learning Experiences in Biology Instruction." *Journal of Science Education & Technology*, 21 (4), 2012.

Geertz, Clifford. *Agricultural Involution: The Process of Ecological Change in Indonesia.* Berkeley, CA: University of California Press, 1963.

Geitz G., Brinke D. J., Kirschner P. A. "Goal Orientation, Deep Learning, and Sustainable Feedback in Higher Business Education." *Journal of Teaching in International Business*, 26 (4), 2016.

Giles H., Coupland N., Wienmann J. M. " 'Talk Is Cheap' But 'My Word Is Mybond': Beliefs about Talk." Bolton K., Kwok H. (eds.). *Sociolinguistics Today: Eastern and Western Perspectives*, London: Routledge, 1992.

Ginsberg E. "Not Just A Matter of English." *HERDSA News*, (14), 1992.

Goldenweiser A. "Loose Ends of A Theory on the Individual Pattern and Involution in Primitive Society." Lowie, R. ed. *Essays in Anthropology Presented to A. L. Kroeber.* Berkeley, CA: University of California Press, 1936.

Greene J. A., Costa L. J., Robertson J., et al. "Exploring Relations among College Students' Prior Knowledge, Implicit Theories of Intelligence, and Self-Regulated Learning in A Hypermedia Environment." *Computers & Education*, 55 (3), 2010.

Grimshaw T. "Problematizing the Construct of 'The Chinese Learner': Insights from Ethnographic Research." *Educational Studies*, 33 (3), 2007.

Ha P. L., Li B. "Silence as Right, Choice, Resistance and Strategy Among Chinese 'Me Generation' Students: Implications for Pedagogy."

Discourse: *Studies in the Cultural Politics of Education*, 35 (2), 2014.

Hair J. F., Anderson R. E., Tatham R. L., et al., *Multivariate Data Analysis* (5th ed). Upper Saddle River, NJ: Prentice Hall, 1998.

Hakstiana R. "The Effects of Type of Examination Anticipated on Test Preparation and Performance." *Journal of Educational Research*, (64), 1971.

Hatano G., Inagaki K. "Cultural Contexts of Schooling Revisited: A Review of the Learning Gap from A Cultural Psychology Perspective." Paris S. G., Wellman H. M. *Global Prospects for Education*: *Development*, *Culture*, *and Schooling*. Washington, DC, U. S.: American Psychological Association, 1998.

Hernandez J. C. "Study Suggests China Students Excel in Critical Thinking—Until College." 2016, (2016-8-2) [2018-7-13], https://www.questia.com/newspaper/1P2-39892513/study-suggests-china-students-excel-in-critical-thinking.

Herriott R. E., Firestone W. A. "Multisite Qualitative Policy Research in Education: A Study of Recent Federal Experience." *Comparative Analysis*, 1982.

Ho J., Crookall D. "Breaking with Chinese Cultural Traditions: Learner Autonomy in English Language Teaching." *System*, 23 (2), 1995.

Hodge D. C., Baxter Magolda M. B., Haynes C. A. "Engaged Learning: Enabling Self-Authorship and Effective Practice." *Liberal Education*, 95 (4), 2009.

Hsu F. L. K. *Americans and Chinese*: *Reflections on Two Cultures and Their People*. NY: Garden City Doubleday Natural History Press: 520, 1972.

Hu G. "Potential Cultural Resistance to Pedagogical Imports: the Case of Communicative Language Teaching in China." *Language*, *Culture and*

Curriculum，（15），2002.

Hwang K. K. "Guanxi and Mientze: Conflict Resolution in Chinese Society." *Intercultural Communication Studies VII*，（1），1997.

Inagaki K.，Hatano G.，Morita E. "Construction of Mathematical Knowledge though Whole-Class Discussion." *Learning and Instruction*（8），1998.

Iyengar S. S.，Lepper M. R. "Rethinking the Value of Choice: A Cultural Perspective on Intrinsic Motivation." *Journal of Personality and Social Psychology*，（76），1999.

Jackson J. "Reticence in Second Language Case Discussion: Anxiety and Aspiration." *System*，（30），2002.

Jehangir R.，Williams R. D.，Pete J. "Multicultural Learning Communities: Vehicles for Developing Self-Authorship in First-Generation College Students." *Journal of the First-Year Experience & Students in Transition*，（23），2011.

Jenkins S. "Cultural and Linguistic Miscues: A Case Study of International Teaching Assistant and Academic Faculty Miscommunication." *International Journal of Intercultural Relations*，24（4），2000.

Jensen J. V. "Communicative Functions of Silence." *ETC: A Review of General Semantics*，30（3），1973.

Jinl，& Cortazzim. "Changing Practices in Chinese Cultures of Learning，Language." *Culture and Curriculum*，19（1），2006.

Johnson R. B.，Onwuegbuzie A. J. "Mixed Methods Research: A Research Paradigm Whose Time Has Come." *Educational Researcher*，33（7），2004.

Jones J. F. "Self-Access and Culture: Retreating from Autonomy." *Elt Journal*，49（3），1995.

Jones J. "From Silence to Talk: Cross-Cultural Ideas on Students' Participation in Academic Group Discussion." *English for Specific Purposes*，

18 (3), 1999.

Karabenick S. A. , Zusho A. "Examining Approaches to Research on Self-Regulated Learning: Conceptual and Methodological Considerations." *Metacognition and Learning*, (10), 2015.

Keats D. *Cultural Bases of Concepts of Intelligence: A Chinese Versus Australian Comparison*, Proceedings of Second Asian Workshop on Child and Adolescent Development, Bangkok, Thailand: Behavioral Science Research Institute, 1982.

Kegan R. *In Over Our Heads: The Mental Demands of Modern Life*, Cambridge, MA: Harvard University Press, 1994.

Kember D. , Gow L. "Cultural Specificity of Approaches to Study." *British Journal of Educational Psychology*, (60), 1990.

Kember D. , Wong A. , Leung D. Y. P. "Reconsidering the Dimensions of Approaches to Learning." *British Journal of Educational Psychology*, 69 (3), 1999.

Kember D. "Misconceptions about the Learning Approaches, Motivation and Study Practices of Asian Students." *Higher Education*, (40), 2000.

Kember D. , Leung D. Y. P. "The Dimensionality of Approaches to Learning: An Investigation with Confirmatory Factor Analysis on the Structure of the SPQ and LPQ." *British Journal of Educational Psychology* (68), 1998.

Kemberd, & Danpingw. "Why Do Chinese Students Out-Perform Those from the West? Do Approaches to Learning Contribute to the Explanation? ." *Cogent Education*, 3 (1), 2016,

Khan P. E. "Theorising Student Engagement in Higher Education." *British Educational Research Journal*, 40 (6), 2014.

Kim U. "Asian Collectivism: An Indigenous Perspective." Kao H. , Sinha D. (eds.) . *Asian Perspectives on Psychology*, New Delhi, India: Sage, 19, 1997.

King P. M. "Assessing Meaning Making and Self-Authorship: Theory, Research, and Application." *Ashe Higher Education Report*, 38 (3), 2012.

Kirkbride P. S., Tang S. F. Y. "Management Development in the Nanyang Chinese Societies of South East Asia." *Journal of Management Development*, 11 (2), 1992.

Kuh G D., et al. "Unmasking the Effects of Student Engagement on First-Year College Grades and Persistence." *Journal of Higher Education*, 79 (5), 2008.

Kuh G. D. *What Matters to Student Success: A Review of the Literature.* NPEC, 2006.

Kuh, George. *The National Survey of Student Engagement: Conceptual Framework and Overview of Psychometric Properties*, Indiana University Center for Postsecondary Research, 2003.

Lapointe A. E., Mead N. A., Askew J. M. (eds.). *The International Assessment of Educational Progress Report No.* 22-*CAEP*-01: *Learning Mathematics.* Princeton, NJ: Educational Testing Service, Center for the Assessment of Educational Progress, 1992.

Law N. W. Y., et al. "New Experiences, New Epistemology, and the Pressures of Change: The Chinese Learner in Transition." Chan C. K. K., Rao N. *Revisiting the Chinese Learner: Changing Contexts, Changing Education*, Hong Kong & Dordrecht, NL: Comparative Education Research Centre, University of Hong Kong & Springer, 2009.

Lee I. "Supporting Greater Autonomy in Language Learning." *Elt Journal*, 52 (4), 1998.

Lee W. O. "The Cultural Context for Chinese Learners: Conceptions of Learning in the Confucian Tradition." Watkins D., Biggs J. (eds.). *The Chinese Learner: Cultural, Psychological and Contextu-*

al Influences, Hong Kong/Melbourne: Comparative Education Research Centre, the University of Hong Kong/Australian Council for Educational Research, 1996.

Lepper M. R. , & Henderlong J. " Turning ' Play ' into ' Work ' and ' Work ' into ' Play ' : 25 Years of Research on Intrinsic Versus Extrinsic Motivation. " Sansone C. & Harackiewiczj M. *Intrinsic and Extrinsic Motivation: The Search for Optimal Motivation and Performance*, San Diego, CA: Academic Press, 2000.

Li J. , Li J. "The Cow Loves to Learn: The Hao-Xue-Xin Learning Model As A Reflection of the Cultural Relevance of Zhima Jie, China's Sesame Street. " *Early Education & Development*, 13 (4), 2002.

Li J. , Wang L. , Fischer K. "The Organisation of Chinese Shame Concepts?" *Cognition and Emotion*, 18 (6), 2004.

Li J. Respect as A Positive Self-Conscious Emotion in European Americans and Chinese, Tracy J. L. , Robins R. W. , Tangney J. P. (eds.). *The Self-Conscious Emotions: Theory and Research.* NY: Guilford, 2006.

Li J. "Learning to Self-Perfect: Chinese Beliefs about Learning. " Chan C. K. K. , Rao N. Revisiting the Chinese Learner: Changing Contexts, Changing Education, Hong Kong & Dordrecht, NL: Comparative Education Research Centre, University of Hong Kong & Springer, 2009.

Li J. "Mind or Virtue. Western and Chinese Beliefs About Learning. " *Current Directions in Psychological Science*, 14 (4), 2005.

Lindblom-Ylanne S. , Parpala A. , Postareff L. "Challenges in Analysing Change in Students' Approaches to Learning. " Gijbels D. , Doche V. , Richardson J, et al. (eds.) . *Learning Patterns in Higher Education. Dimensions and Research Perspectives.* New York: Routledge, 2013.

Littlewood D. "Defining and Developing Autonomy in East Asian Context." *Applied Linguistics* (1), 1999.

Liu J. *Perceptions of Selected International Graduate Students towards Oralclassroom Participation in Their Academic Content Courses in A US University*. Unpublished Doctoral Dissertation, the Ohio State University, Columbus, 1996.

Liu J. "Factors Affecting Asian Graduate Students' Classroom Participation Modes in their Content Courses in A US University." *Journal of Asian Pacific Communication*, 9 (2), 2000.

Liu L. O., Mao L., Frankel L., et al. Assessing Critical Thinking in Higher Education: The Heighten™ Approach and Preliminary Validity Evidence." *Assessment & Evaluation in Higher Education*, 41 (5), 2016.

Liu N. F., Littlewood W. "Why Do Many Students Appear Reluctant to Participate in Classroom Learningdiscourse?." *System*, 25 (3), 1997.

Loyalka P., Liu O. L., Li G. R., et al. "Computer Science Skills across China, India, Russia, and the United States." *Proceedings of the National Academy of Sciences of the United States of America*, 116 (14), 2019.

Maccallum R. C., Browne M. W., Sugawara H. M. "Power Analysis and Determination of Sample Size for Covariance Structure Modeling." *Psychological Methods*, 1 (2), 1996.

Mao L. M. "Beyond Politeness Theory: 'Face' Revisited and Renewed." *Journal of Pragmatics*, (21), 1994.

Markushr & Kitayama S. "Culture and the Self: Implications for Cognition, Emotion, and Motivation." *Psychological Review*, 98 (2), 1991.

Markushr & Kitayama S. "Cultures and Selves: A Cycle of Mutual Constitution." *Perspectives on Psychological Science*, 5 (4), 2010.

Marton F., Alba G. D., Kun T. L. "Memorizing and Understanding:

The Keys to the Paradox." Watkins D., Biggs J. (eds.). *The Chinese Learner: Cultural, Psychological and Contextual Influences.* Hong Kong/Melbourne: Comparative Education Research Centre, the University of Hong Kong/Australian Council for Educational Research, 1996.

Marton F., Dalla G., Tse L. K. "The Paradox of the Chinese Learner (Occasional Paper No. 93. 1)." *Melbourne: RMIT, Educational Research and Development Unit*, 1993.

Marton F., Dall A. G. A., Tse L. K. "Memorizing and Understanding: The Keys to the Paradox?" Watkins D. A., Biggs J. B. *The Chinese Learner: Cultural, Psychological and Contextual Influences.* Hong Kong/Melbourne: Comparative Education Research Centre, the University of Hong Kong/Australian Council for Educational Research, 1996.

Marton F., Saljo R. "On Qualitative Differences in Learning: I—Outcome and Process." *British Journal of Educational Psychology* (46), 1976.

Marton F. "Phenomen Ography—Describing Conceptions of the World Around Us." *Instructional Science*, 10 (2), 1981.

Marton F., Dall A. G., & Kuntl. "Memorizing and Understanding: The Keys to the Paradox." Watkins D. A., Biggs J. B. *The Chinese Learner: Cultural, Psychological and Contextual Influences.* Hong Kong/Melbourne: Comparative Education Research Centre, the University of Hong Kong/Australian Council for Educational Research, 1996.

Mcclelland D. C. "Motivational Patterns in Southeast Asia with Special Reference to the Chinese Case." *Journal of Social Issues*, 19 (1), 1963.

Mcgowan A. L. "Impact of One-Semester Outdoor Education Programs on Adolescent Perceptions of Self-Authorship." *Journal of Experiential Education*, 39 (4), 2016.

Michael I. "Meaning-Making in the Learning and Teaching Process."

New Directions for Teaching and Learning, 82, 2000.

Millis B. J. "Enhancing Learning—and More! —Through Cooperative Learning." 2002 - 10 (38). IDEA Paper.

Morrison K. "Paradox Lost: Toward A Robust Test of the Chinese Learner." *Education Journal*, (34), 2006.

Murphy D. "Offshore Education: Hong Kong Perspective." *Australian Universities Review*, (30), 1987.

National Academies of Sciences, Engineering, and Medicine. *How People Learn II: Learners, Contexts, and Cultures.* Washington, DC: the National Academies Press, 2018.

Neumeisterj R. *This New Whole: An Exploration into the Factors of Self-Authorship in College Students.* University of Maryland College Park, 2007.

Neuville S., Frenay M., Bourgeois E. "Task Value, Self-Efficacy and Goal Orientations: Impact on Self-Regulated Learning, Choice and Performance among University Students." *Psychologica Belgica*, 47 (1), 2007.

NSSE. From Benchmarks to Engagement Indicators and High-Impact Practices, (2014 - 1) [2018 - 11 - 10]. http://nsse. indiana. edu/pdf/Benchmarks%20to%20Indicators. Pdf.

Ollin R. "Silent Pedagogy and Rethinking Classroom Practice: Structuringteaching through Silence Rather Than Talk." *Cambridge Journal of Education*, 38 (2), 2008.

O'Malley J. M., Chamot A. U. *Learning Strategies in Second Language Acquisition.* Cambridge: Cambridge University Press, 1990.

Oxford R. L., *Language Learning Strategies: What Every Teacher Should Know?* . Harper Collins, NY: Newbury House, 1999.

Pace C. R. *Measuring the Quality of College Student Experiences.* An Account of the Development and Use of the College Student Experiences

Questionnaire, 1984.

Parrott H. M. , Cherry E. "Using Structured Reading Groups to Facilitate Deep Learning." *Teaching Sociology*, 39 (4), 2011.

Pascarella E. T. , Terenzini P. T. *How College Affects Students*, Volume 2, *A Third Decade of Research*, San Francisco, CA: Jossey-Bass, 2005.

Pask G. "Styles and Strategies of Learning." *British Journal of Educational Psychology*, 46 (2), 1976.

Patrick H. , Ryan A. M. , Kaplan A. "Early Adolescents' Perceptions of the Classroom Social Environment, Motivational Beliefs, and Engagement." *Journal of Educational Psychology*, 99 (1), 2007.

Patrick L. E. , Howell L. A. , Wischusen W. "Perceptions of Active Learning between Faculty and Undergraduates: Differing Views among Departments." *Journal of Stem Education Innovations & Research*, 17 (3), 2016.

Patton M. Q. *Qualitative Research and Evaluation Methods* (3rd ed.), Thousand Oaks, CA: Sage, 2002.

Perry W. G. , J. R. *Forms of Intellectual and Ethical Development in the College Years: A Scheme.* New York: Holt, Rinehart and Winston, 1968.

Phan H. P. "Interrelations between Self-Efficacy and Learning Approaches: A Developmental Approach." *Educational Psychology*, 31 (2), 2011.

Piaget J. *The Moral Judgment of the Child.* New York: Free Press, 1965.

Pintrich P. R. , Smith D. , Garcia T. , et al. "Predictive Validity and Reliability of the Motivated Strategies for Learning Questionnaire (MSLQ)." *Educational & Psychological Measurement* (53), 1993.

Pintrich P. R. *The Role of Goal Orientation in Self-Regulated Learning*, Boekaerts M. , Pintrich P. R. , Zeidner M. (eds.). *Handbook of Self-Regulation*, Academic Press, San Diego, CA, 2000.

Pintrich P. R. "A Conceptual Framework for Assessing Motivation and Self-Regulated Learning in College Students." *Educational Psychology Review*, 16 (4), 2004.

Pintrich P., Smith D., Garcia T., et al. A Manual for the Use of the Motivated Strategies for Learning Questionnaire (MSLQ), 1991, [2018 - 12 - 05]. https://files.eric.ed.gov/fulltext/ED338122.pdf.

Pizzolato J. E. "Assessing Self-Authorship." *New Directions for Teaching & Learning* (109), 2009.

Pizzolato J. E. "Developing Self-Authorship: Exploring the Experiences of High-Risk College Students." *Journal of College Student Development*, 44 (6), 2003.

Pizzolato J. E. "Advisor, Teacher, Partner: Using the Learning Partnerships Model to Reshape Academic Advising." *About Campus*, (13), 2008.

Pizzolato J. E. *Creating Complex Partnerships: A Multiple Study Investigation into Self-Authorship*. Michigan State University, 2005.

Pizzolato J. "Complex Partnerships: Self-Authorship and Provocative Academic-Advising Practices." *Nacada Journal*, 26 (1), 2006.

Pizzolatoj E., & Olson A. B. "Exploring the Relationship between the Three Dimensions of Self-Authorship." *Journal of College Student Development*, 57 (4), 2016.

Pratt D. D., Kelly M., Wong K. M. "Chinese Conceptions of 'Effective Teaching' in Hong Kong: Towards Culturally Sensitive Evaluation of Teaching." *International Journal of Lifelong Learning* (18), 1999.

Pratt D. D. "Chinese Conceptions of Learning and Teaching: A Westerner's Attempt at Understanding." *International Journal of Lifelong Education*, 11 (4), 1992

Prince M. J. "Does Active Learning Work? A Review of the Research." *Journal of Engineering Education*, (93), 2004.

Prosser M. , Trigwell K. , Hazel E. , et al. "Students' Experiences of Studying Physics Concepts: The Effects of Disintegrated Perceptions and Approaches." *European Journal of Psychology of Education*, 15 (1), 2000.

Quinn A. "Self-Authorship Theory: Using Challenge and Support to Inform One's Advising Practice." *Mentor: An Academic Advising Journal*, 2017.

Rajaram K. , & Bordias. "Culture Clash: Teaching Western-Based Management Education to Mainland Chinese Students in Singapore." *Journal of International Education in Business*, 4 (1), 2011.

Ramsden P. *Learning to Teach in Higher Education.* London: Routledge, 1992.

Rao N. , Moely B. E. , Sachs J. "Motivational Beliefs, Study Strategies and Mathematics Attainment in High and Low Achieving Chinese Secondary School Students." *Contemporary Educational Psychology* (25), 2000.

Rao N. , Barbara E. M. , John S. "Motivational Beliefs, Study Strategies, and Mathematics Attainment in High and Low-Achieving Chinese Secondary School Students." *Contemporary Educational Psychology*, (3), 2000.

Richard N. *The Geography of Thought: How Asians and Westerners Think Differently and Why.* New York: Free Press, 2003.

Roepnack B. *A Qualitative Exploration of Internal Power and Self-Authorship for College Students Labeled High-Risk.* Fort Collins: Colorado State University, 2008.

Ryan R. M. , Deci E. D. "Self-Determination Theory and the Facilitation of Intrinsic Motivation, Social Development, and Well-Being." *American Psychologist*, 55 (1), 2000.

Ryanj & Louic K. "False Dichotomy? 'Western' and 'Confucian' Concepts of Scholarship and Learning." *Educational Philosophy and Theory*, 39 (4), 2007.

Salili F. "Accepting Personal Responsibility for Learning." Watkins D., Biggs J. B. (eds.). The Chinese Learner: Cultural, Psychological and Contextual Influences, Hong Kong/Melbourne: Comparative Education Research Centre, the University of Hong Kong/Australian Council for Educational Research, 1996.

Samuelowicz K. "Learning Problems of Overseas Students: Two Sides of A Story." *Higher Education Research and Development*, 6 (2), 1987.

Schumacker R. E., Lomax R. G. *A Beginner's Guide to Structural Equation Modeling* (2nd ed.), LEA, 1996.

Schunk, D. H., & Zimmerman, B. J. (eds.). *Self-Regulation of Learning and Performance: Issues and Educational Applications.* Lawrence Erlbaum Associates, Inc., 1994.

Scollonr, & Wong-Scollon, S. *The Post-Confucian Confusion.* Hong Kong City Polytechnic University, Research Report No. 37. City Polytechnic of Hong Kong, Hong Kong, 1994.

Seligerh W. "Does Practice Make Perfect?: A Study of Interaction Patterns and L2 Competence." *Language Learning*, 27 (2), 1977.

Shi K., Wang P., Wang W., et al. "Goals and Motivation of Chinese Students—Testing the Adaptive Learning Model. Salili F., Chiu C. Y., Hong Y. Y. (eds.). *Student Motivation: The Culture and Context of Learning.* New York: Kluwer Academic, 2001.

Smith A. C., Stewart R., Shields P., et al. "Introductory Biology Courses: A Framework to Support Active Learning in Large Enrollment Introductory Science Courses." *Cell Biology Education*, 4 (2), 2005.

Smith L., Saini B., Krass I., et al. "Pharmacy Students' Approaches to Learning in an Australian University." *American Journal of Pharmaceutical Education*, 71 (6), 2007.

Smith S. N. "Approaches to Study of Three Chinese National Groups." *British Journal of Educational Psychology*, (71), 2001.

Snow C. P. *The Two Cultures and A Second Look.* Cambridge, England: Cambridge University Press, 1964.

Spicer J. *Making Sense of Multivariate Data Analysis.* London: Sage, 2005.

Starr R. J. "Structured Oral Inquiry Improves Thinking." *The American Biology Teacher*, 34 (7), 1972.

Stephens K. "Cultural Stereotyping and Intercultural Communication: Working With Students Fromthe People's Republic of China in the UK." *Language and Education*, 11 (2), 1997.

Sternberg R. J., Zhang L. F. *Perspectives on Thinking, Learning, and Cognitive Styles.* NJ: Lawrence Erlbaum Associates, 2001.

Svensson L. "On Qualitative Differences in Learning: III—Study Skill and Learning." *British Journal of Educational Psychology* (47), 1977.

Thapa A., Cohen J., Guffey S., et al. "A Review of School Climate Research." *Review of Educational Research*, 83 (3), 2013.

Tinto V., Pusser B. "Moving from Theory to Action: Building A Model of Institutional Action for Student Success." *National Postsecondary Education Cooperative*, 2006.

Tintov. "Dropout from Higher Education: A Theoretical Synthesis of Recent Research." *Review of Educational Research*, 45 (1), 1975.

Tintov, & Pusserb. "Moving from Theory to Action: Building A Model of Institutional Action for Student Success." *National Postsecondary Education Cooperative*, 2006.

Tolman E. C., Honzik C. H. "Introduction and Removal of Reward and Maze Learningin Rats." *University of California Publications in Psychology* (4), 1930.

Torres V., Hernandez E. "The Influence of Ethnic Identity on Self-Authorship: A Longitudinal Study of Latino/A College Students." *Journal of College Student Development* (48), 2007.

Tweed R. G., Lehman D. R. "Learning Considered within A Cultural Context: Confucian and Socratic Approaches." *American Psychologist* (57), 2002.

Van Der Veken J., Valcke M., De Maeseneer J., et al. "Impact of the Transition from A Conventional to an Integrated Contextual Medical Curriculum on Students' Learning Patterns: A Longitudinal Study." *Medical Teacher*, (31), 2009.

Vermunt J. D., Donche V. "A Learning Patterns Perspective on Student Learning in Higher Education: State of the Art and Moving Forward." *Educational Psychology Review*, 29 (2), 2017.

Vermunt J. D., Endedijk M. D. "Patterns in Teacher Learning in Different Phases of the Professional Career." *Learning and Individual Differences*, 21 (3), 2011.

Vermunt J. D., Vermetten Y. J. "Patterns in Student Learning: Relationships between Learning Strategies, Conceptions of Learning, and Learning Orientations." *Educational Psychology Review*, (16), 2004.

Vermunt J. D. "Relations between Student Learning Patterns and Personal and Contextual Factors and Academic Performance." *Higher Education*, 49 (3), 2005.

Volet S., Renshaw P. "Chinese Students at an Australian University: Adaptability and Continuity." Watkins D. A., Biggs J. B., *The Chinese Learner: Cultural, Psychological and Contextual Influences*, Hong Kong/Melbourne: Comparative Education Research Centre, the University of Hong Kong/Australian Council for Educational Research, 1996.

Volet S. E., Ang G. "Culturally Mixed Groups on International Campuses: An Opportunity for Inter-Cultural Learning." *Higher Education Research and Development*, 17 (1), 1998.

Vygotsky L . S. *Mind in Society*: *The Development of Higher Psychological Processes*. Cambridge, MA: Harvard University Press, 1978.

Wang M. T. , Eccles J. S. "School Context, Achievement Motivation, and Academic Engagement: A Longitudinal Study of School Engagement Using A Multidimensional Perspective." *Learning & Instruction*, 28 (3), 2013.

Wang P. A. "Case Study of an In-Class Silent Postgraduate Chinese Student in London Metropolitan University: A Journey of Learning." *TESOL Journal* (2), 2010.

Watkins D. A. , Biggs J. B. (eds.) . *Teaching the Chinese Learner*: *Psychological and Pedagogical Perspectives*. Hong Kong; Melbourne, Australia: Comparative Education Research Centre; Australian Council for Educational Research, 2001.

Watkins D. A. "Learning Theories and Approa Ches to Research: A Cross Cultural Perspective." Watkins D. A. , Biggs J. B. (eds.) . *The Chinese Learner*: *Cultural*, *Psychological and Contextual Influences*, Hong Kong/Melbourne: Comparative Education Research Centre, the University of Hong Kong/Australian Council for Educational Research, 1996.

Watkins D. , Hattie J. "The Internal Structure and Predictive Validity of the Inventory of Learning Processes: Some Australian and Filipino Data." *Educational and Psychological Measurement*, 41 (2), 1981.

Watkins D. A. , & Biggs J. B. "The Paradox of the Chinese Learner and Beyond." Watkins D. A. , Biggs J. B. (eds.) . *Teaching the Chinese Learner*: *Psychological and Pedagogical Perspectives*. Hong Kong and Melbourne: CERC and ACER, 2001.

Samuelowiczk. "Learning Problems of Overseas Students: Two Sides of A Story." *Higher Education Research and Development*, 6 (2), 1987.

Weidman J. C. "Impacts of Campus Experiences and Parental Socialization on Undergraduates' Career Choices." *Research in Higher Educa* tion, 20 (4), 1984.

Weidman J. C. *Undergraduate Socialization*, ASHE Annual Meeting Paper, 1987.

Weinstein C. E., Schulte A. C., Palmer D. R. *LASSI: Learning and Study Strategies Inventory*. Clearwater, FL: H. & H, 1987.

Whang P. A., Hancock G. R. "Motivation and Mathematics Achievement: Comparisons between Asian-American and Non-Asian Students." *Contemporary Educational Psychology*, (19), 1994.

Winne P. H., Perry N. E. "Measuring Self-Regulated Learning." *Handbook of Self-Regulation*, 2000.

Winne P. H. "A Metacognitive View of Individual Differences in Self-Regulated Learning." *Learning and Individual Differences*, (8), 1996.

Wolters C. A., Hussain M. "Investigating Grit and Its Relations with College Students' Self-Regulated Learning and Academic Achievement." *Metacognition & Learning*, 10 (3), 2015.

Wolters C., Pintrich P. R. "Contextual Differences in Student Motivation and Self-Regulated Learning in Mathematics, English, and Social Studies Classrooms." *Instructional Science*, (26), 1998.

Won S., Wolters C. A., Mueller S. A. "Sense of Belonging and Self-Regulated Learning: Testing Achievement Goals as Mediators." *Journal of Experimental Education*, 2017.

Wong N. Y., Lin W. Y., Watkins D. "Cross-Cultural Validation of Models of Approaches to Learning: An Application of Confirmatory Factor Analysis." *Educational Psychology*, (16), 1996.

Yang R. "Educational Research in Confucian Cultural Contexts: Reflections on Methodology." *Comparative Education*, 47 (3), 2011.

Yew T. M., Dawood F. K. P., Narayansany K., et al. "Stimulating Deep Learning Using Active Learning Techniques." *Malaysian Online Journal of Educational Sciences* (4), 2016.

Yin H. , Wang W. "Undergraduate Students' Motivation and Engagement in China: An Exploratory Study." *Assessment & Evaluation in Higher Education*, 41 (4), 2016.

Yin R. K. *Case Study Research: Design and Methods* (4th ed.), Thousand Oaks, CA: Sage, 2008.

Zeegers P. "Approaches to Learning in Science: A Longitudinal Study." *British Journal of Educational Psychology*, 71 (Pt 1), 2001.

Zhang H. , Huang H. "Decision-Making Self-Efficacy Mediates the Peer Support-Career Exploration Relationship." *Social Behavior and Personality*, 46 (3), 2018.

Zheng X. "Re-Interpreting Silence: Chinese International Students' Verbal Participation in U. S. Universities." *International Journal of Learning*, 17 (5), 2010.

Zhou Y. R. , Knoke D. , Sakamoto I. "Rethinking Silence in the Classroom: Chinese Students' Experiences of Sharing Indigenous Knowledge." *International Journal of Inclusive Education*, 9 (3), 2005.

Zimmerman B. J. , Bandura A. "Impact of Self-Regulatory Influences on Writing Course Attainment." *American Educational Research Journal*, 31 (4), 1994.

Zimmerman B. J. , Schunk D. H. *Self-Regulated Learning and Academic Achievement: Theoretical Perspectives.* Mahwah, NJ: Lawrence Erlbaum Associates, 2001.

Zimmerman B. J. "Investigating Self-Regulation and Motivation: Historical Background, Methodological Developments, and Future Prospects." *American Educational Research Journal*, 45 (1), 2008.

Zusho A. "Toward an Integrated Model of Student Learning in the College Classroom." *Educational Psychology Review*, 29 (2), 2017.

附　　录

附录 A　中国大学生主体性学习的访谈提纲

大学生主体性学习指的是，在特定文化情境之中，高校学生充分发挥自主性和能动性，与不同类型对象进行多元互动的群体性学习样态。这在认知策略的选择和运用、学习动机的确立和激发、互动方式的选择和形成三方面体现出来。为了解中国大学生主体性学习的具体表现及其背后的理念，特邀请您参与本次访谈。本次访谈自愿参与，所有访谈问题不涉及隐私，访谈内容仅做研究使用，并匿名化处理。你可以拒绝接受访谈，在访谈过程中你感觉不适可以随时退出。所有问题没有正确答案，请你结合自身的学习经历如实作答。访谈时间约为 1.5 个小时，并有价值 25 元左右的小礼物相赠，非常感谢你的支持和参与！

张华峰

清华大学教育研究院

中国大学生学习与发展追踪研究课题组

一　请简要介绍一下你自己及家庭情况（如家乡、父母职业等），大学专业及学习状态，大学和中学教学要求和教学方式的差异。

二　认知策略的选择和运用

1. 你在大学期间如何学习/处理和加工知识，请具体说明。

2. 你觉得不同认知策略之间的关系是什么?

3. 你认为各认知策略对学习效果起到的作用是什么?请具体说明。

4. 这些认知策略有没有积极消极、高级低级之分?

5. 认知策略的选择和使用受到哪些因素的影响?请从本土文化和教育教学两方面说明。

三　学习动机的确立和激发

1. 你在大学期间的学习动力强吗?学习动机有哪些?(依程度列举5个)

2. 你认为不同学习动机之间的关系是什么?

3. 你认为这些动机对学习效果起到的作用是什么?请具体说明。

4. 这些学习动机有没有积极消极、高级低级之分?

5. 学习动机的确立和激发受到哪些因素的影响?请从本土文化和教育教学两方面说明。

四　互动方式的选择和形成

1. 你与大学老师的关系如何?交流次数多吗?谈论哪些内容?有哪些收获?

2. 你与大学同学的关系如何?交流次数多吗?谈论哪些内容?有哪些收获?

3. 两种交流和互动的形式有差异吗?请具体说明。

4. 在和老师、同学观点不同的时候，你分别是怎么想的?如何做的?

5. 互动方式的选择和形成受到哪些因素的影响?请从本土文化和教育教学两方面说明。

五、 对于上述问题，你有没有要补充的内容？

附录 B 大学生课堂主动表达的访谈提纲

课堂主动表达指的是大学生在课堂上能够就所学知识或者教师、同学的阐述提出自己的疑问，能够与老师或同学就某一问题进行深入讨论，以及对大家特别是老师的观点提出不同的意见（即质疑）。为了解中国大学生在这方面的表现和所思所想，特邀请您参与本次访谈。本次访谈自愿参与，所有访谈问题不涉及隐私，访谈内容仅做研究使用，并匿名化处理。你可以拒绝接受访谈，在访谈过程中如你感觉不适可以随时退出。所有问题没有正确答案，请你结合自身的学习经历如实作答。访谈时间约为0.5个小时。

一 你在上课时会积极提问、讨论或者质疑教师观点吗？你周围的同学是如何表现的？

二 从中国传统文化、教师教学的视角来看，你认为自己为什么会有这样的表现？有没有其他方面因素的影响？请具体说明。

三 你认为上课积极提问、讨论甚至质疑教师观点是好还是不好？请具体说明。

四 你认为从哪些方面改进，可以促进自己课上更加积极地主动表达观点。

索　引

后　记

基于中国优秀传统文化，经过改革开放40余年的发展，中国教育取得了长足进步和显著成就，进入一个新的发展阶段。一方面，中国教育在世界上的影响力不断增强，若干领域的发展理念、思路和实践举措开始为其他国家所关注甚至学习；另一方面，新的国际形势和国家创新驱动发展战略，对中国教育和人才培养提出了新要求。在这样的背景下研究中国大学生的学习，首先需要思考与其他国家和文化场域中的大学生相比，中国本土大学生在学习过程中所体现出的独到优势、品性和特质，从中提炼出既彰显中国学生学习特色、又能够融入国际学术界的概念甚至理论；然后还要面向未来社会发展需要和国家创新型人才培养需求，分析既有学生学习方式的可改进之处，从而通过教育教学改革推动学生学习方式的转型升级。本书就是按照这样的思路进行的研究和写作。

本书是基于我的博士学位论文修改而成的。清华大学厚重、大气、有着极强使命感的学术氛围，让我在研究的过程中感到荣幸，也倍感压力。幸运的是，众多师友慷慨有加，赠予我知识“行囊”和思想“地图”。这不仅为我完成这个研究和书稿修改提供了直接支持，也让我在继续推进本领域研究的过程中回味无穷，受益匪浅。

感谢导师史静寰教授。经师易得，人师难求。史老师于我是学术上的严师、生活中的慈母以及人生发展的榜样。四年耳提面命、从游学习，我努力从中熏陶“教书育人之情怀”和“学术研究之格局”。在论文写作中，史老师既给予我充分的独立研究空间，也在我陷入思维困境的时候给予精准点拨。在书稿完成后，史老师在百忙中抽出时间为本书作序。感谢清华大学的郭菲副教授。在研究和写作过程中，我经常与郭老师讨论，向她寻求必要的支持。她是我的师姐、老师和朋友，也是我亲密的学术研究合作伙伴。感谢清华大学的李曼丽教授、罗燕副教授、文雯副教授、李锋亮副教授、北京大学施晓光教授、北京航空航天大学郑晓齐教授。他们是我选题报告和论文答辩委员会的成员，其渊博的学识为我带来诸多启发，独立的批判精神也让我印象深刻。

感谢北京大学朱红副教授、清华大学赵琳老师、加州大学尔湾分校徐笛副教授、多伦多大学陈品堂教授、美国创价大学 Nancy Hodes 教授及其丈夫王震熙教授、清华大学哲学系毕业生王云等。我曾经就研究中遇到的问题主动向他们请教，并得到他们建设性的指点和帮助。感谢清华大学的同窗好友：张蕾、马淑风、黄振中、王文、李靓、黄雨恒、胡德鑫、周溪亭等，以及在外访学期间的伙伴周雪涵、唐明威、阮琳燕等。与他们的讨论加深了我对“中国学习者”的思考，与他们的相处也让整个研究过程充满温馨和光彩。

到上海师大工作之后，我经常与张民选教授、王洁教授、孙阳博士等同事交流。他们在理解中国教育的时候，更加关注和强调改革开放以来教育教学改革、教师队伍建设等宏观和微观制度发挥的作用，并致力于依此总结中国教育经验，讲好中国教育故事，为发展中国国家的教育发展提供借鉴。这促使我进一步加强了对中国高校人才培养和教育教学改革制度和政策的梳理，分析其对大学生学习的直接塑造作用。

本书的出版离不开国家社科基金后期资助项目大力支持。在申请出版的时候，全国哲学社会科学工作办公室再次组织了外审，并提供了五位专家提出的宝贵建议和意见。大多数建议在书稿修改过程中被吸纳。当然，由于自身学识尚浅，我对本书所涉及的一些问题思考得还不是非常深刻和透彻，所提出的一些观点或许还存在偏差。希望自己在后续的研究中不断改正和加以完善，也恳请读者能够大力指正、不吝赐教。

最后要特别感谢我的父母。我与父母较少讨论自己的研究或学业话题，但正是他们始终的理解、全力的支持和默默的守候，才让我心无旁骛地投入本书的研究和写作之中，也让我没有顾虑地步入学术生涯之路。

张华峰

二零二一年冬于上海师大 54 号小红楼